经济新常态下中国经济法的回应性研究
2015—2020

董玉明 著

知识产权出版社
全国百佳图书出版单位
—北京—

图书在版编目（CIP）数据

经济新常态下中国经济法的回应性研究：2015－2020／董玉明著．—北京：知识产权出版社，2022.9

ISBN 978－7－5130－8283－9

Ⅰ.①经…　Ⅱ.①董…　Ⅲ.①经济法—研究—中国　Ⅳ.①D922.290.4

中国版本图书馆 CIP 数据核字（2022）第 142931 号

责任编辑：彭小华　　**责任校对：**谷　洋

责任印制：孙婷婷

经济新常态下中国经济法的回应性研究（2015—2020）

董玉明　著

出版发行：知识产权出版社有限责任公司　**网　　址：**http：//www.ipph.cn

社　　址：北京市海淀区气象路 50 号院　**邮　　编：**100081

责编电话：010－82000860 转 8115　**责编邮箱：**huapxh@sina.com

发行电话：010－82000860 转 8101/8102　**发行传真：**010－82000893/82005070/82000270

印　　刷：北京九州迅驰传媒文化有限公司　**经　　销：**新华书店、各大网上书店及相关专业书店

开　　本：880mm×1230mm　1/32　**印　　张：**12.25

版　　次：2022 年 9 月第 1 版　**印　　次：**2022 年 9 月第 1 次印刷

字　　数：330 千字　**定　　价：**78.00 元

ISBN 978－7－5130－8283－9

《山西大学建校 120 周年学术文库》总序

喜迎双甲子，奋进新征程。在山西大学百廿校庆之时，出版这套《山西大学建校 120 周年学术文库》，以此记录并见证学校充满挑战与奋斗、饱含智慧与激情的光辉岁月，展现山大人的精学苦研与广博思想。

大学，是萌发新思想、创造新知识的学术殿堂。求真问理、传道授业是大学的责任。一百二十年来，一代又一代山大人始终以探究真理为宗旨，以创造新知为使命。无论创校初期名家云集、鼓荡相习，还是抗战烽火中辗转迁徙、筚路蓝缕；无论是新中国成立后“为完成祖国交给我们的任务而奋斗”，还是改革开放以后融入科教强国建设的时代洪流，山大人都坚守初心、笃志求学，立足大地、体察众生，荟萃思想、传承文脉，成就了百年学府的勤奋严谨与信实创新。

大学之大，在于大学者、在于栋梁才。十年树木、百年树人。一百二十年的山大，赓续着教学相长、师生互信、知智共生的优良传统。在知识的传授中，师生的思想得以融通激发；在深入社会的广泛研习中，来自现实的经验得以归纳总结；在无数次的探索与思考中，那些模糊的概念被澄明、假设的命题被证实、现实的困惑被破解……，新知识、新思想、新理论，一一呈现于《山西大学建校120周年学术文库》。

“问题之研究，须以学理为根据。”文库的研究成果有着翔实的史料支撑、清晰的问题意识、科学的研究方法、严谨的逻辑结构，既有基于社会实践的田野资料佐证，也有源自哲学思辨的深刻与超越，展示了山大学者“沉潜刚克、高明柔克”的学术风格，体现了山大人的厚积薄发和卓越追求。

习近平总书记在2016年哲学社会科学工作座谈会上指出，“一个国家的发展水平，既取决于自然科学发展水平，也取决于哲学社会科学发展水平。一个没有发达的自然科学的国家不可能走在世界前列，一个没有繁荣的哲学社会科学的国家也不可能走在世界前列。”立足国际视野，秉持家国情怀。在加快“双一流”建设、实现高质量内涵式发展的征程中，山大人深知自己肩负着探究自然奥秘、引领技术前沿的神圣责任，承担着繁荣发展哲学社会科学的光荣使命。

百廿再出发，明朝更璀璨。令德湖畔、丁香花开，欣逢盛世、高歌前行。山大学子、山大学人将以建校120周年为契机，沿着历史的足迹，继续秉持“中西会通、求真至善、登崇俊良、自强报国”的办学传统，知行合一、厚德载物，守正创新、引领未来。向着建设高水平综合性研究型大学、跻身中国优秀知名大学行列的目标迈进，为实现中华民族伟大复兴的中国梦贡献智慧与力量。

黄桂田

前　言

改革开放以来，以经济建设为中心，推行社会主义市场经济，使中国的经济发展进入快车道，政府主导下的“高投资、高出口、低消费”经济增长方式，使中国经济以平均10%左右的速度增长，走过了西方国家200多年的发展历程，摆脱了贫穷落后的面貌。但从2012年开始出现经济增长速度放缓的现象，除受到国外经济危机影响，主要原因是以往的经济增长方式已不适应国内外经济社会形势的要求，中国经济的发展进入换挡的关键期。在理论界与实务部门研究的基础上，2014年年底的中央经济工作会议首次提出中国进入“经济新常态”，并针对实践中的突出问题，提出了以追求经济质量提升为目标的“稳增长、调结构和创新驱动”三大战略方针政策。从2015年起，中国进入“经济新常态”，并贯穿于整个“十三五”时期。为适应“经济新常态”，以经济政策和法律为形态的中国经济法予以了积极的回应，进行了相关的政策法律制度安排。对于促进“经济新常态”下国家战略的实施，有着重要的实践意义。为此，梳理这段时期中国经济法的回应历史，总结发展规律，论证其中的问题，提出相应的完善建议，具有重要的学术价值和实践指导价值。

本书的研究，坚持马克思主义的唯物主义和辩证法，以习近平总书记有关“经济新常态”的讲话为指导，按照学术规范要求，在阐述与论证“经济新常态”经济法回应基本问题基础上，通过五年多的观察研究，主要对2015—2020年经济法回应“经济新常态”予以学术梳理，论证其状况和发现其问题，提出相应的完善建议。研究内容除导言和结论外，第一部分为经济新常态下中国经济法回应的基础研究；第二部分为经济增长的经济法回应研究；第三部分为经济结构调整的经济法回应研究；第四部分为创新驱动的经济法回应研究。在基础研究方面，按照经济法原理，着重分析了“经济新常态”概念的相对性、经济法回应的范畴界定、政策法律属性、基本原则以及经济法回应中涉及的相关协调问题；在其他部分的研究中，通过总结梳理经济法对“经济新常态”回应的状况，论证现实回应的不足，并提出相应的对策建议。尤其是针对2020年全球公共疫情暴露出的诸如“产业空心化”风险、“大众创业，万众创新”的可行性、失业率存在的合理性以及“市场决定”领域的合理界定等问题所提出的完善建议，对于今后完善中国的经济法回应具有重要的理论和实践意义。

目录

CONTENTS

导　言

一、研究背景及意义

（一）研究背景

2008年的“经济危机”导致西方经济陷入低迷滞涨的状态。为此，“新常态”一词成为国外媒体描述经济现象的常用词汇。2010年，太平洋投资管理公司首席执行官埃里安在《驾驭工业化国家的新常态》报告中，首次正式用“新常态”概念来诠释危机过后西方经济的新特征。时隔4年，他又做了进一步的阐释，即“新常态”主要是指西方发达经济体在危机过后将陷入长期疲软、失业率高的状态。而造成这一状况的直接原因是超高的杠杆比率、过度负债、不负责任地承担高风险和信贷扩张等因素。为此，发达经济体要消化这些负面冲击需要较长时期，而且，决策当局因循守旧的经济政策，也会使得这种“新常态”长期化。[1]

---

[1] 李扬、张晓晶：“‘新常态’：经济发展的逻辑与前景”，载《经济研究》2015年第5期，第4～19页。

2008年的世界经济危机对中国经济也产生了不小的冲击，尤其对涉外贸易领域和沿海地区影响较大。为此，中央政府为“保稳定，保经济增长”，拿出4万亿元救市。再加上改革开放以来，以政府投资增长主导的经济，平均每年高达10%左右的GDP增长，导致从2010年开始，中国的经济也逐步出现了明显经济增长放缓的趋势[1]。对于经济增速的放缓，一部分人认为，中国经济增速放缓是因为全球金融危机等外部因素的影响所致，一旦这些因素消除，中国经济会恢复快速增长；而多数人则认为，中国经济增速下滑的原因是趋势性的，是中国经济在经历30多年的快速增长之后，旧的增长模式已经难以为继，必须寻求新的经济增长模式，且中国经济已进入“新常态”。很显然，两种观点不仅是理论的分歧，更重要的是，其各自蕴含的宏观政策的导向完全不同：如果认为中国经济的减速是外部因素所致，则意味着经济增长是低于潜在的增长率，继续实行刺激政策可以大有所为；但如果认为中国经济的减速是内在因素所致，则意味着中国经济减速的原因是潜在增长率的下降，宏观政策应该保持必要的克制和包容。由此，在2014年前后，中国的宏观调控及国家发展战略到了一个关键的换挡期。针对理论界与实务部门持续的纷争，党中央及时地定分止争。从宏观调控角度科学判断中国开始进入新的经济发展阶段，应当调整国民经济和社会发展战略。

2014年5月，习近平总书记在河南考察时首次使用“新常态”概念。当年7月29日，在中南海召开的党外人士座谈会上，习近

[1] 自2010年中国GDP规模取代日本成为全球第二之后，中国经济出现了明显不同于前30年的特征。自2010年第二季度算起，至2014年上半年，中国经济增速连续16个季度下滑，进而呈现出经济增长动力不足的态势。参见国家行政学院经济学教研部编著：《中国经济新常态》，人民出版社2015年版，第23页。

平总书记又一次用“新常态”来概括当时的经济形势。11 月 10 日，在北京召开的 APEC 工商领导人峰会上，习近平主席集中阐述了中国经济发展“新常态”下速度变化、结构优化、动力转化三大特点，并集中表达了“新常态”将给中国带来新机遇的预期。在 2014 年 12 月 9 日的中央经济工作会议上，习近平总书记从九个方面，详尽地分析了中国“经济新常态”的表现、成因及发展方向，明确指出：“中国经济发展进入新常态是中国经济发展阶段性特征的必然反映，是不以人的意志为转移的。认识新常态，适应新常态，引领新常态，是当前和今后一个时期中国经济发展的大逻辑。”❶

与此同时，该次会议在总结 2014 年经济工作取得成绩的同时，明确指出：中国经济运行仍面临不少困难和挑战，经济下行压力较大，结构调整阵痛显现，企业生产经营困难增多，部分经济风险显现。会议认为，科学认识当前形势，准确研判未来走势，必须历史地、辩证地认识中国经济发展的阶段性特征，准确把握经济发展新常态。从消费需求看，过去中国消费具有明显的模仿型排浪式特征，现在模仿型排浪式消费阶段基本结束，个性化、多样化消费渐成主流，保证产品质量安全、通过创新供给激活需求的重要性显著上升，必须采取正确的消费政策，释放消费潜力，使消费继续在推动经济发展中发挥基础作用。从投资需求看，经历了 30 多年高强度大规模开发建设后，传统产业相对饱和，但基础设施互联互通和一些新技术、新产品、新业态、新商业模式的投资机会大量涌现，对创新投融资方式提出了新要求，必须善于把握投资方向，消除投资障碍，使投资继续对经济发展发挥关键

---

❶ 习近平：“经济工作要适应经济发展新常态”，载本书编辑组：《习近平谈治国理政》（第二卷），外文出版社 2017 年版，第 229 ~ 235 页。

作用。从出口和国际收支看，国际金融危机发生前国际市场空间扩张很快，出口成为拉动中国经济快速发展的重要动能，现在全球总需求不振，中国低成本比较优势也发生了转化，同时中国出口竞争优势依然存在，高水平引进来、大规模走出去正在同步发生，必须加紧培育新的比较优势，使出口继续对经济发展发挥支撑作用。从生产能力和产业组织方式看，过去供给不足是长期困扰我们的一个主要矛盾，现在传统产业供给能力大幅超出需求，产业结构必须优化升级，企业兼并重组、生产相对集中不可避免，新兴产业、服务业、小微企业作用更加凸显，生产小型化、智能化、专业化将成为产业组织新特征。从生产要素相对优势看，过去劳动力成本低是最大优势，引进技术和管理就能迅速变成生产力，现在人口老龄化日趋发展，农业富余劳动力减少，要素的规模驱动力减弱，经济增长将更多依靠人力资本质量和技术进步，必须让创新成为驱动发展新引擎。从市场竞争特点看，过去主要是数量扩张和价格竞争，现在正逐步转向质量型、差异化为主的竞争，统一全国市场、提高资源配置效率是经济发展的内生性要求，必须深化改革开放，加快形成统一透明、有序规范的市场环境。从资源环境约束看，过去能源资源和生态环境空间相对较大，现在环境承载能力已经达到或接近上限，必须顺应人民群众对良好生态环境的期待，推动形成绿色低碳循环发展新方式。从经济风险积累和化解看，伴随着经济增速下调，各类隐性风险逐步显性化，风险总体可控，但化解以高杠杆和泡沫化为主要特征的各类风险将持续一段时间，必须标本兼治、对症下药，建立健全化解各类风险的体制机制。从资源配置模式和宏观调控方式看，全面刺激政策的边际效果明显递减，既要全面化解产能过剩，也要通过发挥市场机制作用探索未来产业发展方向，必须全面把握总供求关系新变化，科学进行宏观调控。这些趋势性变化说明，中国经济正在向形态更高级、分工更复杂、结构更合理的阶段演化，经济发展进入新常态，正从高速增长转向中高速增长，经济发展方式正从规模速度型粗放增长转向质量效率型集约增长，经济结构正从增量扩能为主转向调整存量、做优增量并存的深度调整，经济发展动力正从传统增长点转向新的增长点。认识新常态，适应新常态，引领新常态，是当前和今后一个时期中国经济发展的大逻辑。会议要求，面对中国经济发展新常态，观念上要适应，认识上要到位，方法上要对路，工作上要得力。要深化理解、统一认识，把思想和行动统一到中央认识和判断上来，增强加快转变经济发展方式的自觉性和主动性。要坚持发展、主动作为。经济发展进入新常态，没有改变中国发展仍处于可以大有作为的重要战略机遇期的判断，改变的是重要战略机遇期的内涵和条件；没有改变中国经济发展总体向好的基本面，改变的是经济发展方式和经济结构。要更加注重满足人民群众需要，更加注重市场和消费心理分析，更加注重引导社会预期，更加注重加强产权和知识产权保护，更加注重发挥企业家才能，更加注重加强教育和提升人力资本素质，更加注重建设生态文明，更加注重科技进步和全面创新。经济发展进入新常态，党领导经济工作的观念、体制、方式方法也要与时俱进。要加强党领导经济工作制度化建设，提高党领导经济工作法治化水平，增强党领导经济工作专业化能力，强化舆论引导工作。[1] 据此，理论界和实务部门关于“经济新常态”的纷争结束，全国的经济工作统一到中央部署上，各项工作有序推进。

---

[1] 2014 年中央经济工作会议公报。

由此，从2015年开始，在整个“十三五”期间，以“经济新常态”为背景，在党中央的领导下，国家和地方的经济政策法律围绕着“经济新常态”下采取的一系列稳增长、调结构和创新驱动的政策措施实施予以了积极回应。“经济新常态”也成为经济界和法律界研究的热点问题。

（二）研究意义

本书作者于2016年以《经济新常态下中国经济法的回应性研究》为题，申报并获得国家社科基金的立项支持。经过5年多研究，于2021年9月顺利结项。本书在项目结项成果基础上，结合鉴定专家意见修改形成，具有以下意义：首先，在理论意义方面，紧密围绕中央关于“经济新常态”的战略部署，力图系统地阐述“经济新常态”下经济法理念、制度调整及与相关法律制度的协调等问题，以完善法学和经济法理论，具有学术价值和意义。其次，在应用价值意义方面，本书主要通过对2015—2020年国家相关法律政策的演变，对相关经济法制度的实证分析，对2020年以来的新规定做了必要的补充，提出完善建议，对于“经济新常态”发展目标以及党的十九大以来“新时期”的发展目标的实现，具有实践价值和意义。

二、国内外研究动态

（一）国内研究现状述评

就“经济新常态”而言，国内的研究状况内容丰富，最早见于2012年徐以升以《中国经济“新常态”》为题的一篇短文。[1] 仅就知网查询涉及报刊文章1.12万篇，硕士、博士学位论文466篇，

---

[1] 徐以升：“中国经济‘新常态’”，载《西部大开发》2012年第3期，第52～53页。

还有一些会议论文。同时，出版了一些高水平的著作性成果，为中国“经济新常态”发展提供了理论支撑。

1. 非法学领域的研究状况

非法学界研究“经济新常态”的成果众多，主要涉及基本经济问题的研究和关于“经济新常态”带来的社会影响研究两个方面。除较多的论文外，还出版了一些有代表性的专著。中国社会科学院李扬、张晓晶出版《论新常态》一书，他们认为，在国际上“新常态”一词最初是与经济衰退联系在一起的。在全球金融危机爆发之后，“新常态”旋即转变为刻画后危机时代全球经济新特征的专用名词。而中国的新常态更应该看作习近平总书记的创造性转化：如果说全球新常态是对未来世界经济趋势的一种悲观认识，那么，中国新常态则包含着经济向形态更高级、分工更复杂、结构更合理的阶段演化的积极内容。并认为，鉴于新常态事实上是一个全球性现象，可以合乎逻辑地认为，2008年金融危机以来，全球已经进入一个“改革竞争期”。其中，中国新常态的根本特点就是结构性减速。其主要原因是资源配置效率下降、要素供给效率下降、资本积累面临低效率困境、创新能力滞后、资源环境的约束力增强以及国际竞争的压力加剧。为此，以经济增长率下滑至中高水平为外在特征的新常态，将对国民经济运行产生“水落石出”的影响，这不仅会暴露出中国经济运行长期被掩盖的深层次矛盾，而且还会引发新的矛盾。产能过剩、负债率和杠杆率飙升、城市化转型、房地产市场的转折、“量宽价高”悖论以及全球治理出现新规，便是我们在新常态下面临的主要挑战。新常态意味着对投资驱动和出口驱动增长方式的脱离，对质量、效益、创新、生态文明和可持续发展的追求，还意味着我们将越过中等收入陷阱，迈上中华民族伟大复兴之路。❶ 由国家行政学院经济学部主任张占斌教授主持编写的《中国经济新常态》一书，结合中央会议精神，就中国经济新常态有哪些特征，经济新常态带来哪些新机遇以及我们如何应对、适应新常态进行了政策解读。❷ 蔡昉主编的《发展新常态下中国经济体制改革探究》一书，集结中国社会科学院的专家就“经济新常态”下中国的经济体制改革、提升全面要素生产率、改革的优先领域、创新驱动战略下的科技创新、人力资本需求与教育改革、金融改革、财税体制改革、国有经济战略性调整、服务业改革、推动劳动力市场建设、医疗体制改革等问题进行了较为全面的阐述。❸ 中国人民大学刘元春教授等著的《中国新常态宏观经济：机制变异与理论创新》一书认为，中国经济新常态不仅有别于中国过去十多年高速增长的“旧常态”，同时也不同于发达国家现在经历的结构转换。把握新常态蕴含的机遇，有效地解决“新常态”面临的问题，将各种战略机遇转化为真正的增长和发展，不仅要求我们超越传统的宏观调控理论和政策体系，还要寻求现有宏观政策框架的转变。❹ 厦门大学李文溥教授的国家社科基金重大项目成果《走向经济新常态 2006—2016 年中国宏观经济预测与分析》，从宏观经济视角，详尽地分析了中国是如何由经济旧常态逐步演变为经济新常态的经济历史过程。❺ 而张卓元主编的《新常态下的中国经济走向》一书，汇集了吴敬琏、厉以宁、张卓

---

❶ 李扬、张晓晶：《论新常态》，人民出版社 2015 年版。

❷ 国家行政学院经济学教研部：《中国经济新常态》，人民出版社 2015 年版。

❸ 蔡昉主编：《发展新常态下中国经济体制改革探究》，中国社会科学出版社 2016 年版。

❹ 刘元春等：《中国新常态宏观经济：机制变异与理论创新》，中国社会科学出版社 2016 年版，第 13 ~ 21 页。

❺ 李文溥主编：《走向经济新常态：2006—2016 年中国宏观经济预测与分析》（上），人民出版社 2017 年版。

元、王一鸣、迟福林等知名经济学家对新常态下中国经济的新走向、新结构、新动力、新引力问题的探讨。[1] 此外，还有一些成果集中就“经济新常态”涉及的某一个领域进行了探讨。例如，刘涛就新常态下服务业发展趋向与税改动力问题进行了探讨。[2] 汤吉军等就新常态下加快推进经济结构战略性调整与制度创新进行了研究[3]。宋晓梧等就新常态下的区域经济大变局进行了研究[4]。清华大学绿色经济与可持续发展研究中心钱小军等则对经济新常态下中国绿色低碳转型问题进行了专项研究。[5]《中国农村金融》杂志社汇集出版了《新常态下农村金融改革发展与风险监管(2017)》文集。[6] 西北大学经济管理学院任保平等就经济新常态下中国地方经济质量问题进行了研究。[7]

2. 法学界的研究状况

南京师范大学公丕祥教授认为，经济发展新常态蕴含着深刻的法治逻辑，需要推进产权保护法治化，形成法治激励机制，完善现代市场体系的法律机制。[8] 中南财经政法大学吴汉东教授提出，基于经济新常态的大逻辑，知识产权事业发展的重点应有所

---

❶ 张卓元主编：《新常态下的中国走向》，广东经济出版社2015年版。

❷ 刘涛：《新常态下服务业发展趋向与税改动力》，商务印书馆2016年版。

❸ 汤吉军等：《新常态下加快推进经济结构战略性调整与制度创新研究》，经济科学出版社2017年版。

❹ 宋晓梧、武士国、许欣：《新常态下的区域经济大变局》，浙江大学出版社2015年版。

❺ 钱小军、周剑、吴金希：《2017经济新常态下中国绿色低碳转型研究》，清华大学出版社2018年版。

❻ 龚明华主编：《新常态下农村金融改革发展与风险监管（2017)》，中国财政经济出版社2017年版。

❼ 任保平、茹少峰等：《新常态下中国地方经济增长质量研究》，中国经济出版社2017年版。

❽ 公丕祥：“经济新常态下供给侧改革的法治逻辑”，载《法学》2016年第7期，第17~30页。

调整，即处理好数量规模、结构布局、质量水平、实施效益等关系，以形成创新型国家所应具备的综合发展实力。[1] 南京师范大学姜涛认为，经济新常态是中国经济发展模式的时代转型，引发新的经济犯罪浪潮，迫切需要经济刑法体系创新。[2] 吉林大学徐景一提出，经济新常态背景下集体劳动制度框架缺失、地方经济持续发展考量与劳资双方主体意识不成熟是地方政府以权力介入方式解决争议的主要原因。通过改进工会组织、加强集体协商等制度建设，是地方政府实现劳动关系平衡稳定目标的长效机制。[3] 华东交通大学卢丽刚和魏美玉认为，在经济新常态下推动中国经济社会持续健康发展必须全面推进社会主义法治国家建设，建立与中国特色社会主义市场经济相适应的法治体系，从法治上为推进政府职能的转变、建立健全防腐反腐制度、建立廉洁高效诚信的法治政府、维护公平竞争的市场秩序、保护生态环境、建设美丽中国等提供制度化方案。[4] 学者郭宁提出，在经济新常态下全面推进依法治国成为全面深化改革过程中经济转型和结构调整的突破点。[5] 扬州大学蔡宝刚认为，法治成为新常态中经济效率竞争、科技创新竞争、市场经济竞争、区域经济竞争及国家经济竞争等经济领域竞争的核心竞争力。[6] 中国《资本论》研究会谷亚光和谷牧

---

[1] 吴汉东："经济新常态下知识产权的创新、驱动与发展"，载《法学》2016年第7期，第31~35页。

[2] 姜涛："经济新常态与经济刑法体系创新"，载《法学》2016年第7期，第36~46页。

[3] 徐景一："经济新常态背景下地方政府治理集体劳动争议模式研究"，载《当代经济研究》2015年第8期，第91~96页。

[4] 卢丽刚、魏美玉："经济新常态下的依法治国"，载《南昌航空大学学报》（社会科学版）2015年第17卷第1期，第76~80页。

[5] 郭宁："经济新常态下国家审计促进依法治国的实现路径"，载《理财》2015年第5期，第81~83页。

[6] 蔡宝刚："为经济新常态构筑法治核心竞争力"，载《求是学刊》2018年第45卷第3期，第1~9页、第173页。

青提出，能否适应“经济新常态”，关键在于法制能否有效地充当经济发展的内生动力。❶ 西南科技大学赵青青认为，面对经济新常态下出现的劳动就业问题、劳动关系双方当事人的地位失衡问题、劳动关系领域的矛盾与冲突以及劳动者的合法权益问题，必须充分有效地发挥工会的维权作用和完善劳动仲裁调节机制来构建和谐的劳动关系。❷ 国家知识产权专利局武振中和李世博认为，在新常态形势下建立健全的农业知识产权保护体系，完善农业知识产权保护制度和农业知识产权的市场机制，进而保护中国农业和农民的根本利益，提高农业竞争力，促进国民经济的协调、稳步发展已经刻不容缓。❸ 最高人民法院江必新认为，建设与经济新常态相适应的法治，需积极推动八个方面的转型升级：从偏重强调经济基础的决定性地位到更加重视法治的能动作用的转型升级；从偏重强调效率优先到更加强调公平竞争的转型升级；从偏重强调国有和集体产权的优先保护到更加强调各种产权平等保护的转型升级；从注重保护经济要素和经济投资到强调保护激励创新的转型升级；从偏重强调为作为整体的人民服务向更加重视为每一个具体的个人服务的转型升级；从偏重强调国家对经济一元管理到更加重视多元治理的转型升级；从偏重强调政府主导到更加突出契约精神的转型升级；从偏重强调行政手段配置资源到更加突出运用法治思维和法治方式的转型升级。❹ 安徽财经大学邵道萍提

---

❶ 谷亚光、谷牧青：“全面推进依法治国引领‘经济新常态’”，载《文史博览（理论）》2015 年第 3 期，第 31 ~ 34 页。

❷ 赵青青：“经济新常态下劳动者权益法律保障面临的挑战与对策”，载《法制博览》2018 年第 19 期，第 110 ~ 111 页。

❸ 武振中、李世博：“经济新常态下如何加强农业知识产权保护的意见建议”，载《南方农机》2017 年第 48 卷第 23 期，第 15 ~ 16 页。

❹ 江必新：“建设与经济新常态相适应的法治”，载《理论视野》2015 年第 11 期，第 34 ~ 37 页。

出，经济发展新常态下流域生态补偿法律制度应主动适应经济发展和环境保护新常态的新变化和新特点，有效地解决流域水污染问题和实现流域整体利益的可持续性最大化。[1] 值得关注的是，2016 年 5 月 21 日，由华东政法大学《法学》月刊社、中国法治现代化研究院和南京师范大学法学院共同主办的“经济新常态与中国法治发展”智库圆桌会议在南京师范大学举行。此次会议，云集了国内法学界和实务界的著名学者和实务专家，集中就中国法治如何适应或“引领”经济新常态进行了较为广泛的探讨，会后出版了专门的论文集，反映了法学界对于国家经济新常态战略实施的回应。[2]

总之，很多学者从政治学、经济学、管理学、社会学和法学等多学科视角，对经济新常态下法治中国建设的时代命题与理论共识、法治经济的战略应对、法治变革的路径探索、法治社会建设转型与部门法治发展创新等问题展开了研讨。[3] 中国行为法学会也提出以强有力的法律实施形成和推进经济新常态。[4]

3. 经济法学界的研究

2015 年中国经济法学年会的主题之一就是对经济新常态与经济法问题的探讨。本书作者在综合分析经济新常态政策背景的基础上认为，经济法是调整国家经济运行的法。按照中国社会主义法律体系的部门法分工，经济法的功能主要是“为国家对市场经

---

[1] 邵道萍：“经济新常态下流域生态补偿的法律调整”，载《征信》2016 年第 34 卷第 9 期，第 75 ~ 81 页。

[2] 公丕祥、顾功耘主编：《经济新常态与中国法治发展》，法律出版社 2016 年版。

[3] 吴欢：“经济新常态条件下法治中国建设的时代议题——‘经济新常态与中国法治发展’智库圆桌会议综述”，载《法学》2016 年第 6 期，第 152 ~ 160 页。

[4] 李华斌：“以强有力的法律实施形成和推进经济新常态”，载《中国审判》2015 年第 14 期，第 6 ~ 7 页。

济进行适度干预和宏观调控提供法律手段和制度框架，防止市场经济的自发性和盲目性所导致的弊端”。因此，在国家大力推进“经济新常态”时，经济法不可能不对这一现象作出积极回应。作者认为应当从五个方面展开。一要加强和完善宏观调控法；二要重点研究市场运行中的消费力增长问题；三要更加重视对自然资源的分类管理和环境保护问题的研究；四要研究“经济新常态”下对外贸易与投资的相关立法完善问题；五要在统一大市场的格局中研究区域市场力的配置问题。[1] 西南政法大学黄茂钦教授提出，经济法立法应立足于经济新常态背景下综合立法的发展趋势，把握全面依法治国为促进经济法立法体系化提供的机遇。经济法综合立法将实现从各子部门法的小综合到《经济法纲要》的大综合，从囿于经济领域硬法的制定到经济领域的硬法与软法协同发展，从经济法律体系到经济法治体系的演进，从实践中的综合立法到理论上的综合立法的跃升。[2] 陕西交通职业技术学院邓林提出，立足于经济新常态背景下的经济法综合立法发展趋势进行把握，以期提升经济法立法质量，为整体经济法治提供保障。[3] 重庆大学靳文辉和苟学珍认为，经济法“回应型法”的品格奠定其回应双循环新发展格局的基础，整体上实现宏观调控法和市场规制法的经济法应对，为双循环新发展格局提供良好的经济法治保障。[4] 值得关注的是，中国社会科学院法学研究所席月民研究员发

---

[1] 董玉明：“论经济新常态与经济法回应”，载张守文主编《经济法研究》（第17卷），北京大学出版社2016年版。

[2] 黄茂钦：“论经济新常态背景下经济法综合立法的发展”，载《南华大学学报》（社会科学版）2015年第4期，第25~30页。

[3] 邓林：“经济新常态时期经济法综合立法的发展”，载《经济研究导刊》2017年第24期，第189~190页。

[4] 靳文辉、苟学珍：“构建双循环新发展格局的经济法回应”，载《重庆大学学报》（社会科学版）2021年第27卷第1期，第27~38页。

表了《经济新常态下〈宏观调控基本法〉研究》一文，该文认为，现有的宏观调控立法模式难以适应中国新常态下宏观调控体制改革及其综合调控的要求，难以消除不同调控法律之间的现实冲突，制定一部符合国情的《宏观调控基本法》，通过增量式改革创新重构新的“总分结合”的宏观调控立法模式，明确界定宏观调控目标和手段，科学配置中央和地方宏观调控权力，有效规范宏观调控行为，并强化对宏观调控行为的程序控制和责任保障等，是增进法治原则下宏观调控法律体系系统化的理性选择。[1]

总体来说，经济学、社会学的研究比较具体，而法学和其他学科的研究则仅仅是一般的回应，不够深入。也有相当多的成果虽然在题目上冠以“新常态”或“经济新常态”，但就其内容而言，则与经济新常态无关联或关联性不密切。关于经济新常态下中国经济法的回应性研究，部分学者提出的观点和对策建议，为本书提供了有益的启发。但自从 2015 年集中讨论经济新常态的经济法问题之后，经济法学界很少有人再深入研究。尤其是结合国家实施经济新常态具体的一系列稳增长、调结构和创新驱动政策措施，从部门经济法角度的深入研究，基本处于缺位的状态，为此，本书希望能弥补这一缺陷。通过对“经济新常态”下中国经济法回应的系统研究，为国家采取的一系列稳增长、调结构和创新驱动的政策措施实施法治的完善建言献策。

（二）国外研究现状及启示

由于国外体制机制与中国不同，形成经济困局的原因也与中国不同，除在财税、金融等经济调控措施手段上中国可以借鉴，

---

[1] 席月民：“经济新常态下《宏观调控基本法》研究”，载公丕祥、顾功耘主编：《经济新常态与中国法治发展》，法律出版社 2016 年版。

国外有关“经济新常态”的成果对中国基本没有借鉴意义。但本书发现，对于中国启动的“经济新常态”，引起了国外政界、学界的重视，有一些积极的或提示性、警示性的评价，对本书具有启发性。例如，斯坦福大学高级研究员弗朗西斯·福山认为：“中国过去做得非常好，但是旧的做法需要改变。中国不会保持过去的增长速度，经济增速已经降到 7%，还将继续下降。中国还没有经历过严重的倒退或者衰退。除非在很大的压力下，否则很难测试一个体系的可持续性。我并不是预计中国通不过这一测试，这还没有发生，只是说需要在不同情境中看中国的表现……强有力的政府在中国已经存在很长时间。日程上的下一项当然应当是加强法治。首先是加强法制，依照法律作出各种决定；然后，要做到人人都要遵守同样的规则，这就是法治。这对中国来说很重要，因为政府行为将更可预期。这将有助于经济发展，消除或者减少腐败。所有这些都与加强法治有关。在中国，自 1978 年改革开放以来，法制建设有很多，但是确实需要加强，因为中国法律体系的低效部分还很多。”❶

然而，20 世纪 60 年代在美国兴起的“法与社会运动”中形成的，以伯克利学派为代表的法治回应性理论，对本书具有启发和借鉴意义。回应型法作为回应各种社会需要的便利法律工具，强调法律的能动性，在法律调整中同时关注程序正义与实质正义，恰恰与经济法的法律性质和价值追求相契合。❷ 经济法是市场经济发展到一定阶段的历史产物，是为了弥补市场和政府的双

---

❶ [美] 希拉里、基辛格、保尔森等口述，胡舒立、王烁、黄山等编：《新常态改变中国 2.0：全球走势与中国机遇》，中国文史出版社 2015 年版。

❷ [美] P. 诺内特、P. 塞尔兹尼克：《转变中的法律与社会：迈向回应型法》，张志铭译，中国政法大学出版社 1994 年版。

重失灵出现的。经济法所担负的这一社会任务和对市场经济的适度干预，与各个国家经济发展的现实情境及其发展阶段密切相关，由此决定了各国经济法的本土性和回应性。在“经济新常态”历史背景下，经济发展的目标任务如何通过市场调节和政府适度干预实现，如何在经济法的规范结构和内容中体现回应性，是经济法研究的一个重要课题。为此，本书在基础问题分析中予以论证。

三、研究思路与研究方法

本书的研究思路是：以习近平总书记重要讲话和 2014 年年底中央经济工作会议精神为指导，系统总结中国进入“经济新常态”之后，国家经济政策法律的回应情况，总结其基本经验，运行规律以及存在问题，并提出相应的完善建议。既有理论分析，也有实证分析。

在研究内容上，包括四个部分：第一部分为基础研究；第二部分为经济新常态下经济增长的经济法回应研究；第三部分为经济新常态下经济结构调整的经济法回应研究；第四部分为经济新常态下创新驱动的经济法回应研究。

在研究方法上，坚持马克思主义唯物主义和辩证法。坚持正确的政治方向，具体研究方法主要采用：一是历史研究的方法。主要体现在，对 2015 年至 2020 年中国经济法对经济新常态的回应予以系统地总结，以中央和地方有关法律政策为主，并参考相关研究成果。二是规范研究的方法。主要对本书涉及的基本概念、范畴予以界定，提出理论分析的方向性建议。三是实证分析的方法。主要体现在，通过对“十三五”期间国家在一系列稳增长、调结构和创新驱动的政策措施实施中，相关法律政策制定与实施的分析，提出经济法的回应问题与建议。

四、创新与不足

总结本书，创新点主要体现在以下几点：

第一，对于“经济新常态”进行了理论分析。提出了“经济新常态”与“经济旧常态”相比，具有相对性的观点，认为“经济新常态”是对一个国家进入新的经济发展阶段的概括性描述。在市场经济条件下，其主要受经济的不确定性和经济周期的影响。在此基础上，结合中国国情提出了“绝对常态”的观点，即无论“经济新常态”怎样变化，都有一些不可变化的刚性的经济要素和对经济发展有重大影响的非经济要素存在，并对其进行了总结。

第二，鉴于社会上对于“经济法”有着不同的理解，结合既有学术研究成果及官方定位，专门就经济法的范畴和回应中的特定政策、规划等进行了分析。特别强调在中共中央（以下简称党中央）统一领导下，中国特殊的经济法制/法治运行模式，以便将党内法规、政策、规划等纳入经济法范畴的理论基础。在经济法回应运行机制上，与既有经济法成果主要强调政府的作用不同，特别强调了党中央在经济法治理中的首要的、最高的领导地位和作用。

第三，在经济法对“经济新常态”的回应研究中，结合法律回应性理论的标准认为，作为部门经济法，对于经济回应的实践和研究，主要反映在对于处于变动状态的经济实践问题的应对性政策法律调整，其突出表现就是一系列促进型经济政策法律的及时回应。但是，这种现象并不否认按照传统法律、法学标准，禁止性规定、自治性规定的存在。因此，本书既不赞成将经济法都称为回应型法，也不赞成完全否定经济法的回应性属性，在经济法领域搞所谓“纯法学”的研究。

第四，在经济法的制度创新方面，围绕“经济新常态”下国家战略的实施，主要就经济增长制度创新、经济结构调整制度创新、创新驱动制度创新进行了分析。

第五，通过对稳增长、调结构和创新驱动三大方面经济政策法律的理论分析、实践总结，发现其中的问题，并提出了一些完善建议。

第六，结合2020年暴发全球性公共疫情以来对经济和社会发展的影响和挑战，特别对既有政策中有关借鉴西方经济学及其实践的经济结构调整和产业发展路径进行反思，提出了国家应当合理布局低端、中端和高端产业，预防产业“空心化”的经济风险，以及考虑如何从根本上消除失业现象的政策建议等。总的来说，中国不能再以西方经济学市场经济的理论来指引中国的经济实践与经济法回应，要走出一条具有中国特色的社会主义市场经济法治之路。

本书的不足之处在于：一是“经济新常态”下经济法回应的内容十分广泛，本书所反映的主要是国家层面政策出台与法律立法情况的梳理与分析，地方政策、规划情况有所涉及但不够全面；二是“经济新常态”下经济法回应的效应如何，特别是大众创业、万众创新（简称“双创”）这一新的重要举措的实际效果，需要通过实际调研佐证，但由于时间及经费有限尚未进行，需要完善。

CHAPTER 01 >> 第一题

经济新常态下中国经济法回应的基础研究

经济新常态是中国进入新经济发展阶段的标志，经济的变革，必然会引发法律的变革，特别是对于调整经济活跃关系的经济法而言，具有重要的现实意义。为此，本专题对经济新常态下中国经济法回应的基础问题展开研究。

一、对中国经济新常态的基本认识

（一）关于经济新常态

“常态”一词的含义是“正常的状态”。[1] 据此，“常态”应当是指事物发展的稳定的或相对稳定的一面，其对应词是“变态”，即“变动的状态”。“新常态”则是指与“旧常态”相比较的新的“正常状态”。而“经济新常态”则是专指经济领域的新的正

[1] 中国社会科学院语言研究所词典编辑室：《现代汉语词典》，商务印书馆2007年版，第154页。

常状态。由此，“经济新常态”是相对于“经济旧常态”的一个概念。它是一个国家或地区由一个经济发展阶段过渡到下一个经济发展阶段后，对于新发展阶段经济状况、经济发展需求、经济增长方式以及国家发展战略的概括性描述。这种描述，在以往的经济研究中，还存在着“常规性发展”的提法，而其相反的提法为“非常规性发展”。如果从法学角度分析，就是指不同时期经济秩序的形成和演进，是对经济历史现象及其法治的高度概括和总结。

西方国家市场经济的发展史表明，以私有制为基础的自由市场经济的发展，一直被西方经济学理论假设为市场经济应有的“常态”“常规”或“基本秩序”，只有在发生经济危机或经济滞涨时才会出现“新常态”“新常规”“新秩序”，即以整体主义为出发点的国家适度干预下的市场经济来替代相对自由的市场经济[1]，而一旦在国家干预下经济得以恢复，市场经济便又恢复到原有的自由市场经济状态。由此，本书认为，2008 年经济危机以来，西方经济体倡导的“经济新常态”，名为“经济新常态”，实为“经济非常态”，是西方国家市场经济进入危机和滞涨时期的特殊经济现象。

就中国社会主义事业的发展来看，按照社会主义原则，实行以公有制为基础、多种经济形式并存的基本经济制度。在各个历史时期，实际上存在着“旧常态”与“新常态”，“旧常规”与“新常规”，“旧秩序”与“新秩序”的区别和联系。即使在改革开放以来 40 多年的发展中，基于不同时期所要解决的问题不同，也可以划分为若干不同的时期或阶段。其中，从 1978 年到 2000 年，是大力发展商品经济以及市场经济体制确定与推进阶段。该

---

[1] 现代市场经济的理论和实践认为，所谓完全自由的市场经济只是一种理论假设，现实中的市场自由存在相对性，特别在法律和政策之下的市场经济更是如此。

时期的“常态”问题就是通过解放生产力，大力发展商品经济，着力解决经济短缺和人民群众的温饱问题。其明显的成效就是，截至2000年基本解决了经济短缺和温饱问题。国内生产总值（GDP）首次突破1万亿美元。全年全国城镇居民人均可支配收入6 280元，农民人均纯收入2 253元，其中，农民人均现金纯收入1 640元。[1]从而为下一阶段的进一步发展奠定了基础。进入21世纪，2001年中国加入世界贸易组织开启了中国融入经济全球化的序幕，使中国经济发展迈入市场化、国际化、法治化的新时期。

从2001年中国“入世”到2012年，中国经济快速融入全球化进程，中国经济的常态化问题就是要充分利用国内、国外两个市场，满足人民群众日益增长的物质和文化需要，实现小康社会的目标。为此，仍然需要经济的持续快速增长。但是，当中国发展规模已经足够强大，对外贸易额度达到世界第二水平，且原有的经济发展动力明显不足，资源与环境的支撑力、承载力出现问题，经济发展面临新的困境时，为提升经济质量，避免经济危机，以稳增长、调结构和创新驱动为主要目标的“经济新常态”必然诞生，这是不以人的意志为转移的经济发展规律所决定的。

在以上情况下，党中央审时度势，根据国内外经济发展形势，以及理论界和实务部门的研究，从国家宏观政策层面提出“经济新常态”，这种新的经济发展模式，在坚持“创新、协调、绿色、开放、共享”五大发展理念的基础上，通过深化改革，在保持经济适度增长的基础上，以提升经济质量为目标，以“人民为中心”，更多地解决人民群众面临的民生问题。把经济发展成果落实

---

[1] 国家统计局网站：《中华人民共和国2000年国民经济和社会发展统计公报》。

到社会事业发展当中，使国民经济和社会发展更好地结合。如果以问题为导向，就是针对“旧常态”中存在的问题，以新思路、新体制机制和新的动力迎接新阶段的挑战。

（二）经济的绝对常态问题

上面主要阐述了“经济新常态”的相对问题。但是，本书研究发现，中国经济发展中还存在一些在任何情况下处于“绝对常态化”的问题，需要在研究“经济新常态”问题时予以特别的关注与认识，其主要体现在三个方面。

1. 关于刚性需求问题

本书认为，人民群众在吃、穿、住、用、行方面的基本需求具有“刚性”的一面。它是任何社会发展历史阶段必须解决好的绝对问题。正如马克思、恩格斯所指出的：“我们首先应当确定一切人类生存的第一个前提，也就是一切历史的第一个前提，这个前提是：人们为了能够‘创造历史’，必须能够生活。但是为了生活，首先需要吃喝住穿以及其他一些东西。因此，第一个历史活动就是生产满足这些需要的资料，即生产物质和生活本身，而且，这是人们从几千年前直到今天单是为了维持生活就必须每日每时从事的历史活动，是一切历史的基本条件。”[1] 如果按照国家第一代领导人的共识，就是“一要吃饭，二要建设”。因此，即使经济和社会发展了，但如果在“刚性”的需求方面出了问题，也会使经济发展受到影响，甚至倒退或停摆。因此，在任何经济体制下，任何经济发展阶段，“刚性需求”都是经济领域的“绝对常态化”表现。各个阶段“经济新常态”的形成主要表现就是经济的进一

---

[1] 马克思、恩格斯：“德意志意识形态（节选）”，载中共中央马克思恩格斯列宁斯大林著作编译局：《马克思恩格斯选集》（第一卷），人民出版社2012年版，第158页。

步发展问题，其主要包括经济发展方式的转变和经济进一步发展方向、路线的优化选择与调整问题。这种优化选择与调整，经过理论界和实务部门的论证，通过党中央的宏观顶层推进，并直接影响到诸如以区域经济（地方经济）、行业经济为核心的中观经济，以及以企业生产经营和居民消费为核心的微观经济的发展。

2. 关于经济安全问题

经济安全问题也是经济发展的“绝对常态化”问题。经济安全主要包括生产安全、粮食食品安全、消费安全、交通安全、金融安全、产业安全、自然资源与环境生态安全等。在任何经济发展中，经济安全始终是第一位的。无论从宏观调控角度考虑，还是从中观、微观角度考虑，经济虽然发展了，个人也富裕了，但一旦安全出了问题，可能就会导致严重的经济损失，使已有的经济成果或财富丧失掉。而且，就经济安全问题而言，诸如在生产安全、消费安全、交通安全方面，处于微观层面的企业、消费者及居民个人负有很大的责任，只要遵纪守法，即可最大限度地避免安全风险。然而，属于粮食食品安全、金融安全、产业安全、自然资源与环境生态安全等关乎公共利益的问题，则是宏观或中观领域的管理主体总体把握的责任，只有在宏观和中观层面负起调控的责任，才能及时发现安全隐患，预防安全失控。

3. 关于基本要素不变的问题

本书认为，无论是经济增长方式的转变，还是“经济新常态”下国家新发展战略的实施，均是在既有宪法、法律的基本框架下进行的。在中国由“经济旧常态”向“经济新常态”的历史演变中，存在一些基本要素的不变。一是党中央的统一领导地位不能变；二是社会主义的发展方向不能变；三是宪法、法律所确定的基本经济制度不能变。总之，在“经济新常态”下，任何的改革与创新都是中国社会主义制度的完善。

（三）经济新常态与新时代的关系问题

本书注意到，中共十九大宣布中国进入新时代。中国社会的主要矛盾已经转化为人民日益增长的美好生活需要和不平衡不充分的发展之间的矛盾。这种中国社会主要矛盾的变化是关系全局的历史性变化，对党和国家工作提出了许多新要求。要在继续推动发展的基础上，着力解决好发展不平衡不充分的问题，大力提升发展质量和效益，更好地满足人民日益增长的各种需要，更好地推动人的全面发展、社会的全面进步。由此，就需要回答一个基本的问题，即2017年中央“新时代”的提法与2015年“经济新常态”是什么关系？对此，本书认为，两者并不矛盾。其中，“经济新常态”侧重于对经济领域变革的判断，而“新时代”的提法则不仅仅指经济领域的“新常态”，还包括为解决不平衡、不充分发展的政治、经济、文化、社会、生态方面的“新常态”。例如，实现经济社会发展的现代化与法治化，就是新时代的一种“新常态”。因此，“新时代”的提法蕴涵着“经济新常态”的含义，两者并不矛盾。

总之，“经济新常态”是一个具有相对性的阶段性概念。但有一些制约经济发展的经济因素和非经济要素，在任何经济发展阶段均属于“绝对经济常态”，具有“刚性”的和不可改变的一面。展望未来，当中国经济发展由社会主义初级阶段迈向社会主义中级阶段，中国由发展中国家迈向发达国家行列，中国由经济大国成为经济强国之时，今天的“经济新常态”将会成为“经济旧常态”，并且会被更新的“经济新常态”取而代之。

二、中国经济新常态的法律调整问题

（一）现代法律调整的一般原理

众所周知，法律存在的价值就是给人的行为及人和人之间相互形成的社会关系“建章立制”，形成法治社会秩序，以便一体遵行。自从国家产生以来，法律即与国家行动紧密联系。按照马克思主义的基本观点，法律是统治阶级实现统治的工具。并且，按照经济基础决定上层建筑的基本原理，国家每一个历史发展阶段的法律变革，应当主要源自经济基础变化的需求。然而，在现代社会，特别是在市场经济条件下，法律已经不是简单的国家统治工具。以法律形式所形成的各种政治、经济与社会制度是国家现代化的重要标志。

现代国家的法律，在形成法律制度过程中，往往会受到国家法律体制以及法律治理能力因素的影响，并且在不同国家有所不同。在中国特色社会主义建设中，法律体制的突出表现，就是在党中央的统一领导下，按照宪法、法律和《中国共产党党章》的规定，以社会主义民主集中制为基础的，由有权立法的国家和地方的权力机关和行政机关依法开展的一种特定的立法活动。按照现行《立法法》的规定，这种立法活动就是有关法律、行政法规、地方性法规、部委规章以及地方规章等层级分明的规范性文件的制定和实施。与此同时，鉴于中国特殊的政治体制，由党中央组织制定的国家发展政策和党内法规，也是中国特色社会主义法律的重要表现形式。这种法律体制决定了国家实施每项战略，均会通过有关国家法律和党的政策法规体现出来，使其成为分析中国当代经济与社会发展的重要工具。相关成文的法律文件是法律调整社会关系的重要形式，是立法者主观对客观认识的结果，但其执行效果如何，需要实践的检验，进而为提出问题、分析问题、解决问题提供了进一步研究的空间。也由此，使得法律的“立、改、废、释”成为立法或法律发展的一个基本规律。据此，与“经济新常态”下国家战略实施相适应，相关经济法律的“立、改、废、释”是法律调整的重要表现。相关经济政策的“立、改、废、释”也是经济法律调整的重要表现。

另外一个特别重要的问题就是法律体系对法律调整经济与社会关系的影响。通过法律的长期实践，法学界，尤其是大陆法系的法学界，通常将调整不同性质经济社会关系的法律予以大致归类，总结其各自不同的价值、功能、地位等基本原理，形成相应的法律部门及其特定的范畴用于指导实践。这种分类的结果，最初表现为公法和私法的基本分类。随着经济社会关系的复杂化及法律、法学研究的发展，又形成不同的法律部门及其部门法学，并导致了法学及其法学专业的成立。以此为基本依据的法学教育，又深刻地影响着一国法治的实践。这种法学教育及法学思维，最早在欧洲大陆法系国家形成。在中国法制史上，一直奉行成文法传统。在清末民初的社会变革中，逐渐接受了以德国和法国法为基础的大陆法系法学的基本框架，后又吸收了英美法系的一些合理因素，并结合中国国情予以完善。这种法学传统，一直影响着中国绝大部分地区的法治，而在中国香港地区和澳门地区，则根据特别行政区法的规定，基本上继承了原来的英国法和葡萄牙法的法治传统。

（二）回应经济新常态法律需求是经济法的主要任务

随着社会主义法律制度的健全和完善，在20世纪末，中国特色社会主义法律体系基本形成。这一法律体系，主要由宪法及相关法、行政法、民商法、经济法、社会法、刑法、诉讼与非诉讼程序法之七大法律部门组成。相关的法学及法律专业教学、科研，也主要在社会主义法治基础理论指导下，由以七大法律部门为基础的宪法学、行政法学、民商法学、经济法学、社会法学、刑法学、诉讼法学所组成，同时，辅之以若干领域法学，如环境资源法学、知识产权法学、财税法学等，形成了当代中国法学教育的基本框架或教学体系，影响着中国法治的实践。如果从学科理论角度分析，宪法学、行政法学、民商法学、刑法学、诉讼法学属于传统法学的范畴，其独有的概念范畴、基本理论及知识体系具有法学专业的属性，对现实的政治、经济和社会关系的形成和发展具有长期固化的，且具有法律自洽性的引导作用，基本上具有相对稳定的一面。但是，对于部门经济法和社会法而言，由于常常面对的是复杂多变的经济和社会关系，因而，导致经济法学和社会法学和相关领域法学的研究和实践，与传统法学的固化性不同，大量的实践与研究是开放性的，应对性的，是法律与政治相结合、法律与经济相结合、法律与自然科学相结合、法律与社会相结合的产物。尤其是对于经济法学而言，“三分法律，七分经济”，法律调整处于不确定性的，不断变革的活跃的经济关系，积极回应不同经济发展阶段的法律需求，对成为现代经济法的主要任务。国外如此，中国亦然。为此，在中国社会主义法律体系框架下，面对“经济新常态”的法律需求，对经济法的调整及其经济法学的研究首当其冲。

三、中国经济法的基本范畴界定

（一）中国经济法法域范畴的界定

1. 学界对中国经济法法域范畴的界定

通过上述分析可知，对于“经济新常态”的法律调整及回应主要是经济法。但是，要准确把握经济法并非易事。这是因为，现实中人们对于“经济法”存在两种不同的理解与运用。一种是非专业领域对经济法的理解和应用。该种理解，往往“望文生义”，把与经济有关的法均视为经济法。其实际学习、研究、应用的经济法涵盖了宪法及相关法中的基本经济制度、行政法中的经济管理部分（经济行政法）、物权法、债权法中的合同法、公司法等民商法中与民事主体经济活动相关的部分以及经济法中的财税法、金融法、会计法、审计法等，还有社会法中的劳动保障法，甚至还包括刑法中的经济犯罪部分等。而另一种理解是法学专业领域对于经济法的学习、研究和应用。法学专业的经济法从部门经济法角度出发，对部门经济法的调整范围有着严格的界定，即经济法只调整特定的经济关系，以便与其他法律部门相区别。

然而，即使是从部门法角度理解经济法，各国经济法及其学者的界定也不尽相同。截至目前，大部分国家并没有部门经济法，但有价格法、财政法、税法、金融法、对外贸易法、反不正当竞争法、反垄断法等。日本、韩国等国法学界存在部门经济法，但其所指的经济法，主要是指与市场经济相关的竞争法、税法、金融法等。而中国经济法学界经过多年的探讨，把中国经济法的范畴界定为宏观调控法、市场规制法和经济监督法三大法域。其中，宏观调控法主要包括发展规划法、产业政策法、价格调控法、投资法、财税法、金融调控法、自然资源保护法、对外贸易法等；市场规制法则主要包括反不正当竞争法、反垄断法、消费者权益保护法、产品质量法等。并且，中国经济法的通说认为，中国经济法的产生和发展是改革开放的产物，与改革同行，具有鲜明的时代特征，是有关调整国民经济增量关系的社会发展法。[1]

2. 官方对中国经济法法域范畴的界定

上述学界的观点，虽然影响着国家立法与执法实践，但是，有关中国经济法的实践，还需要官方确认。对此，2011 年 10 月，国务院新闻办公室发布《中国特色社会主义法律体系》白皮书。该白皮书指出，中国社会主义法律体系包括由调整不同社会关系的部门法组成的部门法体系，以及由不同的法的渊源所组成的法律规范体系。其中，中国经济法是调整国家从社会整体利益出发，对经济活动实行干预、管理或者调控所产生的社会经济关系的法律规范。经济法为国家对市场经济进行适度干预和宏观调控提供法律手段和制度框架，防止市场经济的自发性和盲目性所导致的弊端。截至 2011 年 8 月底，中国已制定经济法方面的法律 60 部和一大批相关行政法规、地方性法规。[2] 并且，该白皮书对已经出台的中国经济法进行了大致的归类：第一类，对经济活动实施宏观调控和管理的预算法、价格法、中国人民银行法等法律。第二类，不断健全税收制度的各类税收法律和行政法规。第三类，对金融行业的安全运行实施监督管理的银行业监督管理法、反洗钱法等法律。第四类，保障农业发展和国家粮食安全的农业法、种子法、农产品质量安全法等法律。第五类，对重要行业实施监督管理和产业促进的铁路法、公路法、民用航空法、电力法等法律。第六类，规范自然资源的合理开发和利用的土地管理法、森林法、水

[1] 中国经济法学界认为，法律调整的经济关系，可以分为存量关系和增量关系，传统的部门法律，典型的如民商法、刑法等主要调整存量关系，而一些新兴的法律部门，如经济法则主要调整增量关系。

[2] 根据国家法律法规数据库最新公布数据，截至 2021 年 3 月，属于部门经济法的法律共计 97 部。

法、矿产资源法等法律。第七类，促进能源的有效利用和可再生能源开发的节约能源法、可再生能源法、循环经济促进法、清洁生产促进法等法律。第八类，重视通过法律保障市场主体之间的公平、有序竞争的反不正当竞争法、价格法、反垄断法以及财税、金融、外汇、投资等体制改革政策与举措。第九类，体现中国积极履行在世界贸易组织框架内承担的义务，不断完善对外贸易法律制度的对外贸易法，以及海关监管和进出口商品检验法等。

上述白皮书所明确的中国经济法的法域范畴，与中国经济法学界主张的中国法域范畴基本一致，但有所不同，例如，在市场规制法方面，经济法学界普遍认为，消费者权益保护法是经济法的重要法域范畴，但该白皮书中未提及。另外，该白皮书中也未列举经济法中的重要立法缺项，如发展规划法。为此，本书所指的经济法的法域范畴，除考虑《立法法》规定的层级法律外，主要以该白皮书中对中国经济法的法域范畴界定为主，并结合中国经济法学界对于经济法公认的法域范畴，探讨中国经济法对“经济新常态”的回应问题。

（二）中国经济法主体范畴的界定

按照法学原理，任何法律部门均应有自己特定的主体。例如，民法的特定主体是自然人和法人，行政法的特定主体是行政管理主体和行政管理相对人。那么，经济法的主体范畴如何界定？鉴于经济法是国家干预经济、管理和调控经济的法。为此，中国经济法的主体范畴可以概括为两大类。第一类为代表国家行使干预、管理和调控国民经济职责的主体。对之，可以简要地表述为组织管理主体；第二类为在国民经济活动中被干预、管理和调控的主体。

1. 代表国家行使干预、管理、调控国民经济职责的主体

在经济法现有理论研究中，对代表国家行使干预、管理、调控国民经济职责的主体通常简要地概括为政府，并由此简要地认为，经济法就是政府干预、管理和调控经济的法。该提法从一般意义上讲，是没有问题的。然而，如果结合中国的政治体制及其经济法治运行的实际情况，经济法就不仅仅是政府干预、管理和调控经济的法。

首先是党中央。这是因为，在现有政治体制下，中国共产党的一项重要职责，就是组织管理国民经济建设。这种领导，是为《宪法》和《中国共产党党章》所确认的。因此，没有党中央有关改革开放的最高决策，就没有中国改革开放40多年的发展历程。而本书所研究的“经济新常态”也是基于党中央的决策与行动使然。据此，党中央的统一领导，既是中国经济和法治建设的政治逻辑，也是中国包括部门经济法在内的一切法律的法治逻辑和根本保障。在中国经济法的实践中，党中央是代表国家行使干预、管理、调控国民经济职责的首要的和最高级别的主体。研究中国经济法对经济新常态的回应，首先要研究党中央的方针和政策，不能忽略党中央的政策及其党内法规的地位和作用。

其次是国家权力机关。国家权力机关是代表国家行使干预、管理、调控国民经济职责的重要主体。在中国，国家权力机关是指全国人大及其常委会，广义的还包括依据宪法和法律规定，拥有立法权的地方人大及其常委会。依据宪法和组织法规定，国家权力机关代表国家行使干预、管理、调控国民经济的主要职责：一是经济立法职责；二是审议和批准国民经济和社会发展规划及其年度计划的职责；三是审议和批准国家年度财政预算、决算的职责；四是由其选举产生“一府、一委、两院”，并对其行使监督

职责；四是听取政府和相关部门有关经济工作的报告，行使经济监督权。

再次是国务院。按照宪法和组织法规定，国务院是统一领导全国行政与经济管理的机关。在经济法领域代表国家行使干预、管理、调控国民经济的职权并履行相应的职责。国务院的职权职责基础：一是党中央的工作部署；二是全国人大及其常委会审议批准的法律授权、发展规划及计划安排、财政预算安排及经济监督的建议等；三是依据宪法、组织法和立法法规定，履行属于国务院独立职权职责范围内的经济立法职责、发展规划与计划的制定和组织实施职责、预算编制与执行职责、行政指令职责、经济监督职责等；四是统一领导全国的行政和经济工作。

最后是国务院各职能部门。在经济法领域，隶属于国务院的各职能部门是具体代表国家行使干预、管理、调控国民经济职权并履行相应职责的主体。尤其是综合经济管理部门。其职权职责基础：一是党中央、国务院的工作部署；二是法律与行政法规的授权；三是依据宪法、组织法及立法法规定，在不与宪法、法律、行政法规相抵触的情况下，履行全国性经济规章的立法职责，组织、协调和管理本部门、系统或行业的经济或社会事务，出台相关的政策指导意见、专项规划、计划及实施方案，并履行经济监督职责等。四是进行相关部门行业的指导和管理工作。

值得强调的是，本书认为，以经济法是国家干预、管理、调控经济的法为视角，地方党政机关应当属于被干预、管理、调控的主体。但是，改革开放以来的一个重要举措，就是党中央、国务院对于许多改革事项，往往授权或批准一些地方进行改革试点，先行先试，在试点区域进行改革试验，在此时，地方党政机关的改革试验属于国家行为而非地方行为，体现了国家对经济和社会的干预、管理及调控。对此，较早的有国家综合配套改革试验区的设置及其改革试验，近期的有对海南经济特区试验的特别授权。

2. 被干预、管理、调控的主体

依据现有的经济法基本理论，经济法的被干预、管理、调控的主体主要定位于公司、企业及其他经济组织以及消费者。并且借鉴国外市场经济实践经验，特别强调其被干预、管理、调控的“间接”属性。但是，通过研究中国的实际情况，中国经济法的被干预、管理、调控的主体可分为被直接干预、管理、调控的主体和被间接干预、管理、调控的主体。

首先，在被直接干预、管理、调控的主体方面，地方党政机关、金融机构及相关机构是典型的被直接干预、管理、调控的经济法主体。这是因为，党中央、国务院的经济政策、法律和行政法规的执行主要依靠各级党政机关，特别是市、县和乡镇一级的党政基层机关。为此，地方各级党政机关必须与党中央、国务院的决策保持一致，不折不扣地贯彻党和国家的经济政策和法律。而在党和国家经济政策法律传达到市场主体过程中，金融或其他相关机构则起着中间传导作用，在其经营管理环节，必须严格执行党和国家经济政策制度的安排，才能达到国家干预经济、管理经济和调控经济的目的。例如，商业银行和政策性银行必须严格执行人民银行公布的基准利率，以便引导市场主体的生产、经营、服务和消费。在这里，国家干预经济、管理经济和调控经济的目的最终的执行主体是生产者、经营者、服务者和消费者，而不是银行或其他金融机构，银行或其他金融机构只是一个中介体。

其次，在被间接干预、管理、调控的主体方面，包括公司、企业及其他经济组织以及消费者之内的市场主体，国家对其的经济干预、管理、调控应当是间接性的，即国家通过政策和促进性法律的指引，引导市场主体自己独立地作出经济决策及行动，并自负盈亏，自担风险责任。总之，要形成“政府干预市场，市场调节市场主体行为”的格局。在此格局之下，政府通过市场布局规划、市场准入、价格干预、税收调节、产业政策支持、金融支持等措施，直接干预的是市场，间接引导的是市场主体的行为。

然而，本书认为，在以下四种情况下，市场主体也可能成为被直接干预、管理、调控的主体。一是在市场规制法的执行中，市场监管部门依法对市场主体经营行为进行监督，制止其不正当竞争行为、垄断行为、侵害消费者权益行为、侵害知识产权行为、产品质量违法行为等，即构成对市场主体行为的直接干预、协调与管理。二是在市场主体按照国家政策或政府计划指令安排，从事具有公益属性的生产、经营、服务或消费行为时，实际上形成了国家或政府对经济的直接干预、管理、调控。例如，为了实现扶贫目的，国家脱贫政策要求包括市场主体的各单位定向消费被扶贫对象的农副产品，即是一种具有中国特色的直接干预。并且在此方面，无论是1999年实施的《合同法》，还是2021年实施的《民法典》均有所规定。对此，《民法典》明确规定，“国家根据抢险救灾、疫情防控或者其他需要下达国家订货任务、指令性任务的，有关民事主体之间应当依照有关法律、行政法规规定的权利和义务订立合同”[1]。三是在发生自然灾害及公共卫生和其他突发事件情况下，除直接发生有关合同行为外，依据国家或政府的政策法令强制性地减少或增加生产，导致对市场经济行为的直接干预、管理、调控。四是中国的国有企业具有特殊的经济地位。在民事关系中，民商法规定，国有企业与民营企业之间处于平等的

[1] 2020年《民法典》第494条。

民事关系。但是，由于中国实行公有制为主导，多种经济成分并存的基本经济制度，使得国有企业和集体经济组织成为社会主义建设不可削弱的主体力量。因此，有关涉及国有企业和集体经济组织的改革，可以在退出竞争领域，减少数量上，或者结构上进行调整，甚至进行混合制改革，但总体上说，在经济控制力问题上国有企业始终应当把握主动权。在关键时期，国家及政府对国有企业直接下达经济任务，形成对经济的直接干预。而且《中华人民共和国预算法》（以下简称《预算法》）将国有企业上缴利润单独地直接纳入预算范畴。

3. 经济组织及区域经济组织内部的管理与协调主体

关于经济组织内部的管理与协调问题，源于改革开放以来经济组织广泛地推行经济责任制所致。其具体形式主要是承包制和租赁制。在经济组织单位内部，把经济任务指标分解，由具体的承包单位、个人以及租赁单位或个人组织实施，并通过签订纵向性质的《承包合同》或《租赁合同》，与经济组织内部单位发生特殊的经济关系。按照经济法的观点，这种发生于管理与被管理主体之间的内部合同关系，不同于平等主体之间的民事性质的承包或租赁合同关系。其根本目的是更好地完成经济任务，使承包或租赁经济组织任务的内部单位或个人，具有相对独立的经济主体地位，成为经济法法域的特定主体。

就区域经济组织的协调、管理问题而言，改革开放以来，既有行政区域依据宪法和组织法规定，除享有地方行政经济管理权、民族区域自治权、特别行政区自治权外，在党中央、国务院政策指引下，形成了一系列独立的或处于松散联合状态的区域经济组织。其中，属于独立形态的区域经济组织，如高新技术开发区、经济开发区、工业园区、农业现代化示范区、综合改革试验区、自由贸易区、保税区等。这些具有独立经济主体地位的区域经济组织，有的由国家直接组织成立，有的由国家出台政策法律规定成立条件，由地方申报成立，并实施动态管理。属于松散联合的区域经济组织，主要通过高层论坛、联合协议等形式，形成了区域协调、协同的经济联合，如东北三省区域的协调、协同，京津冀协同联合、环渤海经济联合、长三角经济联合、粤港澳大湾区经济合作等。这些联合虽然没有独立的组织体，但是通过协议或国家批准的发展规划及政策安排，将其相对紧密地联合起来，使相关主体成为经济法的重要主体，具有鲜明的中国特色。

4. 社会中介组织的经济法地位

在市场经济条件下，随着政府职能的社会化，一些原来属于政府服务职能的服务业务，被分流于社会，由社会中介组织依法独立地进行。社会中介组织包括行业协会、商会等自律自治组织，以及在市场活动中，依据《中华人民共和国会计法》《中华人民共和国律师法》《中华人民共和国资产评估法》《中华人民共和国环境影响评价法》等，依法接受当事人委托，凭借专业知识和技能提供中介服务的社会机构。尤其是随着 2001 年中国“入世”，与国际接轨，这些中介社会组织得以蓬勃发展。但行业协会具有双重属性，一方面是本行业内企业的共同体，以行业利益保护为基本出发点，同时又通过行业自律自治体现国家对行业的干预调整，本质上是国家对经济活动进行干预、管理和调控的社会化组织载体。其他组织亦然；从市场中介组织业务的开展情况来看，市场中介组织的服务行为，不应按照市场机制运作，其服务收费的标准由国家定价指导。更为重要的是，其服务的逻辑前提是对被服务对象的依法依政策情况实施监督，这种以公共目标为基础的社会服务，体现了经济法的社会整体利益原则，进而使社会中介组织成为重要的经济法主体。

总之，中国经济法的主体，没有自己法律上的特定名称，其名称含义基本借助于相关经济学、管理学等范畴的界定以及相关法律政策的表述，由此，研究"经济新常态"下经济法的回应，要注意经济法主体的广泛性及其各自特定的主体身份及其职权职责。另外，在纵横交叉的经济与社会关系中，还要注意同一主体，在不同情况下主体身份地位的置换性。例如，就国务院各职能部门而言，在落实党和国家政策法律时，国务院各职能部门是责任主体，属于被管理、被调控的主体；而按照法律规定或国务院授权，国务院各职能部门又是代表国家行使部门、行业管理与调控职权及相应职责的主体。其主体地位具有双重性、甚至多重性。其他类似主体亦然。

（三）中国经济法调整对象的界定

任何法律部门均有其特定的调整对象，经济法亦然。对此，自从20世纪80年代中国经济法的教学进入大学课堂以来，中国法学界对于中国经济法的调整对象一直存在争议，形成了若干不同的观点，至1992年国家推行市场经济以来，经济法的调整对象基本上被定位于宏观调控关系和市场规制关系。按照目前的通说，经济法的调整对象简称为"调制关系"，其中的"调"，是指宏观调控关系；"制"是指市场规制关系。[1] 然而，由于经济法涉及的法域众多，因此，在宏观调控关系和市场规制关系中，又可以分出若干下位关系。例如，在宏观调控关系之下，可以包括发展规划关系、财政预算关系、税收关系、价格调控关系、产业结构调整关系、投资调节关系、金融调控关系、对外贸易调控关系、自

---

[1] 《经济法学》编写组：《经济法学》，高等教育出版社2018年版，第8～13页。

然资源与环境调控关系等；在市场规制关系下，可以包括反不正当竞争关系、反垄断关系、保护消费者权益保障关系、产品质量关系等。此外，经济法学界普遍认为，经济监督关系属于相对独立的关系。

与此同时，中国经济法在调整上述关系时，是否还涉及与上述关系相关联的社会关系？在学界存在着不同的观点，按照经济法应具有谦抑性的观点，一些经济法学者不主张经济法调整对象的“扩张”。[1] 但是，本书认为，从中国经济法的实际运行来看，国家和地方经济和社会发展规划调节国民经济和社会关系是中国各个时期国家和地方组织经济建设的起点，截至目前，已经制定了十四个五年规划及远景规划，每年还要以年度计划保障实施。发展规划及年度计划中涉及的国民经济发展部分，当然属于经济法调整的范畴，但属于社会发展规划的部分，由于涉及国家财政预算支出的分配问题，因此，与经济法相关联的社会发展关系，也应当属于经济法的调整范围。其涉及环境保护关系、社会保障关系，对弱势群体的帮扶救济关系，以及对科教文卫体事业发展的财政支持关系等。由此说明，经济法调整对象的“扩张”，不是取决于学界按照学术规范的界定，也绝不能迎合国外学界的评判，而是取决于中国特色社会主义经济发展模式的伟大实践。正因如此，在国家实施“经济新常态”下一系列稳增长、调结构和创新驱动的政策措施中，国家和地方相关经济法律政策的制定和实施，大多数与经济法相关联，这是开展经济法对“经济新常态”回应性问题研究的重要实践基础。

---

[1] 刘大洪、段宏磊：“谦抑性视野中经济法理论体系的重构”，载《法商研究》2014 年第 6 期，第 45 ~ 54 页。

（四）中国经济法回应经济新常态的法律形式

在传统法律部门或法域学研究中，采取严格的“规则主义”原则。法律的形式范畴或渊源，来自于包括“假定—处理—制裁或奖励后果”的规范意义上的正式的“法律”，且这种法律，其调整的社会关系往往具有相对的稳定性。按照中国现行法律体系及《中华人民共和国立法法》的规定，就是指宪法、全国人大及其常委会制定的法律、国务院制定的行政法规、有权立法的地方人大及其常委会制定的地方性法规、国务院各部委局制定的全国性行政与经济规章、有权立法的地方人民政府制定的经济规章之规定。对此，经济法亦然。

然而，经济法的调整对象，不仅包括稳定的国民经济关系及其相关社会关系，还包括大量的处于变动状态的国民经济关系及其相关社会关系。存在这种变动关系的基本理由如下：一是基于经济关系本身具有变动性特征。而这一特征是由经济的不确定性以及周期性动态所决定的。二是基于改革的实践。在改革实践中，在政治体制和基本经济制度不变的情况下，改革的目标指向就是经济体制改革和相关社会体制的改革。具有试验性、试探性的属性，其可能成功，也可能失败，具有相对的不稳定性。因此，基于这些基本理由，世界各国的法律对于经济关系的调整采取了“法律保留”及“社会保留”措施，而把具体的管理与调控、协调工作授权政府，以“政府自由裁量权”的行使，来应对经济与相关社会实践中需要解决的具体问题。对此，中国的法治也采取此种立法权限分配规则。但是，具有中国特色社会主义的改革开放则是中国特有的。为此，在改革开放伊始，全国人大及其常委会即授权国务院就改革中的具体事宜作出决定或暂行决定，待时机成熟时，再上升到正式法律的高度。与此同时，由于中国特殊的政治体制，中国共产党的党内法规及党中央出台的经济与社会发展政策，对于中国的经济和社会改革具有重大影响，为此，理解中国的经济法不能忽略党和国家出台的政策的法律效力。按照中共十八届四中全会的精神，理解和把握中国的法治，就是要把党内法规、政策和国家法律相结合。这一点，对于经济法来说，具有重要的实践意义。

如果从中国具体的改革实践法治路径来分析，党中央或党中央、国务院依法作出决定、决议并发布政策文件——国务院依法落实并通过政策指导意见、通知、规划等予以执行；或根据全国人大及其常委会授权独立地就有关经济改革事项作出决定、决议、颁发政策性指导意见等——国务院所属各部委局落实中央政策精神并通过政策指导意见、通知、规划及实施方案予以执行；或根据法律或国务院授权对于属于自己独立管理的部门、行业作出政策制度安排，制定专项规划、计划或实施方案等——地方党政机关作出落实性的政策指导意见、通知、规划、计划及实施方案予以执行；或根据法律授权或中央授权对属于自己独立管理的经济事务作出政策或制度安排，制定专门规划等。这是以政策或规划为基础的一个基本的具有中国特色的社会主义法治路径。之所以将其称为社会主义法治路径，一是从党中央到地方党政机关作出政策与制度安排及规划、计划和实施方案等时，必须依法作出，于法有据，不能和宪法、法律相抵触；二是相关政策文件、规划文件的制定和实施，虽然与正式的法律文件不同，不具有严格的法律规范性，但其在执行上，会引起相关的效力。三是在政策与规划文件中常常提出完善立法的任务，使其成为经济法回应的基本依据。这样，在经济法的研究中，此类政策文件、规划文件、计划文件、实施方案等成为经济法的重要的形式范畴或渊源。从某种意义上讲，经济法学成为研究经济政策的特殊法学，经济法的政策法属性是经济法的重要特征。而在目前，相关党政机关发布的政策性文件被视为“规范性文件”，必须经过法制部门的审查后才能颁布实施，而对于规划及其计划的审查批准也有着严格的法律程序制约，其中，国民经济和社会发展规划纲要及年度计划的制定必须经过人大及其常委会审议批准后才能执行。由此，更增加了政策性文件及规划与计划的法律属性。

与此同时，经过研究发现，上述政策、规划等的实施，经过改革实践属于成熟的部分，被逐步上升为正式的“法律”。且坚持成熟一个便出台一个法律的基本立法工作原则，这是中国经济法立法的基本经验。但即使立法也基本是粗线条或原则性的，许多具体的工作，还需要上述政策、规划与计划，甚至方案等路径来实现。而在落实性政策措施实施中，发现问题后，又成为正式法律“立、改、废、释”的基本依据。

基于以上分析，本书在研究“经济新常态”下经济法的回应问题时，在尽量寻找相关正式的法律依据的基础上，实证分析中所比对和引用的回应性经济法多数属于具有法律意义或效力的政策性文件。

（五）中国经济法的基本理念与原则

中国经济法是改革开放的产物，没有改革开放就没有中国的经济法。这是中国法学界的基本共识。改革开放40多年来，通过法学界及经济法学界的研究探讨认为，属于经济法一类的法律的制定和实施有一些基本理念与原则，成为判断现实中经济法律是否属于经济法，其质量如何的基本标准。这是本书研究中国经济法对经济新常态回应的基本理论依据。

1. 国家责任的基本理念与原则

在社会主义条件下，国家具有组织管理国民经济的职能，其基本的理论和实践依据，就是实行公有制和全社会的计划管理。改革开放以来，推行商品经济，实行经济体制改革及市场经济，使公司、企业及其他经济组织成为独立的民事经济主体，但是，国家组织管理国民经济的职能没有变。依据宪法规定，以国民经济和社会发展规划与年度计划的形式，组织年度经济、五年经济，乃至更长远的十年经济、二十年经济的发展模式没有变。因此，即使是市场经济的发展也应当纳入经济规划及其年度计划，实行有计划的市场发展。否则，为什么要进行市场的布局安排？为什么要予以市场准入，并出台市场负面清单？因此所谓“市场决定”，不能被曲解为一切由市场说了算，其是指在新的经济发展方式中，更多地要以市场需求和要素变动为基础。退一步讲，即使按照现代市场经济的理论和实践，在市场自由的基础上，仍然有许多公共物品（产品）需要国家通过政府或公益机构组织生产，为大众提供公共服务。为此，经济法的定位就在于属于国家应当履行职责的经济政策与法律的制定和实施。这在改革实践中，就是要处理好政府或党政机关与市场的关系，坚持凡是市场能解决的问题，交由市场去解决；凡是社会能自治的问题，交由社会去自行解决。但是，应当属于各级党政机关相关公共服务机构该办的事，必须由各级党政机关和相关公共服务机构担负起公共管理与服务的责任，绝不能简单地推给市场和社会去解决。否则，就会引起人民群众的不满，发生路线方向上的错误。这是经济法的基本立场，也是经济法的基本理念、原则及品格所在。

2. 社会本位的基本理念与原则

以法律本位为基础，归纳总结法律部门的本位，是区别不同法律部门价值的基本分析工具。对此，与行政法强调“行政本位”、民商法强调“个体本位”不同，经济法的本位被定位于“社会本位”。其重要的价值就是追求社会整体利益的实现。这在经济立法实践中，常常被定位于“公共利益”，且可简称为“公益”，以便于与“私益”相区别。并且，经济法所要追求的社会整体利益，不仅应考虑社会的眼前利益，更要追求社会发展的长远利益。因此，经济法对于经济发展需求的回应，必须站在社会整体及其长远利益的角度去考虑问题，出台相应的政策与法律，以弥补其他法律调整之不足。与此同时，经济法上讲的社会整体利益，与国家利益基本是一致的。社会主义经济制度的完善，是上层建筑对经济基础，生产关系对生产力发展的不断适应，也是国家利益和社会整体利益的不断协调的过程。此外，按照经济法的基本理论，在实现社会整体利益的过程中，必然会出现对局部利益、个人利益的牺牲。在此情况下，按照社会主义的原则，个人利益要服务集体利益，局部利益要服务整体利益，全党、全国要服从党中央的统一指挥，只有全国一盘棋，才能取得社会主义革命和建设的胜利，这是中国共产党领导中国社会主义革命和建设事业发展的基本经验。在法律上称为“公益优先”。由此，中国经济法坚持“社会本位”的基本理念和原则，与社会主义事业的发展具有契合性。

3. 国家适度干预的基本理念与原则

中国经济法关于国家适度干预的理念和原则，借鉴西方国家经济法的实践。这是因为，西方国家经济法的产生原因，就是基于“市场失灵”与“经济危机”下的凯恩斯主义指导下的国家对经济干预的理论和实践。但是，中国经济法有关国家适度干预的实践，与西方国家的经济干预有着本质的区别。这一区别就是西方资本主义条件下，国家对经济干预的逻辑前提是“市场失灵”或“经济危机”的爆发，总体上是“被动式”干预。而中国经济法所指的国家经济干预则源于社会主义国家职能，具有主动性和自觉性。为此，在以往的经济法理论研究中，用西方国家经济法理论解读中国经济法并不符合中国的国情。例如，党中央、国务院综合判断，中国自 2015 年起进入“经济新常态”，并提出一系列应对“经济新常态”的战略政策、举措与制度安排，就是一种对经济的主动干预，而不是被迫干预。体现了“经济新常态”下，中国经济发展的有效组织力、体制改革与创新能力结合的“双轮”驱动新模式以及党和国家政策法律的执行力。这种经济法治运行模式，在国外以私有制为基础的资本主义条件下是无法实现的，体现了中国社会主义条件下，国家干预经济的政治与制度优势所在。

与此同时，需要注意的是，在中国社会主义经济条件下，经济法的理论研究和实践从“国家干预”到“国家适度干预”是一个国家干预理论与实践的历史进步。在“国家干预”理念和原则下，国家对于经济和社会的干预可以无所不包。该种理论和实践主要表现在计划经济时期；但在社会主义市场经济条件下，提倡“国家适度干预”的理念和原则。一是党政机关代表国家干预什么具有选择性。二是党政机关代表国家干预经济和社会要根据实际情况分别采取不同的措施。精准调控、区间调控、“以调为主，以控为辅”或“以控为主，以调为辅”模式的不同选择或组合，均应依实际情况而定。三是国家对经济和社会的干预可以是直接的，但多数应当是间接的。四是国家对本应由市场调节或社会自治的部分进行干预，其目的是恢复到正常的市场与社会秩序，一旦市场与社会秩序恢复正常，国家干预就应及时地退出市场与社会，交由市场调节或社会自治。

4. 以公法为主兼顾私权利益的基本理念与原则

以公法和私法的基本划分，作为判断法律价值的依据，同样是法学分析法律现象的重要工具。虽然有学者主张经济法属于公法的范畴，但多数国内外经济法学者认为，经济法应当属于介于公法与私法之间的“第三法域”。这说明，在经济法的实践中，既有公法的因素，也有私法的因素。对此，本书认为，中国的经济法，总体来说属于公法的范畴，但在实现公法目的时，不能不顾及私权益人的利益。尤其是中国尚处于社会主义初级阶段，发展市场经济就要保护私权利益。在此方面，在中华人民共和国成立初期的新民主主义时期，实施“赎买政策”改造私有的工商业，使其走上社会主义道路，积累了很好的经验。在改革开放以来实行的经济法和相关法律中，均明确规定，国家实施宏观战略措施涉及企业或个人财产等利益受损时，应当予以合理的补偿。尤其是在进行产业政策调整时，必须顾及企业利益的保护以及职工下岗再就业问题。进而体现了经济法的以公法为主兼顾私权利益的基本理念与原则。为此，在“经济新常态”下，国家实施经济结构调整战略，搞供给侧改革，大力压缩剩余产能，必须顾及企业利益和职工利益。

5. 经济民主的基本理念与原则

按照法学原理，法治的基础是民主，且没有民主，或缺乏民主基础的法治不是真正意义上的法治。这一原理同样适用于中国社会主义经济建设及其法治。而在经济法领域，主要强调的是社会主义的经济管理中“民主集中制”原则的执行。为此，中国经济法必须坚持经济民主的基本理念与原则，其要强调的是，从中央的顶层设计，到基层企业的决策，均要强调民主决策，同时又要坚持集中制原则，以防止“议而不决”或陷入“大民主”的泥潭，导致经济和社会秩序的混乱。既要强调法律上的“程序正义”，更要强调“实质正义”。在调整经济关系时，始终应当坚持“效率优先，兼顾公平”的原则。以此原则，对照“经济新常态”下，为了达到提升国民经济和社会发展质量的宏观调控目标，针对新形势出台的各项政策和法律均应坚持“民主集中制”原则，坚持“从群众来，到群众中去”的群众路线，以人民为中心，强调政策法律制定实施的效益及其执行力，并强化监测和绩效评估、评价，把广大人民群众满意不满意作为及时调整政策和法律的基本依据，只有这样，才能更好地回应改革与经济和社会发展的各项需求。

四、中国经济法对经济新常态的回应问题

（一）中国经济法回应的一般原理

中国经济法的基本理论指导思想是马克思主义。按照马克思主义的基本观点，立法“只是表明和记载经济关系的要求而已”。[1]据此，中国经济法的产生与发展应当立足于现实经济关系，并通过立法，以法的形式予以表明，以便反映出经济关系对法律的需求。因此，就经济法而言，中国经济法的存在是现实经济关系的法律形式，该法律形式所反映或蕴涵的现实经济关系及相关社会关系才是其真实的内容。如果按照辩证唯物主义观点，经济法在表明和记载现实经济关系时，存在一个主观对客观的认识问题，对现实经济关系及其相关社会关系认识得越透彻，越能科学地表明和记载现实经济关系及其相关社会关系，越能使主观与客观保

[1] 《马克思恩格斯全集》（第四卷），人民出版社1958年版，第122页。

持一致，反之亦然。但要做到这一点，不是一件容易的事。因此，在经济法的立法实践中，是否科学地表明和记载现实经济关系及其相关社会关系，成为检验经济法质量的重要标准。为此，经济法的立法者不能坐而论道，必须坚持调查研究，理论联系实际，才能使经济法的立法和研究符合实际，而且按照经济和法的关系的基本原理，一旦形成经济法律将会对现实经济关系及其相关社会关系的产生、变更和终止起到相应的反作用。

然而，立法及其所依托的法学基础，与经济关系及其相关社会关系所依托的经济学基础毕竟属于两个相对独立的科学范畴。法学作为一种科学，有自己独立的语言语境，法言法语，有自己的规范体系，在对现实经济关系及其相关社会关系表明和记载时，会以不同的规范形式予以表达，这种表达，在早期的奴隶社会和封建社会的“以刑为主，诸法合一”时期，多体现为强制性规范。对于民间自治性的习俗、习惯等，则以国家认可的方式予以体现，并形成了民间自治性“法律”。资产阶级革命的胜利，促进了法律体制的变革，以1804年《法国民法典》的诞生为标志，逐渐形成了法律主导经济和社会发展的格局，使法学走向了专业化、职业化之路，法律工作成为法律人独有的职业性专门工作，形成了法律职业共同体，与社会相对分离。法律逻辑的自洽性使得法律可以“形而上学”地指导社会与经济。但与此同时，也使得法律的僵化及其保守主义逐渐形成。法律与现实活跃的经济与社会越来越脱节，法律的滞后性显现，甚至成为一种阻碍经济和社会发展的力量。法律界提倡的“公平、公正”及其裁判结果，往往与经济的合理性以及社会大众的认知，大相径庭。正因如此，20世纪60年代，在美国兴起了“法与社会运动”，形成了伯克利学派，该学派并不否认传统法学、法律所强调或体现的强制性规范、自治性规范，但特别强调面对日益复杂的经济和社会关系的变革，法律也应当变革，抛弃法学的封闭状态，开放式地与经济社会相结合，对处于变革状态的经济和社会予以积极地回应，形成回应性规范体系。由此开启了西方法学、法律的变革运动，其结果，一是导致立法实践中越来越多地出现回应型法律规范；二是法学界逐渐放弃具有自洽性的纯法学研究，积极地与经济学、管理学、社会学和自然科学相结合，就经济与法律、经济与社会、经济与科学技术等进行交叉研究、综合研究，并先后诞生了法律经济学、法律社会学、科技法学等新型学科，反过来又推动了经济学原理，社会学原理、自然科学原理在立法和司法实践中的应用，成为现代社会科学综合性的一个重要标志，其中，最为突出的是法律经济学的研究，不仅使科斯等一些研究者获得了诺贝尔经济学奖，而且，法律经济学家直接担任法官，应用经济学原理解读案件难点并作为判决的说理依据，体现了当代法治的先进性、开放性和科学性。

（二）对伯克利学派回应型法的引进与评析

美国法学的上述变革，在中国改革开放以来的法治理论研究中，引起了中国法学界的关注。早在20世纪80年代我国即引进了法律经济学、法律社会学的教学和研究，但应用法律经济学原理，法律社会学原理来予以立法和司法实践还有一个历史性过程。然而，在法律的回应性研究方面，则取得一些进展。

首先，在翻译伯克利学派的代表名著，由美国著名学者诺纳特和塞尔兹尼克合著的《转变中的法律与社会：迈向回应型法》一书的基础上，法理学界对伯克利学派所推行的回应型法予以了解读与分析。概括起来，一是伯克利学派把法的规范分为压制型法、自治型法和回应型法三类，这是一种对法律的分类方法，它只是给我们分析法律现象提供了一个分析法律历史和现实现象的工具，总体上讲，具有方法论的意义。

其次，伯克利学派提出的压制型法相当于中国法学研究中的强制性法。但在对自治型法的认识上，与中国法学研究中常常提及的基于自治组织内部约束或契约形成的自治性法，大相径庭。但其有关回应型法所蕴含的法的开放性，以及面对经济社会的变革，国家的政策法律应当予以积极的回应，则对中国的经济立法及其法治有一定的启发意义，也与马克思主义主张法律应当积极地“反映”现实经济社会关系的观点基本一致。

最后，在如何借鉴伯克利学派分析中国法律现象时，存在两种不同的观点。一种观点主张可以用伯克利学派的分析方法研究中国的法律现象，并形成了一批研究成果，特别是其所主张的“规则主义”“程序正义”，甚至法律与政治的分离对中国的法学研究和实践产生了一定的影响。而对于回应型法的研究方法的借鉴，鉴于中国经济法的调整对象正是处于变动状态的经济关系的实际，因此，以“回应”为研究视角，将经济法视为回应型法的主张得到一些学者的赞同。在此方面，刘普生教授于 1999 年在《法商研究》率先发表了《论经济法的回应性》一文❶，引起了经济法学界的反响，并使此后的经济法研究更多地出现了“回应”一词。2007 年穆虹在《山东社会科学》发表《经济法的法律类型：一种回应型法》，较系统地阐述了经济法的回应型属性及其原理。❷ 最新的研究成果是 2021 年 2 月西安财经大学法学院杨军等发表在《统计与信息论坛》上的《回应型法视野下的中国统计法的修订和

❶ 刘普生：“论经济法的回应性”，载《法商研究》1999 年第 2 期，第 23 ~ 28 页。

❷ 穆虹：“经济法的法律类型选择：一种回应型法”，载《山东社会科学》2007 年第 5 期，第 119 ~ 120 页。

完善》。[1]

然而，对法及其经济法的回应型观点提出质疑者，也观点鲜明。其中，代表性成果，一是2007年《河北经贸大学学报（综合版）》第2期发表的上海师范大学政法学院杨文杰、冯静题为《回应的无力——读诺纳特和塞尔兹尼克著〈转变中的法律与社会：迈向回应型法〉》一文。该文指出，美国法学家塞尔兹尼克与诺纳特的“回应型法”理论欲解决法律的完整性和开放性之紧张关系，从而实现法的程序正义和实质正义的完美共存，其理论有一定的参考价值，但该理论很不成熟，且存在一些致命的缺陷，如回应型法理论的核心概念“目的”难以普遍化和具体化，作者对回应型法理论的严重不自信，法的完整性和开放性的紧张关系难以克服，以及作者的研究进路中存在参照系混乱，等等。中国正在建设的社会主义法治，是一种侧重程序公正的自治型法治，总体上符合时代和国情的需要。然在建构过程中，也应考虑一下自治型法所存在的弊端，以免走弯路。当然也应借鉴一下回应型法的长处，这样使中国的社会主义法治尽可能地回应社会的需要，并随着市场经济建设的进程，逐步实现程序正义与实质正义之统一。[2]二是2010年《社会科学家》第6期发表的中南财经政法大学蒙连图的文章，质疑经济法是一种回应型法。该文章认为，诺纳特和塞尔兹尼克的回应型法有自身的语境和内涵。基于经济法产生及其目的的中国现实语境，经济法不是回应型法，也不能是回应型法，经济法应该是自治型法。中国经济法必须要回应中国社会经

---

[1] 杨军、张凯铎：“回应型法视野下的中国统计法的修订和完善”，《统计与信息论坛》2021年第2期，第12~22页。

[2] 杨文杰、冯静：“回应的无力——读诺纳特和塞尔兹尼克著《转变中的法律与社会：迈向回应型法》”，载《河北经贸大学学报》（综合版）2007年第2期，第86~90页。

济发展的现实，而不能关起门来闭着眼睛造出一个与社会现实格格不入的体系。实际上，诺纳特和塞尔兹尼克的回应型法，其前提是西方法律发展的现实，其所要解决的问题也是西方问题，而不是中国问题。也许我们的学者们在进行研究时应该对此加以考察，而不能不加分析地就如获至宝地全盘照搬这些术语和逻辑。❶现实的中国是具有中国特色的社会主义法治国家。当然，自治型法是否就是完美无缺，是否存在改进的余地，诺纳特和塞尔兹尼克的研究回应型法的努力实际已经给了我们答案。改进毫无疑问是必需的，但也不能由此而否认经济法应该是一种自治型法。

对于上述有关“回应型”法的讨论，本书认为，无论是主张经济法是“回应型法”的观点，还是认为中国的法律及其经济法不应当是“回应型法”，而应当是“自治型法”的观点，都是在运用伯克利学派有关法的基本类别工具来分析中国的法律现象，有些观点值得借鉴，特别是主张按照伯克利学派关于“自治型法”的原理，将法律与政治分离，与中国的政治和法治现实不符。事实上，即使按照伯克利学派关于压制型法、自治型法和回应型法的基本分类，中国法治的现实是，该三种法律形态均有其存在的必要。但压制型法、自治型法与西方所倡导的或传统的法学范式及其法治标准更为接近，而属于开放式法律范畴的回应型法则可以突破传统法律的“形式教条主义”，以党和国家确定的经济社会及其法治政策目标的实现为标准，发挥法治的能动作用，更加主动有力地促进国民经济和社会的健康发展。在此方面，由于在中国经济立法实践中出现了一类突破传统法学方式、法律方式的促进型法律，这类法律的重要特点就是大量鼓励性、激励性规范的

---

❶ 蒙连图：“质疑‘经济法是一种回应型法’——基于现实中国的语境”，载《社会科学家》2010 第 6 期，第 74 ~ 77 页。

存在，例如，作为重要经济法的《中华人民共和国中小企业促进法》，全文没有一个法律规范针对企业设置法律责任，积极回应了国家立法在市场经济条件下，对中小微企业的发展予以特别保护的法律需求。而在体现经济法特点的大量的政策性指导意见中，多数的规范也属于回应性的。因此，一些学者才将中国的经济法定位于“回应型法”。然而，强调经济法的回应型，并不等于说，经济法的规范体系中，不存在压制型（或强制性）与自治型规范。通过以往及本书研究，本书认为，在中国经济法的规范体系中，特别是对于市场规制法、经济监督法以及自然资源法而言，存在大量的压制型或强制性规范。而在国家法律授权下，行业自律、企业依照章程自治，也是经济法的重要表现。因此，那种认为所有的经济法规范都属于回应型规范的观点是不科学的，只不过在经济法的规范体系结构中，鉴于经济法面对经济和社会的变革实际，特别是改革实际，其规范的回应型所占据的比重较大。在经济政策法律的制定和实施中，更多的是对经济管理概念范畴或相关社会管理概念范畴的直接引用，而不是按照法学范式自创一套概念范畴用于指导实践。

与此同时，本书认为，法的回应“型”和法的回应“性”，一字之差，有着本质的区别，法的回应型是与法的压制型、自治型相区别的一种法的形态和类型，是美国伯克利学派的一种主张和提供给法学研究和立法者的一种分析法律的特定工具。而在谈及“法的回应性”时，或以“回应”为视角研究历史的或现实的法律问题时，是指法学研究中，对实践法律政策需求问题展开积极对应性的研究，均可以视为法的回应性研究的范畴，它符合马克思主义理论联系实际的方法论要求，体现了法律学科的实践性特点。对于经济法而言，更是如此。

总之，本书认为，法的回应性，是法及其法律突破传统法学范式，对经济和社会发展的积极反映的学术归纳，具体体现为立法实践中回应性法律政策规范的出现。它是法律与社会变革的产物，既是法律技术层面的变革，又是法律与经济、法律与社会、法律与科学技术结合的产物，对于属于新型法学的经济法具有重要的学术价值和实践意义。但如果把经济法的研究分为理论研究和实践对策研究两大类，那么，所谓“回应性研究”仅仅是“实践对策应用性研究”名词的另一种说法而已。为此，本书所指的“回应性研究”，更多地体现为一种“实践对策的应用性研究”。其并不受学界有关对伯克利学派“回应型法”争议的影响。但是，不管什么样的研究，都不能替代马克思主义历史唯物主义和辩证法在中国经济法研究中的指导地位。不能脱离将马克思主义基本原理与中国社会主义建设实际相结合的基本研究方向。

基于以上分析，本书在研究经济新常态的中国经济法回应的具体问题时，按照问题分析——政策法律回应梳理——评价评析——完善建议的基本思路展开研究。

五、中国经济法回应经济新常态的制度创新

通过上述分析可知，“经济新常态”下国家战略的制定和实施需要在既有宪法和法律规定的基础上予以积极地回应。这种回应，体现在围绕“经济新常态”下党和国家的战略部署予以制度创新是其重要的内容。根据作者五年多的观察研究，下文结合中国经济法原理，对“经济新常态”下经济法的回应主要围绕稳定经济增长、调整经济结构以及创新驱动三个方面展开，以下予以简要的概述。其后将分别予以专题详细研究。

（一）稳定经济增长的经济法制度创新

1. 稳定经济增长的总要求

“经济新常态”下，面临经济增长减缓的趋势，按照中央统一

部署安排，首要的目标就是要把 GDP 的增速从总体上平均 10% 左右降下来，根据中国国民经济和社会发展的实际需求确定一个比较稳定的合理增长区间，并协调宏观调控各目标之间的关系。在制度保障上，这一制度主要通过发展规划及年度计划方式予以确定。为此，在“十三五”期间，基本上较好地完成了这一目标任务，且在今后，除非特殊时期，也应基本上保持该目标制度的稳定性。例如，在全国人大审议批准的国家“十四五”规划中提出，GDP 经济增长保持在合理区间，各年度视情况提出；城镇调查失业率小于 5.5% 等。此外，还包括一系列预期和约束性规划指标的确定，成为引领“十四五”期间经济和社会发展的具有法律效力的依据。详细情况见表 1.1 所示。

表 1.1　“十四五”时期经济社会发展主要指标

类别	指标	2020 年	2025 年	年均/累计	属性
经济发展	1. 国内生产总值（GDP）增长（%）	2.3	—	保持在合理区间，各年度视情况提出	预期性
	2. 全员劳动生产率增长（%）	2.5	—	高于 GDP 增长	预期性
	3. 常住人口城镇化率（%）	60.6*	65	—	预期性
创新驱动	4. 全社会研发经费投入增长（%）	—	—	大于 7，力争投入强度高于“十三五”时期实际	预期性

续表

类别	指标	2020 年	2025 年	年均/累计	属性
创新驱动	5. 每万人口高价值发明专利拥有量（件）	6.3	12	—	预期性
	6. 数字经济核心产业增加值占 GDP 比重（%）	7.8	10	—	预期性
民生福祉	7. 居民人均可支配收入增长（%）	2.1	—	与 GDP 增长基本同步	预期性
	8. 城镇调查失业率（%）	5.2	—	小于 5.5	预期性
	9. 劳动年龄人口平均受教育年限（年）	10.8	11.3	—	约束性
	10. 每千人口拥有执业（助理）医师数（人）	2.9	3.2	—	预期性
	11. 基本养老保险参保率（%）	91	95	—	预期性
	12. 每千人口拥有 3 岁以下婴幼儿托位数（个）	1.8	4.5	—	预期性
	13. 人均预期寿命（岁）	77.3*	—	[1]	预期性
绿色生态	14. 单位 GDP 能源消耗降低（%）	—	—	[13.5]	约束性

续表

类别	指标	2020 年	2025 年	年均/累计	属性
	15. 单位 GDP 二氧化碳排放降低（%）	—	—	［18］	约束性
	16. 地级及以上城市空气质量优良天数比率（%）	87	87.5	—	约束性
	17. 地表水达到或好于Ⅲ类水体比例（%）	83.4	85	—	约束性
	18. 森林覆盖率(%)	23.2*	24.1	—	约束性
安全保障	19. 粮食综合生产能力（亿吨）	—	>6.5	—	约束性
	20. 能源综合生产能力（亿吨标准煤）	—	>46	—	约束性

资料来源：《中华人民共和国国民经济和社会发展第十四个五年规划和 2035 年远景目标纲要》，http://www.gov.cn/xinwen/2021-03/13/content_5592681.htm，访问日期：2022 年 8 月 22 日。

注：1. ［］内的数据为 5 年累积数。

2. 带 * 的为 2019 年数据。

3. 能源综合生产能力指煤炭、石油、天然气、非化石能源生产能力之和。

4. 2020 年地级及以上城市空气质量优良天数比率和地表水达到或好于Ⅲ类水体比例指标值受新冠肺炎疫情等因素影响明显高于正常年份。

5. 2020 年全员劳动生产率增长 2.5% 为预计数。20 个规划指标中的约束性指标属于“刚性”指标，系必须完成的任务。总体来看，空缺数据的指标，系新的指标设计，属于典型的经济法制度创新的范畴。

2. 促进经济增长各要素的制度创新

依据经济原理，一国经济增长的基本要素，主要依靠投资增长、消费增长和对外出口贸易三个方面，简称为“三驾马车”。因而，2015 年至 2020 年的“经济新常态”时期，有关促进经济增长各要素的经济法的制度创新，也主要体现在投资、消费和对外出口贸易三大领域。

首先，在投资方面，一是出台《企业投资项目核准和备案管理条例》，改核准制为备案制。对于仍然属于核准项目的投资实行目录管理。二是出台《政府投资条例》，规范政府的投资行为。该条例的出台，有利于遏制政府投资的无序扩张。《政府投资条例》明确规定，政府投资资金应当投向市场不能有效配置资源的社会公益服务、公共基础设施、农业农村、生态环境保护、重大科技进步、社会管理、国家安全等公共领域的项目，以非经营性项目为主。三是废除原有的“三资企业法”，制定统一的《中华人民共和国外商投资法》（以下简称《外商投资法》）及其实施条例，其立法的重点是对外商投资行为的引导和规范。国家对外商投资企业的投资管理，主要通过投资准入负面清单进行管理。四是出台《优化营商环境条例》，围绕政府的“放管服”改革，为市场主体更好地创业创新提供良好的营商环境。此外，还有一些相关政策的出台。总之，在投资领域，“一法三条例”的制定和实施，为控制和优化投资增长提供了经济法依据。

其次，在促进消费领域，主要针对消费不足和需要提升消费质量的形势要求，在过去一系列促消费政策的基础上，中共中央、国务院于 2018 年 9 月出台了《关于完善促进消费体制机制 进一步激发居民消费潜力的若干意见》，提出了“经济新常态”下促进消费的若干政策和制度安排。先后组织实施了十大扩大消费行动、促进居民消费升级行动、幸福产业服务消费提质扩容行动、重点领域消费提质扩容行动等活动。并且，明确了消费新增长点的政策支持方向，即文化旅游提质升级、养老产业加快发展、体育产业创新发展、家政服务提质扩容和信息消费扩大升级五个方面。

最后，在促进货物、技术与服务贸易出口方面，一是出台《中华人民共和国出口管制法》（以下简称《出口管制法》）对涉及国家安全的出口实行管制措施；二是对《中华人民共和国对外贸易法》《中华人民共和国海关法》《中华人民共和国进出口商品检验法》《技术进出口管理条例》《进出口货物原产地条例》《濒危野生动植物进出口管理条例》《进出口关税条例》等法律和行政法规进行了修改，完善了出口方面的规定。三是在政策实施和制度安排方面，实施了多种举措促进对外贸易的增长，例如，深化内地与香港、澳门的投资经贸合作，推动内地与港澳关于建立更紧密经贸关系安排（CEPA）全面升级；更进一步开放，为进出口贸易便利创造条件，进行了重点开发开放功能平台的建设；出台《推动共建丝绸之路经济带和21世纪海上丝绸之路的愿景与行动》，促进"一带一路"发展；举办中国国际进口博览会，以改变对外货物贸易长期顺差问题及服务贸易长期逆差问题。

（二）经济结构调整的经济法制度创新

经济结构调整是经济发展中的长久性话题。在计划经济时期，经济结构的调整主要涉及农业、工业、商业等部门之间以及各部门内部经济结构的调整，遵循有计划按比例发展国民经济的基本原则。而在市场经济条件下，这种经济部门之间的比例关系由产业结构的调整所取代，因此，在"经济新常态"下，经济结构的调整也主要是指产业结构的调整。相应地，经济法的回应也反映在对产业结构的调整方面。即对一二三产业结构及其相互融合的经济法回应。

首先，在第一产业，即农业方面，一是2020年国家统计局公布《农业及相关产业统计分类（2020）》，为农业产业结构的调整提供了产业标准，其制度创新是明确了农业产业化中一二三产业融合的发展方向。二是每年中央出台“1号文件”，对农业发展的重点进行政策和制度安排。“十三五”期间，重点工作是打赢脱贫攻坚战以及提出了乡村振兴的战略政策及制度安排。有许多制度创新。例如，在脱贫攻坚战中，实行“中央统筹、省负总责、市县落实”以及“党政同责”的新体制、新机制，在原来入村工作队基础上，实施贫困村第一书记制度，主要通过产业扶贫、易地搬迁扶贫、培训就业扶贫、生态补偿扶贫、社会保障兜底扶贫、基础设施改善扶贫、公共服务提升扶贫、社会力量帮扶扶贫等脱贫工程的实施，保证完成脱贫攻坚战的任务。三是修正或修订《中华人民共和国农业机械化促进法》《中华人民共和国种子法》《中华人民共和国森林法》，新制定《农田水利条例》《保障农民工工资支付条例》《农作物病虫害防治条例》，修订《农业保险条例》《中华人民共和国食品安全法实施条例》《生猪屠宰管理条例》《粮食流通管理条例》等，为农业发展提供法律依据。四是《出台全国农业现代化规划（2016—2020年）》，明确了实现农业现代化的指导思想、基本原则、五年发展目标及其任务。在发展农业新型业态上，要加快发展农产品电子商务，完善服务体系，引导新型经营主体对接各类电子商务平台，健全标准体系和冷链物流体系，推动科技、人文等元素融入农业，稳步发展农田艺术景观、阳台农艺等创意农业，鼓励发展工厂化、立体化等高科技农业，积极发展定制农业、会展农业等新型业态。在产业组织结构上，实施农民合作社、家庭农场与龙头企业并举措施等。出台《乡村振兴战略规划（2018—2022年）》，对乡村振兴战略实施予以政策和制度安排。在推进农业结构调整方面，提出要加快发展粮经饲统筹、种养加一体、农牧渔结合的现代农业，促进农业结构不断优化升级。统筹调整种植业生产结构，稳定水稻、小麦生产，有序调减非优势区籽粒玉米，进一步扩大大豆生产规模，巩固主产区棉油糖胶生产，确保一定的自给水平。大力发展优质饲料牧草，合理利用退耕地、南方草山草坡和冬闲田拓展饲草发展空间。推进畜牧业区域布局调整，合理布局规模化养殖场，大力发展种养结合循环农业，促进养殖废弃物就近资源化利用。优化畜牧业生产结构，大力发展草食畜牧业，做大做强民族奶业。加强渔港经济区建设，推进渔港渔区振兴。合理确定内陆水域养殖规模，发展集约化、工厂化水产养殖和深远海养殖，降低江河湖泊和近海渔业捕捞强度，规范有序发展远洋渔业。在此基础上，于2021年出台《中华人民共和国乡村振兴促进法》，且在第二章中专门就产业发展作出法律规定。

其次，在第二产业，即加工业的经济结构调整方面，经济法的回应主要表现在：一是出台《中国制造2025》，为“十三五”期间乃至今后30年中国制造向何处去予以战略定位和计划安排，提出建设制造强国的宏伟目标。二是针对工业领域煤炭、钢铁等行业生产过剩问题，中央直接出面予以干预，实行供给侧改革。直接细化到对产能的压减要求。从而体现出国家对煤炭、钢材等市场的直接干预，具有鲜明的经济法特色。

最后，在第三产业，即服务业的大力发展上，经济法对促进服务业的发展予以积极回应。出台了《关于加快发展生活性服务业促进消费结构升级的指导意见》。该意见提出，在“经济新常态”下，今后一个时期，重点发展贴近服务人民群众生活、需求潜力大、带动作用强的生活性服务领域，推动生活消费方式由生存型、传统型、物质型向发展型、现代型、服务型转变，促进和带动其他生活性服务业领域发展。其主要涉及居民和家庭服务、健康服务、养老服务、旅游服务、体育服务、文化服务、法律服务、批发零售服务、住宿餐饮服务、教育培训服务十个方面的政策制度安排。

（三）创新驱动的经济法制度创新

2006 年编制《国家中长期科学和技术发展规划纲要（2006—2020 年）》，提出“增强自主创新能力，努力建设创新型国家”的战略规划。至 2015 年，面对原有的经济驱动力不足问题，中央提出了实施创新驱动的战略政策。对此，从 2015 年到 2017 年，经济法予以了密集性回应。一是 2015 年，《中共中央 国务院关于深化体制机制改革加快实施创新驱动发展战略的若干意见》发布。该意见是党中央、国务院对国家实施创新驱动战略的全面部署和政策起点。该意见要求，到 2020 年，基本形成适应创新驱动发展要求的制度环境和政策法律体系，为进入创新型国家行列提供有力保障。紧接着，2016 年 5 月，中共中央、国务院出台《国家创新驱动发展战略纲要》。对中国实施创新驱动战略予以了具体部署。为此，从国务院到国务院各部门出台了一系列政策文件，予以积极响应。

在正式法律的跟进方面，2015 年修正的《中华人民共和国促进科技成果转化法》，第一次将国家创新驱动战略入法。要求国务院和地方各级人民政府应当加强科技、财政、投资、税收、人才、产业、金融、政府采购、军民融合等政策协同，为科技成果转化创造良好环境。国务院各部委主要围绕国家级创新平台建设专项资金使用管理出台了相应的规章。2021 年修订《中华人民共和国科学技术进步法》，对科技创新进行了全面规定，强调了党对科技创新的全面领导。科技部、国家统计局出台《国家创新调查制度实施办法》，规定建立国家创新调查制度，为国家实施创新驱动战略提供决策基础保障。相关部委也出台了相应的规章和指导意见。

此外，特别提及的是，在地方立法方面，有关创新驱动方面的立法，先行先试，走在了国家立法的前面，例如，2020 年，山西省人大常委会出台《山西省创新驱动高质量发展条例》，与国家创新驱动战略目标保持一致；2019 年，广东省人大常委会修订的《广东省自主创新促进条例》，该条例规定的内容比较全面。其所指的自主创新，涵盖了公民、法人和其他组织主要依靠自身的努力，为增进知识或者拥有自主知识产权、关键核心技术而开展科学研究和技术创新，运用机制创新、管理创新、金融创新、商业模式创新、品牌创新等手段，实现前瞻性基础研究、引领性原创成果的重大突破，或者向市场推出新技术、新产品、新工艺、新服务的活动。

综上所述，"经济新常态"以来，围绕国家一系列稳增长、调结构和创新驱动的政策措施的实施，经济法从立法与政策、规划等方面予以积极回应。总体来说，立法方面的回应比较谨慎，政策回应比较活跃。但无论是立法或政策回应，都涉及经济法财政、税收、金融、价格等调控手段方向与力度的调整。然而，这些都属于主观努力和愿望，且在许多方面带有改革和试验的探索，需要实践效果的检验，才能验证其是否科学，是否可行。政府放开公共领域，希望实现政府与社会资本的合作，但忽略了资本的本质是利益最大化，尤其是对于私营资本而言，"趋利性"是其第一选择，没有较大的盈利空间，私营企业是不会与政府进行 PPP 项目合作的，这是造成私营企业对于政府的 PPP 项目"看得多，进的少"的基本原因。还有对于科教文卫体社会事业的发展，不能简单地推向市场，搞产业化、私有化改革，否则，会动了"根本"。因此，本书认为，很多问题的认识和解决还要回归事物的本质及其事物发展的基本逻辑之上，不能违背客观的经济规律、科学技术规律和社会发展规律，不能违背社会主义的政治原则和基本经济制度。

六、中国经济法回应经济新常态的协调问题

按照法学及中国经济法的原理，秉承“协调”的基本理念，处理好相关的关系是其重要的特征。为此，“经济新常态”下中国经济法的回应，也要处理好相关的关系，才能很好地发挥其作用，有所为，有所不为。

（一）协调经济法与政治的关系

本书认为，经济法要回应好不同经济发展阶段的法律需求，首先应当处理好经济法与政治的关系。其基本理论与实践依据就是关于法及其法律、法制、法治与政治的关系。在此方面，按照社会主义法治理论，本来其理论基础是清楚的，即“政法不分家”，一国之法律及其法治是一国政治的重要组成部分。因而，在一定的政治条件下，法律应当为政治服务。但是，改革开放以来，受西方法治思想中法律与政治分家思想理念的影响，法学界一些人主张法律和政治应分家，他们提出了要进行纯法学或纯法律的研究，提出摆脱政治约束的“法律至上”，搞所谓的“民主宪政”、“三权分立”、司法独立等。对此，在经济法的理论研究和实践中也有不同程度的反映。突出的表现，就是在经济法的教学科研中，不讲党的领导，在正式立法中“党不入法”，并按照西方的政府干预论来解读中国经济法的实践，将人民政府与社会对立，严重脱离实际。谈及市场经济时，只谈“市场决定”，不谈社会主义大前提，并企图否定国家宏观调控及其法治的地位和功能。他们将社会主义和市场经济割裂开来，打着市场化、国际化、法治化的招牌，积极地推进经济和社会领域的私有化进程，等等。这股法学

界的错误思潮与政治学、经济学界一些人遥相呼应，在党的十八大之前，曾经甚嚣一时，但党的十八大否定了其错误主张，党的十八大政治报告明确指出，中国的发展既不走过去僵化的老路，也不走企图颠覆社会主义制度的邪路。党的十八届四中全会作出决定，强调了党中央对法治工作的全面领导，强调改革要“于法有据”，要树立“四个意识”，坚持中国特色法治的社会主义方向，坚持将依法治国与党的领导及广大人民群众的根本利益保护相结合，坚持依法治国与以德治国相结合，坚持将法律效果与政治效果、社会效果相结合。为此，经济法的理论研究和实践回应，要旗帜鲜明地讲政治，讲党的领导，讲社会主义，始终把政治挺在经济法治的前面，不忘初心，坚持“四个自信”，为完善社会主义制度，保障“经济新常态”或新经济发展阶段党中央的政策、路线、方针及战略的有效实施，为社会主义市场经济健康发展保驾护航。

（二）协调经济法与经济道德的关系

按照法学原理，法律只是调整经济和社会关系的一种社会规范，除了法律规范外，还有道德等规范约束着人们的行为。为此，要处理好依法治国和以德治国的关系。中国建设社会主义法治国家，其重要的内容，也是要把依法治国和以德治国相结合。具体到经济法领域，也同样要处理好经济法治和经济德治的关系。通常而言，经济法治主要处理好经济权力（权利）、义务及其责任的配置关系，做到经济领域的责、权、利、效相结合，为市场经济主体开展经营活动创造良好的营商环境。同时规范党政机关及其领导干部的行为。而诸如金钱至上、封建迷信等思想领域的问题，只能通过思想道德的教育逐步解决，对于经济道德可能与经济法相衔接的部分，要有制度的衔接。推行信用诚信保障制度就是很好的例证。

（三）协调经济手段、法律手段和行政手段的关系

改革开放以来，针对以往主要以行政手段管理经济，致使经济管理处于僵化状态的问题，有关政策文件及经济法的研究中，一直强调以经济手段、法律手段和必要的行政手段调节经济。这一点，对于经济法的回应具有重要的实践意义。但本书认为，一是强调经济手段的重要性，主要是指国家及政府在干预、管理、调控国民经济时，有关“一价三率”（价格、税率、汇率、利率）等经济量化性质的经济杠杆手段的广泛应用，但这种经济手段的应用，也要依法进行，不能脱离法律的程序性制约。二是法律作为一种独立的手段，主要确立相对稳定的经济秩序及其经济管理和被管理主体的权利（权力）、义务或责任及其基本制度。但经济法的回应特色是既包括程序法，也包括实体法。其不仅通过正式法律形式回应，也包括具有法律效力的政策及规划等方式实施。三是对于行政手段的理解，本书认为，所谓其必要性主要表现在三个方面：第一，政府行政对于经济干预仅限于市场不能或市场调节无效的领域；第二，政府行为手段的应用应当具有明显的针对性和时效性，一旦问题解决，即应当交由市场经济自治运行；第三，政府行政手段的应用为其职责履行之必须。因此，经济法强调行政手段的必要性，并不否定政府行政手段的使用。而是强调在必要时刻，政府行政手段的果断应用。总之，经济法回应“经济新常态”，对经济手段和行政手段的应用也必须依法进行，遵循经济规律、社会发展规律、自然与科学研究规律等。

（四）协调经济法内部结构的关系

根据前述，中国经济法的法域范畴，主要集中于宏观调控法、市场规制法和经济监督法三大法域。与此同时，在三大法域

之下，又可以划分为若干子法域。通过本书的研究发现，在经济法回应“经济新常态”时，均有所反映。其基本的法治路径是：产业分类、统计调查、自然资源保护等经济制度为基础，发展规划及年度计划为牵头，竞争法与消费者权益保护法弥补民商法不足，财税法、金融法、投资法、价格法、社会保障与社会事业发展法、涉外经济法及其政策为支撑、保障等。而对于经济监督法而言，除了会计法、审计法、金融监管法、国有资产监管法外，其他监督法均镶嵌于相关的经济法之中，形成了一个具有内在逻辑关系的体系结构，决定了经济法回应完善的基本方向。

（五）协调经济法与相关部门法及领域法律的关系

本书认为，从“经济新常态”的法律政策回应情况看，主要涉及的是经济法的问题，但所涉及的法律问题，又是综合性的。这是因为，在实际的经济法律政策制定和实施中，并非完全按照部门法原理的指引，出台纯法律部门的经济法律及政策。为此，经济法回应“经济新常态”的法律与政策需求时，就有一个协调与相关部门法的关系问题。有所为，有所不为。

首先，要协调好与民商法的关系。依照“经济新常态”法律政策的总要求，要发挥好市场的“决定性”作用，就要以民商法为基础，保障市场主体的合法权益，保障全国统一市场的正常运行。为此，经济法作为民商法的保障法，一要为民事主体创造良好宽松的营商环境；二要通过对“市场失灵”和“市场不能”予以及时的，弥补性的调整，克服市场缺陷。在此方面，最为典型的就是在创新驱动战略实施中，对于知识产权的保护以及对科技合同的管理问题。其涉及物权、债权、公共利益遭受侵权的法律调整问题时，民商法是第一位的，经济法的作用体现在涉及国家利益、社会整体利益时，对民商事主体权益的限制，甚至禁止。

其次，要协调好经济法与行政法的关系。在经济法对“经济新常态”回应时，坚持党的领导、坚持人大及其常委会行使立法权、发展规划与计划报告和财政预算决算报告审议批准权以及监督权等十分必要，但国家干预、管理、调控经济的具体工作是由国务院及其职能部门来做的。而国务院及其职能部门在法律上属于国家行政机关的性质，由国务院制定的规范性文件为行政法规。其管理行为属于行政行为。而且，此点对于地方政府而言，也一样属于行政机关。更为重要的是，政府对公司、企业和其他经济组织等行政相对人依法处罚的措施可称为行政处罚措施，引发纠纷后，通常会适用《中华人民共和国行政复议法》《中华人民共和国行政诉讼法》予以处理。由此，在理论上，有学者主张把政府涉及经济管理事务的行为称为“经济行政行为”，把相关的法律称为“经济行政法”。应当说，这种观点，从表面上看没有问题。然而，以此观点无法解读政府对经济活动的协调、调控和促进等行为属性。无法解读政府管理经济时经济手段的广泛应用，也因此，在现代社会，才产生了与行政法及其“经济行政法”不同的经济法，以及与部门行政法相对独立的部门经济法，且在中国社会主义法律体系构造中，行政法与经济法是两个不同的法律部门。在此情况下，如何理解经济法和行政法的关系，成为理解经济法回应“经济新常态”必须回答的问题。对此，结合已有的研究成果，本书认为，除经济法具有经济政策及法律属性外，在政府依法应用行政手段管理经济时，的确存在行政法与经济法的“竞合”问题，实践中可以把其看作是行政行为，也可以把其看作是经济管理行为。问题是，这种面对经济活动的政府管理行为，需要主要遵循的是行政规律，还是经济规律，如果是经济规律，其就是经济法，如果是行政规律，就是行政法或经济行政法。事实证明，只有要求政府进行管理时遵循经济规律，才可以限制政府行政权力的滥用。所以，中国的法治政策对于政府应用行政手段进行经济管理时，特别强调了其“必要性”，并不主张其广泛地应用。这是实行社会主义市场经济与计划经济的重大区别。由此说明，在经济法回应“经济新常态”时，依据中国的行政、经济管理体制，不可避免地需要政府这一行政管理主体履行职责，但就其对经济的管理而言，它属于经济管理行为或国民经济管理行为，而非行政管理行为，经济法是政府管理、协调国民经济的法。相关行政法规，在形式上或名义上为行政法，但其实质上是经济法。在经济法领域，政府管理、协调国民经济时，其主体地位可定位于国民经济管理机关，其管理行为可称为国民经济管理行为。在市场经济条件下，政府的国民经济管理，主要是协调、调控各种经济关系及其相关的社会关系，而非强制性地实施经济行政管理。经济法需要政府这一平台或载体实现经济发展的目标。中国如此，国外亦然。

再次，要协调好与社会法的关系。社会法是调整社会关系的法。在法治实践中，社会关系十分广泛，为此，法律需要对法律调整的社会关系予以限定。在中国，科教文卫体社会事业发展的法律调整被归属于行政法，而社会法的基本内容，一是劳动与社会保障法；二是与民政部门管理相关的社会救助、社会慈善等法；三是涉及保护老年人、儿童、妇女、残疾人等弱势群体权益的法。经济法调整国民经济关系及其与国民经济关系密切联系的社会关系，主要涉及的是劳动法和社会保障法。在劳动法方面，经济法法域的《中华人民共和国就业促进法》的制定和实施有利于促进劳动力就业，保护劳动者的权益，宏观调控政策有关失业率政策的预期，也对劳动力就业会产生影响；在社会保障法方面，虽然它是否属于经济法的范畴，在学术界存在争议，但是，社会保障需要属于经济法的社会保障财政预算的兜底性支持，是不争的事实。而在社会法的其他领域，经济法的财政、税收、产业指导、金融及公共服务价格指导等手段措施的应用是其必要的保障。另外，经济法和社会法的本位都是"社会本位"，由此，经济法回应经济新常态时的许多举措之落脚点在于社会发展目标的实现，特别是强化对弱势群体的保护，是经济法的重要任务。

最后，要协调好经济法与刑法的关系。无论从理论角度分析，还是从司法实践来看，经济法与刑法的关系比较清晰，即经济法领域的一般违法行为，由经济法调整，对于构成犯罪的行为则由刑法调整，予以刑事责任的制裁。在经济法回应"经济新常态"时，大量的经济关系及其相关社会关系处于改革试验状态，通常不会涉及刑事问题，但国家根据经济形势的发展出台新的刑法规定，会影响到经济法的实施。例如，2020 年 12 月 26 日《刑法修正案（十一）》由全国人大常委会通过，自 2021 年 3 月 1 日起施行。该修正案第 17～24 条，完善了有关侵犯商标权、著作权、专利权及商业秘密的规定，对于"经济新常态"下的知识产权保护有重大影响；该修正案第 38 条规定："在刑法第三百三十四条后增加一条，作为第三百三十四条之一：'违反国家有关规定，非法采集我国人类遗传资源或者非法运送、邮寄、携带我国人类遗传资源材料出境，危害公众健康或者社会公共利益，情节严重的，处三年以下有期徒刑、拘役或者管制，并处或者单处罚金；情节特别严重的，处三年以上七年以下有期徒刑，并处罚金。'"该规定，影响着出口贸易。该修正案第 39 条规定："在刑法第三百三十六条后增加一条，作为第三百三十六条之一：'"将基因编辑、克隆的人类胚胎植入人体或者动物体内，或者将基因编辑、克隆的动物胚胎植入人体内，情节严重的，处三年以下有期徒刑或者拘役，并处罚金；情节特别严重的，处三年以上七年以下有期徒刑，并处罚金。'”根据该规定，在科技创新中将基因编辑、克隆的人类胚胎植入人体或者动物体内，或者将基因编辑、克隆的动物胚胎植入人体内的科研属于法律严禁行为，不属于科技创新范畴，情节严重的构成犯罪，依法追究刑事责任。

此外，还要注意经济法与环境法的关系。在中国现有法律体系中，环境法并不是一个独立的法律部门。环境法被归属于行政法的范畴。环境与资源法学属于领域法学。但是，由于“经济新常态”的一个重要表现就是资源与环境要素对经济发展的制约。因此，研究经济法对“经济新常态”的回应，必然涉及环境保护问题。为此，经济法对于环境保护的回应，主要体现在环境保护政策的制定，发展规划、财税、金融等宏观调控手段对于环境保护的支持以及对环保产业的定位和支持方面。

总之，法律与法学上有关部门法的划分，涉及经济法回应“经济新常态”的基本范畴问题，形式意义上的经济法与实质意义上的经济法相互交织，经济法与其他相关法律部门相互交叉，法律对于“经济新常态”的回应不仅仅是经济法，民商法、行政法、社会法、刑法等实体法，甚至诉讼与非诉讼程序法的回应也很重要。但是，与其他法律部门相比，部门经济法更具有综合性、开放性、包容性特点，再加上经济法与经济政策的密切联系，有关法律对于“经济新常态”的回应，主要还是经济法，其他法律则处于基础法或辅助法的地位。

CHAPTER 02 >> 第二题

经济增长的经济法回应研究

在人类发展史上，经济增长是永恒的主题之一。在现代社会，世界上公认的经济增长指标就是 GDP，即国内生产总值。自中华人民共和国成立以来，为了摆脱贫穷落后的状况，在党中央的领导下，全国人民齐心合力进行社会主义建设。除个别年份外，经济一直处于高增长状态，特别是从 1978 年到 2020 年，一直以“超常规”的经济增长模式发展经济，GDP 平均增长率达到 10% 左右，从而走过了西方国家 200 多年的发展历史，使中国由贫穷落后的国家，进入小康社会，为世界所瞩目。然而，从 2008 年遭遇全球性经济危机以来，全世界经济普遍衰退，中国也进入了经济增长放缓期。进入“经济新常态”以来，中国要素禀赋条件等面临深刻变化。劳动力、土地等要素成本低、环境容量大、外需贡献多等市场优势正逐步减弱，加之 2020 年公共疫情影响，经济全球化遭遇逆流，面对百年未有之大变局及复杂的国际形势，中共十九届五中全会提出，“加快构建以国内大循环为主体、国内国际双循环相互促进的新发展格局”，这一新发展理念成为今后很长时期内中国经济发展的总体思路，作为国家调节经济的经济法也予以了积极回应。为此，本书对“经济新常态”下中国经济法对经济增长的回应做一较全面的梳理和分析。

一、关于经济增长的基本分析

（一）经济增长是什么

经济增长指一个国家或地区生产的物质产品和服务的持续增加。它意味着国家或地区经济规模和生产能力的扩大，可以反映一个国家或地区经济实力的总体情况。而经济增长的速度，即经济增长率，则反映一个国家或地区在原有经济规模基础上增长的情况。在经济理论和实践中，经济增长意味着一个国家或地区经济的发展与繁荣；反之，如果出现负增长，则意味着经济衰退。因此，在当代社会，经济增长问题，不仅是世界各国或地区解决本国或本地区经济和社会发展的基本出发点，也成为世界各国或地区相互竞争的标志。这是对经济增长的基本认识。然而，要科学理解经济增长，还需要深刻地理解经济增长的经济、政治和社会原因及实现经济增长的基本方式。

（二）经济增长为什么

人类社会为什么要经济增长？这是迄今为止，没有认真总结的一个问题。本书认为，可以从客观和主观两个方面认识。

1. 经济增长客观原因分析

从客观方面来分析，一切经济增长均基于人类生存和发展之所需。人类的生存所需包括人类在吃、穿、住、用、行等方面的基本需求；而人类的发展所需，则是在解决了基本需求基础上的更进一步的发展需求，即吃得更好、穿得更好、住得更宽敞舒适、用得更方便、行得更便捷安全等。其中，基本需求具有“刚性”的一面，而更进一步的发展需求则具有选择性。当然，如果从广义角度理解，无论是人类的基本需求，还是为提升生活质量的进一步需求，均可以纳入经济发展的范畴。此外，不能忽略的是，人类的需求，不仅包括物质需求，还包括精神文化方面的需求，正因为这样，社会主义生产的目的就是“满足人民日益增长的物质和文化需要”。由此，经济增长的客观性可以分解为以下一些基本的要素：一是人口的增长；二是自然资源禀赋；三是各生产要素的配置。

就人口的增长而言，人口增长及一个国家或地区的人口状况是经济增长最基础的因素。这是因为，新生人口的出生意味着需求的增加，而人的死亡意味着需求的减少。两者相抵，即是一个国家或地区人口的基本状况。在现代社会，随着医学的发达及医疗技术的提升，人均寿命不断提升。除遭遇战争、大规模瘟疫事件及大地震外，人的出生率通常要高于死亡率，这就决定了经济增长的普遍性。此外，不同年龄段结构不同，其需求也不尽相同。在人口规模较大的国家或地区，经济规模也较大，反之亦然。因此，在不同国家和地区之间，基于人口规模的不同，比较经济增长的规模没有多大实际意义，主要是看经济增长的速度，即经济增长率。在人口处于负增长的情况下，经济增长的规模自然也相应地减少，否则会形成资源的浪费，其也是造成地区发展不平衡的原因之一。在当前及今后一个时期，有关中国人口的增长问题，主要表现就是人口的负增长及老龄化带来的经济与社会结构的变化及其对经济增长的影响。与此同时，中国庞大的人口基数一直被视为中国经济增长的红利，这是因为，人口基数庞大必然有着足够的消费需求。但是，就劳动力与经济增长的关系而言，在改革开放初期，劳动力成本低一直被视为经济增长的优势，但随着经济的发展，企业技术水平的提高以及产业的不断升级，加上分配制度的改革，劳动力成本不断提升，其优势也在逐渐消失。

就自然资源的禀赋而言，各个国家和地区的自然资源条件不尽相同，决定了不同地区人类需求内容的不同，即所谓“靠山吃山，靠水吃水”。同时，也决定了人类生产方式的不同。在自然资源相对富集的国家或地区，较容易满足人类的需求，而在自然资源相对匮乏的国家或地区，要满足本国或本地区人民的一些基本需求，则需要通过与其他国家或地区的商品交换实现。例如，在中东地区，粮食生产匮乏，但其石油资源丰富，于是，需要石油换粮食，这是国际贸易产生的基本条件。人类社会各个国家或地区的人民经过几千年的迁徙，之所以居家于一地，在基本的自然条件方面，总会有一些保障，如土地、水、矿产、草原、森林等，但不一定所有人类生存发展的自然资源均拥有，需要通过商品交换来实现。另外，对于不可再生的自然资源而言，是逐步递减的。这就提出一个重大的全球性命题，即自然资源对于人类发展的承载力问题。在目前，随着自然资源开采利用导致的自然资源枯竭现象日益严重，有关自然资源的保护受到全球的重视，合理地节约利用自然资源成为全球共识。由此，在理论界提出了增长的极限理论❶，甚至零增长理论❷。

---

❶ 增长极限理论由法国经济学家佩鲁在1950年首次提出。该理论认为，一个国家要实现平衡发展只是一种理想，在现实中是不可能的，经济增长通常是从一个或数个“增长中心”逐渐向其他部门或地区传导。因此，应选择特定的地理空间作为增长极，以带动经济发展。

❷ 1972年，D. H. 麦多德等人提出零增长理论。零增长论者主要从自然条件、资源、环境等方面论证经济增长的“极限”，或者从社会经济角度论证经济增长是不可取的，不值得的。根据零增长理论，就世界各国目前的生产技术、生产能力，如果经济不受阻碍地继续增长下去，那么到2100年，将会出现极度环境污染，粮食匮乏，人口过多，自然资源耗尽，从而进入“世界末日”，人类将最终毁灭。因此，必须实现零经济增长率，以使世界保持生态平衡。

就生产要素的客观性而言，劳动力、资本、土地、生产资料、技术、信息，甚至管理等都是生产的基本要素。人类要满足自己的需求，就要根据需求开展生产活动，就要把各生产要素有机地组合起来，以便生产出能够满足人类需求的产品或商品。为此，生产要素的存在及其有效组合具有客观属性。没有这些基本的生产要素，生产就搞不起来。而任何一个生产要素的缺失或不完善，都会影响生产的效率。这其中，除物质条件外，劳动力、资本和技术具有关键性的作用。

首先，劳动力是生产力的第一要素。按照马克思主义的基本观点，劳动是创造商品价值的唯一源泉。劳动是人类的基本活动，人类到了法定劳动年龄即应通过劳动获得社会产品，以便满足自己和家人的生活所需，具有客观属性。《中华人民共和国劳动法》（以下简称《劳动法》）规定，劳动者的最低劳动年龄为 16 周岁。但事实上，在许多地方，特别是贫困的乡村，许多人为生活所迫，不到法定劳动年龄就已经开始劳动，以便养活自己和家人。与此同时，许多人即使到了法定退休年龄仍然具有劳动能力，可以继续劳动，成为生产力创造者。

其次，要组织生产，就要有资本的投入，这种投资既可以是国家或政府投资，也可以是私人或民间投资。现代社会公司制条件下，出现混合投资的态势，并且，在国家投资和私人或民间投资方面有所分工。为了保护公共利益和国家利益，国家和政府的投资主要涉及关系国计民生或国家战略的重要领域，具有相对的垄断属性。而私人或民间则投资一般领域或竞争领域。从公司、企业发展角度分析，没有投资，就没有公司、企业的产生，就无法组织劳动者生产产品、提供服务。尤其在市场经济条件下，资本的投入成为公司、企业生产与服务的逻辑起点。这是形成“国家资本主义”及资本主义观念和理论的客观基础。只不过在资本主义社会更加强化了私有资本的作用，一切似乎均由“私有资本”及资本家族说了算。但事实上，在生产领域，如果资本与其他生产要素不能很好地结合，投资就会失败。国家投资如此，私人投资亦然。

再次，人类的生产活动始终伴随着技术的进步，技术在相当程度上影响着生产的规模、结构和水平。进入21世纪以来，人类已经进入计算机及新型工业化时代，互联网及智能技术的普遍应用，大数据的可能，大大提高了人类生产的规模、效率、可控制性以及消费的便捷。而新型工业化则强调了工业资源的节约利用、清洁生产及其产品的绿色化。但无论是计算机的广泛应用，还是新型工业化，其根本目的还是围绕着人类的生存发展需求展开。

最后，本书认为，上述诸多方面，均是经济增长的客观要素或相对来讲客观要素居多，是人类发展主观能动性的基础，人类的主观性，必须建立在这些客观要素基础之上，否则，就会脱离实际。

2. 经济增长的主观原因分析

人类的需求或消费包括基本需求、享受型需求、奢侈性需求三个方面。其中，基本需求属于一个国家或地区的“刚性”需求，具有客观属性。但享受型需求和奢侈性需求则具有主观选择性和非必要性。此外，除个人消费外，还有许多需求属于公共需求的范畴，并不能由个人所独占、独享。就人类需求的递进而言，人类的需求具有不断改善的主观愿望。人类的享受型需求、奢侈性需求，往往形成人类“贪婪”的一面，尤其是奢侈性需求。这种“贪婪”虽然有利于市场经济的发展，却往往受到文化层面道德的谴责，法律的制约甚至禁止。进而，体现了经济增长的主观性。即经济增长应当以保障本国居民的基本需求为基本点，对享受型需求予以适度引导和限制，而对奢侈性需求则不应当鼓励。特别是在资源有限的情况下，对于一些奢侈性、浪费性需求应当予以反对和禁止。对此，为了防止食品浪费，保障国家粮食安全，弘扬中华民族传统美德，践行社会主义核心价值观，节约资源，保护环境，促进经济社会可持续发展，2021 年 4 月 29 日第十三届全国人民代表大会常务委员会第二十八次会议通过了《中华人民共和国反食品浪费法》，即是很好的例证。

从国家或地区政府的职责分析，保障本国和本地区人民的基本需求是其基本职责。尤其是像中国这样的大国，人口 14 亿之多，通过国家的有效治理，保障本国人民的基本需求是头等大事，也是一件很不容易的事，是对人类发展的重大贡献。为此，在党中央的统一领导下，按照“一要保吃饭，二要谋发展”的方针，实施“省长米袋子工程”“市长菜篮子工程”，并大力发展与公共消费相应的交通、教育、医疗等公共事业，为世界所独有。再加上国家对粮食和食品等基本供需关系及社会保障的调控，有效地保障了人民的基本需求。

然而，在满足了上述“刚性”需求的基础上，如何进一步发展？无论是对个人及家庭而言，还是对国家或地区而言，就具有了极大的路径选择性和竞争性。这是由不同国家和地区的发展不平衡所导致的。就发达国家和地区而言，保持既有的经济水平，略有增长即可。但对于不发达或欠发达的国家或地区而言，基于不甘心落后的理念，就会有一种“奋起直追”的主观冲动。于是，千方百计地促进经济快速增长，“超常规”增长，甚至“弯道超车”，使经济进入“非常规”的发展阶段。回顾中华人民共和国成立以来，特别是改革开放 40 多年来的发展，就是这样走过来的。它使中国由贫穷落后的国家，一跃成为世界第二大经济体和贸易国，走过了相当于西方国家200多年的历史，使中国进入小康社会，摆脱了中国自1840年鸦片战争以来长期落后的局面，实为中国共产党的主观意志和人民的主观愿望结合所致。其中蕴含着具有中国特色社会主义发展的道路自信、理论自信、制度自信和文化自信。然而，这种“超常规”的发展模式，不具有可持续性，不应是经济发展的常态。不符合适度经济增长和可持续发展规律的普遍要求。截至2013年，中国经济出现一定的产能过剩现象，经济出现增长放缓，在此背景下，党中央根据学界和实务部门的研究，启动了供给侧改革，并作出“经济新常态”的战略决策。从哲学角度分析，“经济新常态”发展战略的实施，即是主观对客观认识基础上的主观判断。其中，适度调控经济增长速度，强力优化经济结构，压缩过剩产能，各行各业搞供给侧改革，就是“经济新常态”的重要举措。

与此同时，就生产对需求和消费的引导而言，也具有极大的主观性。按照经济原理，人类的生产本应当按照需求来组织，实施“订单生产”，以便保持“供需平衡”，并避免资源浪费。但是，随着生产力的进一步发展，市场经济机制促使生产或供给在许多领域占据了主动，使生产引导消费，成为市场经济的一种常态。形成了经济学上所称的“萨伊定律”，即所谓的“生产创造需求”的定律。❶ 然而，事实上，由生产引导需求时，仅仅体现出一种潜在的需求，如果生产的产品通过商品交换顺利实现商品交易，即能实现其应有的价值；但如果生产的产品不能顺利实现市场交易，就会形成产品积压，形成资源浪费，进而，最终导致“经济危

---

❶ 萨依定律，也称作萨依市场定律，是一种自19世纪初流行至今的经济思想。萨依定律主要说明，经济一般不会发生任何生产过剩的危机，更不可能出现就业不足。

机”。由此，市场经济机制下，可以使物质极大丰富，但是，如果超出了人类的消费能力，就会导致产品剩余，企业倒闭的后果。这是“市场失灵”的典型表现。正因为这样，经过几次大的经济危机，才出现了凯恩斯的国家干预理论❶，凯恩斯理论的核心观点是，在出现基于生产过剩的经济危机时，国家与政府不能再当“守夜人”的角色，而应当主动干预经济，一方面可以通过国家调控消化生产剩余；另一方面可以通过采取有效措施扩大居民消费需求，尽力达到国民经济的供需平衡。但在具体实践中，究竟是以需求侧扩大为主，还是以供给侧压缩为主，要视经济发展的具体情况和发展阶段采取不同的宏观调控政策与措施。例如，“二战”以后，为刺激经济增长，日本曾经实施“国民收入倍增计划”，从扩大需求和消费角度刺激了日本经济的增长，取得成效。但就中国情况而言，从改革开放伊始，宏观经济政策就一直在扩大内需上做文章，使人民收入水平随着国民经济的发展逐步普遍提升，进而保持了市场的规模。但是，由于市场经济规律下，自然形成的“二八定律”❷，导致扩大内需的成效受阻，进而才转向供给侧改革。但事实上，在实施供给侧改革的同时，通过提高居民收入，特别是一次分配中劳动者的收入，进而提升居民消费水平，继续扩大内需，也是不可忽视的。

---

❶ 凯恩斯理论，也称为凯恩斯主义或凯恩斯主义经济学。该理论是建立在凯恩斯著作《就业、利息和货币通论》的思想基础上的经济理论。主张国家采用扩张性的经济政策，通过增加需求促进经济增长。即扩大政府开支，实行赤字财政，刺激经济，维持繁荣。

❷ “二八定律”是指社会上20%的人占有80%的社会财富，即财富在人口中的分配是不平衡的。“二八定律”是理论上对市场经济不平等关系的简称，不管统计结果是不是恰好为80%和20%。习惯上，“二八定律”讨论的是顶端的20%，而非底部的80%。人们所采用的“二八定律”是一种量化的实证法，用以计量投入和产出之间可能存在的关系。

上述主观因素的综合结果是经济增长规模的不断扩大以及经济增长速度的不断攀升。为此，理论界进行了反思，提出了经济增长极限的主张及其理论。而更为科学的主张，则是经济增长的适度性及可持续发展理论[1]。

3. 经济增长与其他宏观调控目标的协调问题

自从形成宏观经济学以来，为实现一国或地区在一定时期内整体经济的供需平衡，保持一国或地区的经济增长、充分就业、物价稳定和国际收支平衡，已成为理论界和实务界的共识，中国改革开放以来的宏观调控目标亦然。其中，经济增长与充分就业的目标实现具有一致性。两者是正相关关系。因为只有经济增长，才能为劳动者提供就业机会。而且，在中国，每年需要解决近千万人口的就业问题，压力巨大。因此，即使提倡“经济新常态”，把经济增长的速度有所降低，但也不能过低。与此同时，经济增长目标与物价稳定存在着负相关关系。这是因为，经济增长必然导致物价的普遍上涨，进而出现通货膨胀，当整体物价上涨水平突破国际警戒线 5% 时，经济就会出现不稳定。而对于国际收支平衡而言，该目标与经济增长的关系，主要体现于经济增长与国际贸易关系的处理之上，如果一个国家或地区的经济增长过度依赖境外市场，就会存在来自境外市场需求的风险。为此，除完全依赖境外进口的国家或地区外，应当控制一国或一地区的经济增长对涉外经济与贸易的依存度。在存在国内经济循环、国外经济循环的情况下，要始终以国内经济循环为主，以境外经济循环为辅。

---

[1] 可持续发展理论是指既满足当代人的需要，又不对后代人满足其需要的能力构成危害的发展，以公平性、持续性、共同性为三大基本原则。可持续发展理论的最终目的是达到共同、协调、公平、高效、多维的发展。

值得注意的是，自从2000年世界贸易组织积极推进经济全球化以来，一方面加速了不同国家或地区之间的贸易自由化进程，但另一方面也出现了国家经济安全问题。这是因为，来自境外的投资及贸易，不仅具有经济意义，也具有深刻的政治和社会意义。其中的政治意义是经济意义所附加的。例如，如果一个国家或地区的粮食完全依赖境外进口，那么，作为出口国就会利用出口优势逼迫进口国或地区作出政治上的妥协和让步，进而，使出口国达到控制进口国或地区的目的。改革开放以来，西方资本势力对通过经济手段达到颠覆中国社会主义制度的目的始终没有放弃，为此，有关国家安全的宏观调控目标被中国提上战略高度，自然有其现实基础及重大实践意义。与此同时，经济增长不合理所导致的自然资源破坏，环境污染，以及劳动力不能充分就业、物价持续增长导致的通货膨胀，都会导致社会不稳定，引发政治和社会问题，进而影响国家经济安全。据此，国家经济安全宏观调控目标的提出，具有综合性，根本性。即使经济得以增长，但如果丧失了国家经济安全，这样的经济增长，还不如不增长。总之，在国家经济治理中，宏观调控目标的实现，必须找到一个基本的平衡点，才能使经济增长具有科学性和合理性。

综上所述，通过分析经济增长为什么，本书得出结论：一国或一地区虽然在短期内为摆脱贫困落后及经济短缺可以“超常规”地经济增长，但从长期发展来看，经济增长必须保持在一个合理的区间，与经济增长的客观基础相适应，走有限适度增长之路。在国家经济安全保障的前提下，妥善处理经济增长与充分就业、物价稳定和国际收支平衡的关系。这是国家或政府应有的职责。对此，作为党中央统一领导的社会主义国家，按照社会主义原理，国家具有组织管理国民经济建设的职能。通过发挥政治和基本经济制度优势，对经济增长规模和速度予以适度调控，保持国民经济和社会健康的可持续发展，是完全能够实现的。

（三）经济增长怎样做

关于市场经济条件下，经济增长怎样做的问题，无论是经济理论，还是经济实践，均是着手于投资、消费和对外经济贸易三大领域，其被学术界称为“三驾马车”。以下逐一分析。

1. 从投资来看，应有所为，有所不为

在市场经济条件下，无论是民间投资，还是政府投资，均应当有所为，有所不为。这是由市场经济的物品（产品）实践和理论所决定的。

按照市场经济原理，社会物品（产品）的供给被划分为私人物品（产品）、公共物品（产品），以及准公共物品（产品）三大类。其各自的投资与经济增长模式不尽相同。各自应当有所为，有所不为。

首先，私人物品（产品）主要是指在消费领域具有私人独占性的物品（产品）。这部分物品（产品）具有市场竞争属性，应当基本上交由私人资本或民间资本的市场投资运行来解决，在市场竞争机制和价值规律的作用下，可以为消费者提供“物美价廉”的商品和服务。但是，市场主体为了追求自身利益最大化，在商业信用体系不健全的情况下，容易出现弄虚作假，欺骗消费者的行为。为此，政府职能部门履行好监管职责，维护市场秩序，保护消费者的权益，是世界各国的普遍做法，中国亦然。因此，所谓“市场决定”的经济增长模式，主要就是指这部分处于市场竞争状态的经济。它不仅解决了大部分劳动力的就业问题，也极大地促进了市场的繁荣。改革开放以来，在涉及居民普通商品的消

费领域，中国已完全实现了市场化。甚至，像汽车、住房这样体现居民大宗消费的商品，也基本上可以自由地买卖。这在40多年前是不可想象的。在此方面，一个明显的例子是，按照《价格法》规定，市场上的商品和服务，应当标明市场价、政府指导价和政府定价，并分别以不同的标签明示。但观之如今市场状况，除在一些大型超市中，存在政府为照顾低层收入居民消费的低价商品外（大部分为蔬菜一类，并标识为政府调节价），在普通消费领域，政府指导价和政府定价已经基本退出市场领域，使广大消费者感受到了市场经济发展所带来的好处。

其次，按照市场经济原理，在公共物品（产品）的生产消费领域，公共物品（产品）的生产供给，对于消费而言，与私人物品（产品）相反，不具有私人独占性。其投资及经济增长的模式主要来源于政府或公共服务机构的以经济核算为基础的规划及计划投资，例如，国防建设、公共交通建设、市政建设以及教育、医疗公共事业、大众体育和文化事业的发展等。这种公共物品（产品）的投资，涉及社会公共利益乃至国家利益，通常情况下，不仅公共享有，且投资周期长，不能以盈利为目标。因此，通常不宜由私人资本投资，而应当由政府或政府组织下的公共服务机构投资，纳入公共预算，接受社会监督。

再次，按照市场经济原理，关于准公共物品（产品）的基本含义是指，虽然属于公共物品（产品），但是由于存在“拥挤点”，或存在公共机构管理与服务的官僚机制与障碍，或基于政府财力的不足，因而，可以适当地引入市场机制，将一些项目的投资、生产、经营与服务特许给私人企业来做，或实施政府和企业合作的方式来做。如“经济新常态”以来，中央和地方政府积极推进的PPP项目就是如此。这一类准公共物品（产品）集中体现于涉及公共领域的城乡居民供水、供电、供气、供暖等领域。值得注意的是，准公共物品（产品）的生产与供给及其消费，虽然可以由私人或企业来投资、经营与服务，但是，政府与公共服务机构仍然负有监督和财政“兜底”的职责。这是因为，准公共物品（产品）的生产与供给及其消费，其本质还是公共物品（产品），私人生产经营出了问题，侵害了公共利益，大众主要责怪的还是政府，而不是企业。

最后，对于上述投资与经济增长模式，不能简单地予以笼统地理解，必须结合各行业的实际予以具体的结构性分析，才符合实际。例如，在目前，社会上对于教育市场化、医疗市场化改革政策批评之声较多，但如果从人民在教育、医疗方面消费的历史演变，就不难理解这一改革的必要性。就教育而言，截至目前，中国居民对教育的消费呈现出多样化的格局。一是对于义务教育而言，属于典型的公共（物品）产品，它关系着中国居民普遍基础素质的提升，因此，这部分教育的投资和增长，自然应当由政府投资。但由于存在“拥挤点”，也可以适当地引入私人投资，举办民办学校；二是对于高等教育而言，并非所有的学生均需要上大学，因而，对于大学的投资，可以引进市场机制，通过收取学费的方式，调节大学的规模与结构，因此，就大学教育投资与经济增长模式而言，属于典型的准公共物品（产品）；三是对于居民个人为提升素质，参加的各类社会培训，完全由自己选择，可以实施市场化。为此，中国教育领域的市场化改革，并非是要全部市场化，其市场化的改革应当是有限的，而不是全方位的。同样道理，就医疗改革而言，随着收入和生活水平的提高，人民对于医疗的消费需求，也呈现出多样化的格局，可分为一般性的基本医疗、基础性疾病医疗和养生医疗三个方面。其中，国家及政府的医疗保障主要体现在对基本医疗和基础性疾病医疗的社会保险领域，而对于养生医疗则完全可以适用市场机制，同时辅之以商业保险，由此，医疗改革也不是要全部市场化。这样的市场化改革才符合实际，具有合理性、科学性。

2. 从消费来看，应以节俭、舒适为限

从理论上讲，消费是生产力发展的动力，消费是市场的基本逻辑，也是商品的逻辑，由此消费成为经济增长的基本点。但是，辩证地看，属于物质消费的部分，也是人类资源消耗的主要方面。

迄今为止，人类的消费可分为居民家庭的个人消费、公共消费和生产消费。其中，个人消费反映了个人及家庭的基本消费、享受性消费，甚至奢侈性消费；公共消费为大众消费之所需；而生产消费则属于生产产品过程中有关低值易耗品的消费。

从人类的发展史来看，人类的消费从来都包括物质消费和精神文化消费两个层面，但物质消费是第一性的。在物质消费匮乏的情况下，精神文化消费可以起到弥补性作用。发展市场经济以来，中国不仅极大地丰富了物质消费，也极大地丰富了精神产品消费，尤其是互联网技术的普及，导致文化娱乐传播方式的变革，而旅游业、游戏业，甚至宠物业等新业态的兴起，使当代中国的消费呈现出多姿多彩的发展态势，是经济增长的重要体现。然而，除属于基本需求的"刚性"消费外，其他消费均具有市场的不确定性，存在着市场风险。加之人民收入水平的提升赶不上生产发展的速度，因而，内需不足，成为市场经济的常态。由此，必须加强国家对消费力提升的宏观调控。

从宏观调控角度分析，加强对消费的调节控制，基本上需要从三个方面着手：一是消费的规模调控。一定的人口决定了市场消费的基本方面和总体规模。中国人口 14 亿多，有着庞大的市场规模，但是，各地区的人口及市场规模却不尽相同。属于人口大省的，如广东、河南、河北、四川、山东等地区市场规模较大，而在人口较少的省份，如青海省、宁夏回族自治区、西藏自治区等地区的市场规模较小。由此，经济增长的消费支撑主要来源于人口大省及一二线大城市及其城市圈。抓住了这一主要矛盾，就抓住了作为经济增长力的主要方面。二是消费力增长的结构调整。这部分调控的主要目的是通过新技术、新产品的推广，以及健康文化消费的引导，引导消费者改变传统消费中的一些陋习，提升消费质量。三是针对消费带来的资源物质消耗和生态环境污染问题，提倡、鼓励，甚至强制节约性、简约性的绿色消费，反对一切浪费性消费，具有当代的现实意义。这是由资源与生态环境要素已经成为制约中国经济和社会发展的基本要素所导致的。在节约型消费观的指导下，与西方国家大力提倡高消费、超级消费、信用消费不同，中国的消费不是越多越好，应当是一种总体上有节制的、有限的和绿色的消费，这决定着消费力的发展方向，也决定着生产投资的方向。中国资源有限，要养活近 14 亿多人口，容不得奢侈消费的蔓延。

3. 从对外经济贸易来看，应以资源安全保障为限

从经济增长角度分析，并非是指对外贸易的进口部分，而是指出口获益及对外经济投资的获益部分。这是因为，对进口商品的消费已经计算于消费领域。在内需不足的情况下，通过进口境外商品，增加市场需求和购买消费，为经济增长助力，并能达到回笼货币的目的，是宏观调控的重要举措之一。为此，为了能使货物、技术和服务出口获益，鼓励本国商品和服务出口，适度鼓励技术出口，是世界各国和地区采取的重要举措，通过出口获取外汇收入，为经济增长的重要体现。与此同时，实施“走出去”

战略，由本国资本投资于境外获益，也是经济增长的表现，体现了本国经济规模在境外的延伸或扩张。

就商品出口而言，消耗的是本国的资源，换取的是外汇。在国家处于经济短缺期时，大量出口十分必要。但进入经济常态化时期后，是否还需要出口大量的商品？从国际分工及对外贸易角度来看是需要的，但从国内资源保护角度分析，则应当有所选择，分类管控。对于国内资源尚且丰富的部分，可以放开出口；对于国内资源已经处于稀缺，甚至枯竭状态的，应当限制或严禁出口。总的来看，按照宏观调控国际收支平衡的目标要求，出口与进口应当大致平衡。中国目前的状况是货物进出口贸易顺差大于逆差。为此，国家希望通过“进博会”的形式，促进商品的进口，这样，就可以应用国内比较富裕的资金，使人民享受由国外资源生产的各类商品。2020 年公共疫情在全球暴发，使中国的进出口受阻，加之遭遇中美贸易战，中国不得不把发展的目光转移到国内经济循环之上。中国的发展问题，只能依靠自己解决，在党中央、国务院的坚强领导下，也有能力自己解决，除常规性的进出口贸易外，立足于境外市场的出口及其投资，要预测好市场和非市场风险，有所为，有所不为。

就中国企业跨出国门，到国外投资发展而言，基于“一带一路”倡议的实施，有很大的推进，也是中国经济国际化的表现。中国政府和企业到国外投资，有利于将国内剩余的商品和生产力在国外得到消化，与此同时，也有利于利用国外资源为己服务。但是，基于国外意识形态、法律体制、文化传统与中国不同，中国政府与企业对外的投资，除无偿援助外，要获得较大的收益，还需要较长的路走。不断总结经验、吸取教训，慎重决策，稳妥推进，才能获胜。

综上所述，在经济增长怎样做的问题上，本书认为，在“经济新常态”下，以人民的利益为根本，稳定国内的刚性需求，与国民经济和社会发展消费需求相适应，立足于有限经济增长的发展战略设计，更符合今后常规性或常态化经济发展的实际需求。

二、经济增长的经济法回应

（一）对经济增长统计指标的确定

经济增长反映的是一个国家或地区以法定货币核算价值表现的整体经济状况及其经济增长率。从中可以看出一个国家或地区的规模和运行速度。也是当前联合国及各国评价一个国家或地区经济实力的政策法律依据。需要通过国家统计机关依法确定，统一核算后公布实行，这是经济法回应的重要表现。为此，以什么样的指标展现经济增长，不仅要考虑到本国的历史，也要考虑到在国际上与其他国家具有可比性。

本书研究发现，有关中国经济增长的统计指标，虽然有许多学界的分析，但国家统计局历年统计公报所公布的指标及其增长数据是具有法律效力的表达。其中，1978 年至 1981 年仍然沿用计划经济时期的工农业总产值指标[1]。1982 年至 1986 年改用社会总产值指标。[2] 1987 年至 1991 年改用国民生产总值[3]。直至 1992 年起，推行社会主义市场经济体制，才应用国际上通行的国内生

[1] 工农业总产值，是工业和农业两大部门年度总产值之和。

[2] 社会总产值，是农业、工业、建筑业、交通运输业、商业（包括物资供销业和公共饮食业）总产值之和。

[3] 国民生产总值是指物质生产部门和非物质生产部门的增加值以及来自国外的净收入，不包括中间消耗的产品和劳务价值。

产总值（GDP）作为衡量经济增长的指标。❶ 从中可以看出中国经济增长及其速度的基本情况。详细情况如表 2.1 所示。

表 2.1　中国市场经济增长情况统计（1992—2020）

年度	国内生产总值/亿元	增长率/%	备注
1992	23 938	12.8	八五计划时期
1993	31 380	13.4	八五计划时期
1994	43 800	11.8	八五计划时期
1995	57 733	10.2	八五计划时期
1996	67 795	9.7	九五计划时期
1997	74 772	8.8	九五计划时期
1998	79 553	7.8	九五计划时期
1999	82 054	7.1	九五计划时期
2000	89 404	8.0	九五计划时期
2001	95 933	7.3	十五计划时期
2002	102 398	8.0	十五计划时期
2003	116 694	9.1	十五计划时期

❶ 国内生产总值是国际上通行的集中反映一国经济规模与发展水平的经济增长指标，简称 GDP。GDP 的核算有三种方法，即生产法、收入法、支出法，三种方法从不同的角度反映国民经济生产活动成果，理论上三种方法的核算结果相同。生产法是从生产的角度衡量常住单位在核算期内新创造价值的一种方法，即从国民经济各个部门在核算期内生产的总产品价值中，扣除生产过程中投入的中间产品价值，得到增加值。核算公式为：增加值 = 总产出 − 中间投入。收入法是从生产过程创造收入的角度，根据生产要素在生产过程中应得的收入份额反映最终成果的一种核算方法。按照这种核算方法，增加值由劳动者报酬、生产税净额、固定资产折旧和营业盈余四部分相加得到。支出法是从最终使用的角度衡量核算期内产品和服务的最终去向，包括最终消费支出、资本形成总额和货物与服务净出口三个部分。中国主要采用生产法核算。

续表

年度	国内生产总值/亿元	增长率/%	备注
2004	136 515	9.5	十五计划时期
2005	182 321	9.9	十五计划时期
2006	209 407	10.7	十一五规划时期
2007	246 619	11.4	十一五规划时期
2008	300 670	9.0	十一五规划时期
2009	335 353	8.7	十一五规划时期
2010	397 983	10.3	十一五规划时期
2011	471 564	9.2	十二五规划时期
2012	519 322	7.8	十二五规划时期
2013	568 845	7.7	十二五规划时期
2014	636 463	7.4	十二五规划时期
2015	676 708	6.9	十二五规划时期
2016	744 127	6.7	十三五规划期间
2017	827 122	6.9	十三五规划期间
2018	900 309	6.6	十三五规划期间
2019	990 865	6.1	十三五规划期间
2020	1 015 986①	2.3	十三五规划期间

资料来源：根据国家统计局各年度统计公报整理，http://www.stats.gov.cn/tjsj/tjgb/ndtjgb/，访问日期：2022 年 8 月 22 日。

注：2020 年国内生产总值调整后为 1 013 567 亿元，增长率为 2.2%。因此实际数目可能与公报不同需要对公报数据加以调整，这里采用的是公报的数据。

从表 2.1 可看出，从 1992 年起，中国按照国际上通行的做法，及时调整了经济增长指标，以 GDP 表述经济规模与增长速度，实现了与国际接轨，也便于中国与国外的比较。对之又可以划分为以下两个时期。

一是从 1992 年起到 2011 年的 20 年发展时期。该时期的 GDP 总量由 23 938 亿元，提升到 471 564 亿元，平均年增长率为 9.6%，接近 10%。最高为 1993 年的 13.4%，最低为 1999 年的 7.1%。有两个标志性的年份。一是 2000 年国内生产总值突破 1 万亿美元；二是 2002 年跃上 10 万亿元人民币的新台阶。在此阶段，中国经济一直处于高速发展期。

二是从 2012 年起到 2019 年的 8 年中，GDP 总量由 519 322 亿元，提升至 990 865 亿元，平均年增长率为 7%。最高的为 2012 年的 7.8%，最低的为 2019 年的 6.1%。经济增长速度明显减缓，符合 6% ~7% 的预期目标。但 2020 年中国受公共疫情影响，GDP 增长率仅为 2.3%，为历年来最低。尽管如此，中国经济规模总体突破了 100 万亿大关，达到 1 015 986 亿元，位居世界前列。

另一个需要关注的是，自 20 世纪 80 年代，中国引进了国际上通行的产业发展理论，以第一产业农业、第二产业加工业和第三产业服务业的国际标准，划分国民经济的基本结构，通过宏观调控使三大产业占 GDP 的比重，越来越趋于合理化。对此，国家统计局权威发布的数据，回应了这一历史变化。具体情况见表 2.2。

表 2.2　三大产业增加值占国内生产总值比重情况（2012—2020）

年度	第一产业增加值占 GDP 比重	第二产业增加值占 GDP 比重	第三产业增加值占 GDP 比重	备注
2012	10.1%	45.3%	44.6%	—
2013	10.0%，比上年减 0.1%	43.9%，比上年减 1.4%	46.1%，比上年增 1.5%	三产占比首超二产
2014	9.2%，比上年减 0.8%	42.6%，比上年减 1.3%	48.2%，比上年增 2.1%	—

续表

年度	第一产业增加值占 GDP 比重	第二产业增加值占 GDP 比重	第三产业增加值占 GDP 比重	备注
2015	9.0%，比上年减 0.2%	40.5%，比上年减 2.1%	50.5%，比上年增 2.3%	三产首次占比超 50%
2016	8.6%，比上年减 0.4%	39.8%，比上年减 0.7%	51.6%，比上年增 1.1%	—
2017	7.9%，比上年减 0.7%	40.5%，比上年增 0.7%	51.6%，与上年持平	—
2018	7.2%，比上年减 0.7%	40.7%，比上年增 0.2%	52.2%，比上年增 0.6%	—
2019	7.1%，比上年减 0.1%	39.0%，比上年减 1.7%	53.9%，比上年增 1.7%	—
2020	7.7%，比上年增 0.6%	37.8%，比上年减 1.2%	54.5%，比上年增 0.6%	—

资料来源：根据国家统计局各年度统计公报整理，http://www.stats.gov.cn/tjsj/tjgb/ndtjgb/，访问日期：2022 年 8 月 22 日。

表 2.2 说明，以 2012 年一二三产业增加值占 GDP 的比重为基础，第一产业，由占比 10.1% 逐步下降为 7.7% 且下降的速度比较稳定；第二产业的占比由 45.3% 逐步下降为 37.8%，下降幅度较大；而第三产业的占比则持续增加，由占比 44.6% 上升为 54.5%。其中，2013 年第三产业首次超过第二产业。2015 年第三产业首次超过 50%。这表明，随着农业和工业加工业的现代化，越来越多的人从事服务行业，符合国际上产业结构合理化的评判标准。2020 年公共疫情影响的主要是第二产业，比上年下降 1.2%，而第一产业和第三产业则未减反增，分别比上年增加 0.6%。

还应当注意的是，2017 年以来的国家统计局公报，按照宏观经济原理，对于消费、投资、出口贸易“三驾马车”对 GDP 的贡献也有所分析，反映和回应了国家经济政策调整的效果。

表 2.3 消费、投资及净出口对经济增长的贡献率（2017—2020）

年度	消费对经济增长的贡献率/%	资本投资对经济增长的贡献率/%	货物和服务净出口对经济增长的贡献率/%
2017	58.8	32.1	9.1
2018	76.2	32.4	-8.6
2019	57.8	31.2	11.0
2020	57.3	33.4	11.7

资料来源：根据国家统计局各年度统计公报整理，http://www.stats.gov.cn/tjsj/tjgb/ndtjgb/，访问日期：2022 年 8 月 22 日。

表 2.3 说明，2017 年至 2020 年，为了达到“稳增长”的目的，坚决地把投资增长率贡献控制在了 30% 左右。经济增长主要依靠的是消费力的增长。而在货物和服务净出口对经济增长方面，则具有较大的不确定性。其中，2018 年出现负增长的主要原因是美国对中国发起了贸易战。尤其是 2020 年公共疫情使消费贡献度下降 0.5%；资本投资对经济增长的贡献率增长 2.2%；货物和服务净出口贡献率增加 0.7%。基本控制在合理区间。

（二）对经济增长的规划回应

按照宪法和组织法规定，将经济增长的预期、调整及其成效，纳入国民经济和社会发展规划及年度计划，并接受人大及其常委会的监督，属于宪法及其相关法对经济增长的积极回应。它是中华人民共和国成立以来确立的一项基本法律制度，改革开放以来予以继承。也是如前所述的经济法回应经济增长的重要表现。自党中央 2015 年提出“经济新常态”以来，根据每一年度国家发展和改革委员会代表国务院向全国人大提交的报告，以及国家统计局最终公布的数据，本书将2015年至2020年经济增长的变化情况总结如表2.4所示。

表2.4 年度经济增长预期及执行结果情况（2015—2020）

年度	经济增长预期增长率/%	经济增长实际执行结果/%	具体说明
2015	7.0左右	6.9	主要考虑：适应经济发展新常态，反映现阶段经济增长潜力，契合市场预期；根据近几年经济增长、结构变动与就业增加之间的关系，7.0%左右的经济增长，能够带动1000万人以上的城镇新增就业。依靠促改革、调结构，努力争取更好的结果
2016	6.5—7	6.7	主要考虑：一是为“十三五”全面建成小康社会打下好的基础。二是更加有效地促进就业。三是更加积极地引导预期增强信心
2017	6.5左右	6.9	主要考虑：一是符合客观实际，中国经济发展已经进入新常态，经济增速从高速增长转向中高速增长。2016年中国经济总量超过74万亿元，2017年预期6.5%左右的增量，超过2016年6.7%的增量，同世界主要国家相比也是较高的速度。二是符合全面建成小康社会目标要求。与“十三五”规划目标相衔接，在2016年已经实现6.7%增长的基础上，今后4年，只要年均增长6.5%左右，就可以实现2020年国内生产总值比2010年翻一番的目标。三是能够满足就业目标需要。四是有利于

续表

年度	经济增长预期增长率/%	经济增长实际执行结果/%	具体说明
2017	6.5 左右	6.9	形成良好社会预期。2017 年国内外环境仍然复杂多变，要引导各方面更加注重坚持以提高发展质量和效益为中心，集中精力推动结构优化升级，积极应对各种不确定因素影响，为深入推进供给侧结构性改革创造良好环境
2018	6.5 左右	6.6	主要考虑：一方面，中国经济已从高速增长阶段转向高质量发展阶段，6.5% 左右的经济增速与现阶段中国经济潜在增长率大体一致，体现了不过分追求速度、更加注重提高发展质量和效益的导向。另一方面，按照全面建成小康社会的要求，与“十三五”规划目标相衔接，6.5% 左右的经济增速符合到 2020 年国内生产总值比 2010 年翻一番的目标要求，有利于稳定和引导市场预期
2019	6—6.5	6.1	主要考虑：一是充分估计经济运行中的不稳定不确定因素，按照实事求是的原则，适当调整经济增长预期目标。同时，考虑到经济增速的季节波动，采用区间式预期目标增加弹性。二是保持合理的经济增长速度，目的是满足新增就业的需要，并为推动高质量发展、深化供给侧结构性改革、打好三大攻坚战提供必要的宏观环境，有利于稳定市场预期。三是这一预期

续表

年度	经济增长预期增长率/%	经济增长实际执行结果/%	具体说明
2019	6—6.5	6.1	目标与当前中国经济增长潜力相符，与当年一二三次产业增长预期目标相匹配，三次产业稳定增长可以为经济保持中高速增长提供有力支撑
2020	未做预期	2.3	主要考虑：全球疫情和经贸形势不确定性很大，中国发展面临一些难以预料的影响因素，不对经济增长目标作量化要求，有利于引导各方面继续认真贯彻落实党中央、国务院决策部署，针对当前面临的主要矛盾、困难、问题，将工作重心放在落实“六保”任务和推动经济高质量发展上。同时，当年不提经济增速量化指标，并不意味着不要经济增长，保居民就业、保基本民生，完成脱贫攻坚既定目标任务、实现全面建成小康社会，以及防范化解各类风险，都要有经济增长作为支撑

资料来源：根据国家发展和改革委员会年度《国民经济和社会发展计划报告》整理，https://so.ndrc.gov.cn/s?siteCode=bm04000007&ssl=1&token=&qt=%E5%9B%BD%E6%B0%91%E7%BB%8F%E6%B5%8E%E5%92%8C%E7%A4%BE%E4%BC%9A%E5%8F%91%E5%B1%95%E8%AE%A1%E5%88%92，访问日期：2022年8月22日。

表2.4说明，通过国民经济和社会发展规划及年度计划的特定法律形式将规划预期法定化，是经济法对经济增长的重要回应方式，它保证了“经济新常态”下降低及稳定经济增长速度的政策要求。

(三) 投资、消费、对外出口贸易的经济法回应

在2014年提出经济新常态基础上，2015年中央经济工作会议对适应引领经济发展新常态提出了明确要求，特别是对经济新常态怎么看、经济新常态下怎么干，强调了“三个必须”和“十个更加注重”❶。《中共中央关于制定国民经济和社会发展第十三个五年规划的建议》提出了创新、协调、绿色、开放、共享新发展理念，引领着“十三五”乃至更长时期的经济社会发展。为此，围绕经济增长基本要素制度，经济法给予了积极回应。

1. 促进投资增长的经济法回应

(1) 投资增长要素的经济法回应。总体来看，“经济新常态”下，投资增长应保持适度性，并注重提升质量。为此，在经济立法方面有所回应。

第一，出台《企业投资项目核准和备案管理条例》。对于企业或民间投资项目，以往的做法是审批制。改革实践将其改革为核准和备案制。为回应这一改革，国务院于2016年10月8日出台《企业投资项目核准和备案管理条例》(以下简称《条例》)，自2017年2月1日起施行。该《条例》共24条。其主要内容包括:

---

❶ 2015年12月，中央经济工作会议认为，认识新常态、适应新常态、引领新常态，必须统一思想、深化认识，切实把思想和行动统一到党中央重大判断和决策部署上来。必须克服困难、闯过关口，坚持辩证法。必须锐意改革、大胆创新。必须解放思想、实事求是、与时俱进，按照创新、协调、绿色、开放、共享的发展理念，在理论上作出创新性概括，在政策上作出前瞻性安排。要更加注重提高发展质量和效益。稳定经济增长，要更加注重供给侧结构性改革。实施宏观调控，要更加注重引导市场行为和社会心理预期。调整产业结构，要更加注重加减乘除并举。推进城镇化，要更加注重以人为核心。促进区域发展，要更加注重人口经济和资源环境空间均衡。保护生态环境，要更加注重促进形成绿色生产方式和消费方式。保障改善民生，要更加注重对特定人群特殊困难的精准帮扶。进行资源配置，要更加注重使市场在资源配置中起决定性作用。扩大对外开放，要更加注重推进高水平双向开放。

一是对核准项目实行目录管理。《条例》规定，对关系国家安全、涉及全国重大生产力布局、战略性资源开发和重大公共利益等项目，实行核准管理。具体项目范围以及核准机关、核准权限依照政府核准的投资项目目录执行。该规定以外的项目，实行备案管理。除国务院另有规定的，实行备案管理的项目按照属地原则备案，备案机关及其权限由省、自治区、直辖市和计划单列市人民政府规定。除涉及国家秘密的项目外，项目核准、备案通过国家建立的项目在线监管平台（以下简称在线平台）办理。

二是政府信息公开。《条例》规定，核准机关、备案机关应当通过在线平台列明与项目有关的产业政策，公开项目核准的办理流程、办理时限等，并为企业提供相关咨询服务。

三是关于企业办理手续。《条例》规定，企业办理项目核准手续，应当向核准机关提交项目申请书；由国务院核准的项目，向国务院投资主管部门提交项目申请书。项目申请书由企业自主组织编制，任何单位和个人不得强制企业委托中介服务机构编制项目申请书。核准机关应当制定并公布项目申请书示范文本，明确项目申请书编制要求。由国务院有关部门核准的项目，企业可以通过项目所在地省、自治区、直辖市和计划单列市人民政府有关部门转送项目申请书，地方人民政府有关部门应当自收到项目申请书之日起 5 个工作日内转送核准机关。由国务院核准的项目，企业通过地方人民政府有关部门转送项目申请书的，地方人民政府有关部门应当在前款规定的期限内将项目申请书转送国务院投资主管部门，由国务院投资主管部门审核后报国务院核准。

四是关于核准机关的审查。《条例》规定，核准机关应当从下列方面对项目进行审查：是否危害经济安全、社会安全、生态安全等国家安全；是否符合相关发展建设规划、技术标准和产业政策；是否合理开发并有效利用资源；是否对重大公共利益产生不利影响。项目涉及有关部门或者项目所在地地方人民政府职责的，核准机关应当书面征求其意见，被征求意见单位应当及时书面回复。核准机关对项目予以核准的，应当向企业出具核准文件；不予核准的，应当书面通知企业并说明理由。

五是对项目开工建设的要求。《条例》规定，项目自核准机关作出予以核准决定或者同意变更决定之日起2年内未开工建设，需要延期开工建设的，企业应当在2年期限届满的30个工作日前，向核准机关申请延期开工建设。核准机关应当自受理申请之日起20个工作日内，作出是否同意延期开工建设的决定。开工建设只能延期一次，期限最长不得超过1年。国家对项目延期开工建设另有规定的，依照其规定。

六是属于备案项目的要求。《条例》规定，实行备案管理的项目，企业应当在开工建设前通过在线平台将有关信息告知备案机关。备案机关发现已备案项目属于产业政策禁止投资建设或者实行核准管理的，应当及时告知企业予以纠正或者依法办理核准手续，并通知有关部门。核准机关、备案机关以及依法对项目负有监督管理职责的其他有关部门应当加强事中事后监管，按照谁审批谁监管、谁主管谁监管的原则，落实监管责任，采取在线监测、现场核查等方式，加强对项目实施的监督检查。企业应当通过在线平台如实报送项目开工建设、建设进度、竣工的基本信息。

七是关于共享机制。《条例》规定，核准机关、备案机关以及依法对项目负有监督管理职责的其他有关部门应当建立项目信息共享机制，通过在线平台实现信息共享。企业在项目核准、备案以及项目实施中的违法行为及其处理信息，通过国家社会信用信息平台向社会公示。

八是关于法律责任。《条例》规定，实行核准管理的项目，企业未依照本条例规定办理核准手续开工建设或者未按照核准的建设地点、建设规模、建设内容等进行建设的，由核准机关责令停止建设或者责令停产，对企业处项目总投资额1‰以上5‰以下的罚款；对直接负责的主管人员和其他直接责任人员处2万元以上5万元以下的罚款，属于国家工作人员的，依法给予处分。以欺骗、贿赂等不正当手段取得项目核准文件，尚未开工建设的，由核准机关撤销核准文件，处项目总投资额1‰以上5‰以下的罚款；已经开工建设的，依照前款规定予以处罚；构成犯罪的，依法追究刑事责任。实行备案管理的项目，企业未依照本条例规定将项目信息或者已备案项目的信息变更情况告知备案机关，或者向备案机关提供虚假信息的，由备案机关责令限期改正；逾期不改正的，处2万元以上5万元以下的罚款。企业投资建设产业政策禁止投资建设项目的，由县级以上人民政府投资主管部门责令停止建设或者责令停产并恢复原状，对企业处项目总投资额5‰以上10‰以下的罚款；对直接负责的主管人员和其他直接责任人员处5万元以上10万元以下的罚款，属于国家工作人员的，依法给予处分。法律、行政法规另有规定的，依照其规定。核准机关、备案机关及其工作人员在项目核准、备案工作中玩忽职守、滥用职权、徇私舞弊的，对负有责任的领导人员和直接责任人员依法给予处分；构成犯罪的，依法追究刑事责任。[1]

第二，出台《政府投资条例》。在政府投资方面，为了充分发挥政府投资作用，提高政府投资效益，规范政府投资行为，激发社会投资活力，2018年12月5日，国务院出台《政府投资条例》，自2019年7月1日起施行。

《政府投资条例》总则规定，本条例所称政府投资，是指在中

[1] 2016年《企业投资项目核准和备案管理条例》第3~21条。

国境内使用预算安排的资金进行固定资产投资建设活动，包括新建、扩建、改建、技术改造等。❶ 政府投资资金应当投向市场不能有效配置资源的社会公益服务、公共基础设施、农业农村、生态环境保护、重大科技进步、社会管理、国家安全等公共领域的项目，以非经营性项目为主。国家完善有关政策措施，发挥政府投资资金的引导和带动作用，鼓励社会资金投向前款规定的领域。国家建立政府投资范围定期评估调整机制，不断优化政府投资方向和结构。政府投资应当遵循科学决策、规范管理、注重绩效、公开透明的原则。政府投资应当与经济社会发展水平和财政收支状况相适应。国家加强对政府投资资金的预算约束。政府及其有关部门不得违法违规举借债务筹措政府投资资金。政府投资资金按项目安排，以直接投资方式为主；对确需支持的经营性项目，主要采取资本金注入方式，也可以适当采取投资补助、贷款贴息等方式。安排政府投资资金，应当符合推进中央与地方财政事权和支出责任划分改革的有关要求，并平等对待各类投资主体，不得设置歧视性条件。国家通过建立项目库等方式，加强对使用政府投资资金项目的储备。国务院投资主管部门依照本条例和国务院的规定，履行政府投资综合管理职责。国务院其他有关部门依照本条例和国务院规定的职责分工，履行相应的政府投资管理职责。县级以上地方人民政府投资主管部门和其他有关部门依照本条例和本级人民政府规定的职责分工，履行相应的政府投资管理职责。❷

《政府投资条例》对于政府投资规划决策、项目实施及监督作

---

❶ 《政府投资条例》规定，国防科技工业领域政府投资的管理办法，由国务院国防科技工业管理部门根据本条例规定的原则另行制定。中国人民解放军和中国人民武装警察部队的固定资产投资管理，按照中央军事委员会的规定执行。

❷ 2018 年《政府投资条例》第 1 ~ 7 条。

出了规定。

在法律责任方面，《政府投资条例》规定了违法情形及其处罚。指明了法律重点规范的行为。

首先，涉及负有责任的领导人员和直接责任人员的违法行为：一是超越审批权限审批政府投资项目；二是对不符合规定的政府投资项目予以批准；三是未按照规定核定或者调整政府投资项目的投资概算；四是为不符合规定的项目安排投资补助、贷款贴息等政府投资资金；五是履行政府投资管理职责中其他玩忽职守、滥用职权、徇私舞弊的情形。对这些行为的处罚为责令改正，依法给予处分。

其次，涉及政府及其有关部门的违法行为：一是违法违规举借债务筹措政府投资资金；二是未按照规定及时、足额办理政府投资资金拨付；三是转移、侵占、挪用政府投资资金。对这些行为，依照有关预算的法律、行政法规和国家有关规定追究法律责任。

最后，涉及项目单位的违法行为：一是未经批准或者不符合规定的建设条件开工建设政府投资项目；二是弄虚作假骗取政府投资项目审批或者投资补助、贷款贴息等政府投资资金；三是未经批准变更政府投资项目的建设地点或者对建设规模、建设内容等作较大变更；四是擅自增加投资概算；五是要求施工单位对政府投资项目垫资建设；六是无正当理由不实施或者不按照建设工期实施已批准的政府投资项目。有这些行为之一的，责令改正，根据具体情况，暂停、停止拨付资金或者收回已拨付的资金，暂停或者停止建设活动，对负有责任的领导人员和直接责任人员依法给予处分。项目单位未按照规定将政府投资项目审批和实施过程中的有关文件、资料存档备查，或者转移、隐匿、篡改、毁弃项目有关文件、资料的，责令改正，对负有责任的领导人员和直接责任人员依法给予处分。违反本条例规定，构成犯罪的，依法追究刑事责任。[1]

上述《政府投资条例》的制定和实施，总结了改革开放以来政府投资管理的经验教训，是对各级政府投资行为的首次全面规范，明确了政府投资的方向以非经营性项目为主。其有利于遏制高速经济增长时期形成的地方政府投资乱象。

上述立法，为政府投资和社会民间投资项目的管理，提供了法律依据。体现了各自的主要领域，有所为，有所不为。

第三，《外商投资法》的制定。2019 年 3 月 15 日，全国人民代表大会通过《外商投资法》。该法自 2020 年 1 月 1 日起施行。原有的“三资企业法”同时废止。由此，中国的外商投资进入新阶段。

改革开放以来，为吸引外资，外商投资企业法起了积极作用。从经济法角度讲，外商投资企业法属于经济组织法的范畴，主要规定企业的设立、组织形式等内容。在实现内资企业与外资企业统一按照《公司法》和其他企业法注册登记的情况下现以“投资法”取代“企业组织法”，更显示了对外商投资规范的属性。在此背景下，《外商投资法》立法的重点是对外商投资行为的引导和规范。为此，《外商投资法》规定，本法所称外商投资，是指外国的自然人、企业或者其他组织（以下称外国投资者）直接或者间接在中国境内进行的投资活动，包括下列情形：一是外国投资者单独或者与其他投资者共同在中国境内设立外商投资企业；二是外国投资者取得中国境内企业的股份、股权、财产份额或者其他类

---

[1] 2018 年《政府投资条例》第 32～36 条。

似权益；三是外国投资者单独或者与其他投资者共同在中国境内投资新建项目；四是法律、行政法规或者国务院规定的其他方式的投资。国家坚持对外开放的基本国策，鼓励外国投资者依法在中国境内投资。国家实行高水平投资自由化便利化政策，建立和完善外商投资促进机制，营造稳定、透明、可预期和公平竞争的市场环境。国家对外商投资实行准入前国民待遇加负面清单管理制度。所称准入前国民待遇，是指在投资准入阶段给予外国投资者及其投资不低于本国投资者及其投资的待遇；所称负面清单，是指国家规定在特定领域对外商投资实施的准入特别管理措施。国家对负面清单之外的外商投资，给予国民待遇。中国缔结或者参加的国际条约、协定对外国投资者准入待遇有更优惠规定的，可以按照相关规定执行。国家依法保护外国投资者在中国境内的投资、收益和其他合法权益。在中国境内进行投资活动的外国投资者、外商投资企业，应当遵守中国法律法规，不得危害中国国家安全、损害社会公共利益。[1]

《外商投资法》就投资促进、投资保护、投资管理进行了规定。

在法律责任方面，外国投资者投资外商投资准入负面清单规定禁止投资的领域的，由有关主管部门责令停止投资活动，限期处分股份、资产或者采取其他必要措施，恢复到实施投资前的状态；有违法所得的，没收违法所得。外国投资者的投资活动违反外商投资准入负面清单规定的限制性准入特别管理措施的，由有关主管部门责令限期改正，采取必要措施满足准入特别管理措施的要求；逾期不改正的，依照前款规定处理。外国投资者的投资活动违反外商投资准入负面清单规定的，除依照前两款规定处理

[1] 2019 年《外商投资法》第 2 ~6 条。

外，还应当依法承担相应的法律责任。外国投资者、外商投资企业违反规定，未按照外商投资信息报告制度的要求报送投资信息的，由商务主管部门责令限期改正；逾期不改正的，处 10 万元以上 50 万元以下的罚款。对外国投资者、外商投资企业违反法律、法规的行为，由有关部门依法查处，并按照国家有关规定纳入信用信息系统。行政机关工作人员在外商投资促进、保护和管理工作中滥用职权、玩忽职守、徇私舞弊的，或者泄露、非法向他人提供履行职责过程中知悉的商业秘密的，依法给予处分；构成犯罪的，依法追究刑事责任。[1]

2019 年 12 月 12 日，国务院出台《外商投资法实施条例》，自 2020 年 1 月 1 日起施行。该《实施条例》对《外商投资法》进行了细化。其中规定，国家根据国民经济和社会发展需要，制定鼓励外商投资产业目录，列明鼓励和引导外国投资者投资的特定行业、领域、地区。鼓励外商投资产业目录由国务院投资主管部门会同国务院商务主管部门等有关部门拟订，报国务院批准后由国务院投资主管部门、商务主管部门发布。香港特别行政区、澳门特别行政区投资者在内地投资，参照外商投资法和本条例执行；法律、行政法规或者国务院另有规定的，从其规定。台湾地区投资者在大陆投资，适用《台湾同胞投资保护法》及其实施细则的规定；台湾同胞投资保护法及其实施细则未规定的事项，参照外商投资法和本条例执行。定居在国外的中国公民在中国境内投资，参照外商投资法和本条例执行；法律、行政法规或者国务院另有规定的，从其规定。[2]

此外，为了持续优化营商环境，不断解放和发展社会生产力，

---

[1] 2019 年《外商投资法》第 36～39 条。

[2] 2019 年《外商投资法实施条例》第 11 条、第 48 条。

加快建设现代化经济体系，推动高质量发展，国务院于2019年10月8日出台《优化营商环境条例》，自2020年1月1日起施行。该条例所称营商环境，是指企业等市场主体在市场经济活动中所涉及的体制机制性因素和条件。其中，涉及投资领域的规定有：国家加大中小投资者权益保护力度，完善中小投资者权益保护机制，保障中小投资者的知情权、参与权，提升中小投资者维护合法权益的便利度。国家促进多层次资本市场规范健康发展，拓宽市场主体融资渠道，支持符合条件的民营企业、中小企业依法发行股票、债券以及其他融资工具，扩大直接融资规模。地方各级人民政府及其有关部门应当履行向市场主体依法作出的政策承诺以及依法订立的各类合同，不得以行政区划调整、政府换届、机构或者职能调整以及相关责任人更替等为由违约毁约。因国家利益、社会公共利益需要改变政策承诺、合同约定的，应当依照法定权限和程序进行，并依法对市场主体因此受到的损失予以补偿。县级以上地方人民政府应当深化投资审批制度改革，根据项目性质、投资规模等分类规范投资审批程序，精简审批要件，简化技术审查事项，强化项目决策与用地、规划等建设条件落实的协同，实行与相关审批在线并联办理。设区的市级以上地方人民政府应当按照国家有关规定，优化工程建设项目（不包括特殊工程和交通、水利、能源等领域的重大工程）审批流程，推行并联审批、多图联审、联合竣工验收等方式，简化审批手续，提高审批效能。在依法设立的开发区、新区和其他有条件的区域，按照国家有关规定推行区域评估，由设区的市级以上地方人民政府组织对一定区域内压覆重要矿产资源、地质灾害危险性等事项进行统一评估，不再对区域内的市场主体单独提出评估要求。区域评估的费用不

得由市场主体承担。❶

（2）经济法的具体措施。在具体措施的实施上，从2015～2020年，有一些可圈可点之处。一是2016年中央预算内投资结构继续优化，政府投资项目储备库和3年滚动投资计划初步形成，重大工程建设加快推进。二是在促进民间投资健康发展方面，组织开展民间投资专项督查；对民间投资增速滞后的7省（市）开展专项督导；对民间投资增速负增长及增速下降较多的11个省（自治区、直辖市）进行重点督促；印发60条促进民间投资的典型经验和做法；制定《传统基础设施领域实施政府和社会资本合作项目工作导则》；组建政府和社会资本合作（PPP）专家库，向社会公开推介总投资2.14万亿元的传统基础社会政府和社会资本合作（PPP）项目。三是在"放管服"改革方面，中央层面核准项目累计削减比例达90%，投资项目报件审批事项由65项减少为42项。四是国务院先后出台《国务院关于钢铁行业化解过剩产能实现脱困发展的意见》《国务院关于煤炭行业化解过剩产能实现脱困发展的意见》。组织开展了淘汰落后、违法违规建设项目清理、联合执法三个专项行动，严格控制新增产能，加快淘汰落后产能，有序引导过剩产能退出。五是修订发布中央预算内投资补助和贴息项目管理办法，制定80个专项管理办法。济青、杭绍台等铁路吸引社会资本示范项目取得积极进展。六是落实《全国新增1000亿斤粮食生产能力规划（2009—2020年）》，高标准农田建设加快推进，全面完成永久基本农田划定，国家粮食安全和重要农产品供给保障能力进一步增强。七是2018国家军民融合创新示范区启动建设。

---

❶ 2019年《优化营商环境条例》第2条、第16条、第27条、第31条、第41条、第42条。

科技军民融合重点专项与军民科技协同创新平台启动，军民融合重大示范项目建设进展顺利。国家军民融合信息化平台建设有力推进。国家国防科技工业军民融合产业投资基金、国家级军民融合发展产业投资基金启动运行。支持符合条件的军民融合企业发行企业债券，拓宽军民融合投融资渠道。第三届中国军民两用技术创新应用大赛和第四届军民融合高技术装备成果展成功举办。八是配合脱贫攻坚，中央主导下实施了九大工程，即易地搬迁脱贫工程、产业发展工程、转移就业脱贫工程、教育扶贫工程、健康扶贫工程、生态保护扶贫工程、兜底保障工程、社会扶贫工程、交通扶贫工程。在这些工程实施中，以中央和地方政府投资为主，并带动社会投资于脱贫攻坚战。九是2020年积极扩大有效投资。安排中央预算内投资6000亿元，比上年增加224亿元。全年安排地方政府专项债券3.75万亿元，比上年增加1.6万亿元。按照“资金跟着项目走”要求，安排好地方政府专项债券项目，集中支持有一定收益的基础设施和公共服务项目。[1] 十是支持数字经济的发展。具体措施如下表2.5所示。

表2.5　支持数字经济发展举措

建立健全政策体系	编制《数字经济创新引领发展规划》，研究构建数字经济协同治理政策体系
实体经济数字化融合	加快传统产业数字化转型，布局一批国家数字化转型促进中心，鼓励发展数字化转型共性支撑平台和行业“数据大脑”，推进前沿信息技术集成创新和融合应用

[1] 国家发展和改革委员会：《关于2019年国民经济和社会发展计划执行情况与2020年国民经济和社会发展计划草案的报告》。

续表

持续壮大数字产业	以数字核心技术突破为出发点，推进自主创新产品应用。鼓励平台经济、共享经济、“互联网+”等新模式新业态发展
促进数据要素流通	实施数据要素市场培育行动，探索数据流通规则，深入推进政务数据共享开放，开展公共数据资源开发利用试点，建立政府和社会互动的大数据采集形成和共享融通机制
推进数字政府建设	深化政务信息系统集约建设和整合共享。深入推进全国一体化政务服务平台和国家数据共享交换平台建设
持续深化国际合作	深化数字丝绸之路，“丝路电商”建设合作，在智慧城市、电子商务、数据跨境等方面推动国际对话和务实合作
统筹推进试点示范	推进国家数字经济创新发展试验区建设。组织开展国家大数据综合试验区成效评估，加强经验复制推广
发展新型基础设施	制定加快新型基础设施建设和发展的意见，实施全国一体化大数据中心建设重大工程，布局10个左右区域级数据中心集群和智能计算中心。推进身份认证和电子证照、电子发票等应用基础设施建设

总之，对于投资的经济法回应，有增、有减，体现了经济法调整的相机抉择特点。尤其是，对政府投资和民间社会投资界限的规定，具有重要的指导意义，有利于明晰政府与市场的关系。

2. 促进消费增长的经济法回应

（1）促进消费的经济政策调整。在促进消费方面，中国目前的经济法律主要是《消费者权益保护法》，该法于2013年修订，为现行的法律依据。2015年进入“经济新常态”以来，为扩大内需，促进消费，经济法的回应主要体现于各项宏观调控政策的制定和实施。具体情况见表2.6所示。

表2.6 促进消费增长的经济政策

序号	文件名称及文号	主要内容	具体任务安排
1	国务院办公厅关于进一步促进旅游投资和消费的若干意见（国办发〔2015〕62号）2015年8月4日	从实施旅游基础设施提升计划，改善旅游消费环境；实施旅游投资促进计划，新辟旅游消费市场；实施旅游消费促进计划，培育新的消费热点；实施乡村旅游提升计划，开拓旅游消费空间；优化休假安排，激发旅游消费需求；加大改革创新力度，促进旅游投资消费持续增长。六大方面共26条进行了政策制度安排	用3年时间全国新建、改建5.7万座旅游厕所，完善上下水设施，实行粪便无害化处理。到2017年实现全国旅游景区、旅游交通沿线、旅游集散地的旅游厕所全部达到数量充足、干净无味、实用免费、管理有效的要求。全国建成一批游艇码头和游艇泊位，初步形成互联互通的游艇休闲旅游线路网络，培育形成游艇大众消费市场。全国建设一批乡村旅游创客示范基地，形成一批高水准文化艺术旅游创业就业乡村。 到2020年，鼓励引导社会资本建设自驾车房车营地1000个左右。全国建成10个邮轮始发港。建设一批集观光、休闲、度假、养生、购物等功能于一体的全国特色旅游城镇和特色景观旅游名镇。全国4A级以上景区和智慧乡村旅游试点单位实现免费Wi－Fi

续表

序号	文件名称及文号	主要内容	具体任务安排
			（无线局域网）、智能导游、电子讲解、在线预订、信息推送等功能全覆盖，在全国打造1万家智慧景区和智慧旅游乡村。全国建成6000个以上乡村旅游模范村，形成10万个以上休闲农业和乡村旅游特色村、300万家农家乐，乡村旅游年接待游客超过20亿人次，受益农民5000万人
2	国务院办公厅关于加强金融消费者权益保护工作的指导意见（国办发〔2015〕81号）2015年11月4日	指导思想：以党的十八大和十八届三中、四中、五中全会精神为指导，认真落实党中央、国务院决策部署，坚持市场化和法治化原则，坚持审慎监管与行为监管相结合，建立健全金融消费者权益保护监管机制和保障机制，规范金融机构行为，培育公平竞争和诚信的市场环境，切实保护金融消费者合法权益，防范和化解金融风险，促进金融业持	在规范金融行为方面： （一）健全金融消费者权益保护机制。 （二）建立金融消费者适当性制度。 （三）保障金融消费者财产安全权。 （四）保障金融消费者知情权。 （五）保障金融消费者自主选择权。 （六）保障金融消费者公平交易权。 （七）保障金融消费者依法求偿权。 （八）保障金融消费者受教育权。 （九）保障金融消费者受尊重权。

续表

序号	文件名称及文号	主要内容	具体任务安排
		续健康发展。基本工作要求：（一）人民银行、银监会、证监会、保监会（以下统称金融管理部门）要按照职责分工，密切配合，切实做好金融消费者权益保护工作。金融管理部门和地方人民政府要加强合作，探索建立中央和地方人民政府金融消费者权益保护协调机制。（二）银行业机构、证券业机构、保险业机构以及其他从事金融或与金融相关业务的机构（以下统称金融机构）应当遵循平等自愿、诚实守信等原则，充分尊重并自觉保障金融消费者的财产安全权、知情权、自主选择权、公平交易权、依法求偿权、受教育权、受尊重权、信息安全权等基本	（十）保障金融消费者信息安全权。 在完善监督管理机制方面： （一）完善金融消费者权益保护法律法规和规章制度。 （二）加强金融消费者权益保护监督管理。 （三）健全金融消费者权益保护工作机制。 （四）促进金融市场公平竞争。 在建立健全保障机制方面： （一）提升金融消费者权益保护水平。 （二）建立重大突发事件协作机制。 （三）建立金融知识普及长效机制。 （四）建立金融消费纠纷多元化解决机制。 （五）促进普惠金融发展。 （六）优化金融发展环境。建立以政府为主导、社会广泛参与的金融发展环境优化机制，加强社会信用体系建设，增强金融机构、金融消费者契约精神和信用意识，推动金融消费者权益保护环境评估工作，为保护金融消费者合法权益创造良好金融发展环境

续表

序号	文件名称及文号	主要内容	具体任务安排
		权利，依法、合规开展经营活动。 （三）金融领域相关社会组织应当发挥自身优势，积极参与金融消费者权益保护工作，协助金融消费者依法维权，推动金融知识普及，在金融消费者权益保护中发挥重要作用	
3	国务院办公厅关于加快发展生活性服务业促进消费结构升级的指导意见（国办发〔2015〕85号）2015年11月19日	指导思想：以增进人民福祉、满足人民群众日益增长的生活性服务需要为主线，大力倡导崇尚绿色环保、讲求质量品质、注重文化内涵的生活消费理念，创新政策支持，积极培育生活性服务新业态新模式，全面提升生活性服务业质量和效益，为经济发展新常态下扩大消费需求、拉动经济增长、转变发展方式、	1. 增加服务有效供给。 2. 扩大服务消费需求。 3. 提升服务质量水平。营造全社会重视服务质量的良好氛围，打造“中国服务”品牌。 4. 居民和家庭服务。健全城乡居民家庭服务体系，推动家庭服务市场多层次、多形式发展，在供给规模和服务质量方面基本满足居民生活性服务需求。 5. 健康服务。围绕提升全民健康素质和水平，逐步建立覆盖全生命周期、业态丰富、结构合理的健康服务体系。

续表

序号	文件名称及文号	主要内容	具体任务安排
		促进社会和谐提供有力支撑和持续动力。 基本原则：坚持消费引领，强化市场主导。坚持突出重点，带动全面发展。坚持质量为本，提升品质水平。坚持绿色发展，转变消费方式。 发展导向：围绕人民群众对生活性服务的普遍关注和迫切期待，着力解决供给、需求、质量方面存在的突出矛盾和问题，推动生活性服务业便利化、精细化、品质化发展	6. 养老服务。以满足日益增长的养老服务需求为重点，完善服务设施，加强服务规范，提升养老服务体系建设水平。 7. 旅游服务。以游客需求为导向，丰富旅游产品，改善市场环境，推动旅游服务向观光、休闲、度假并重转变，提升旅游文化内涵和附加值。 8. 体育服务。大力推动群众体育与竞技体育协同发展，促进体育市场繁荣有序，加速形成门类齐全、结构合理的体育服务体系。 9. 文化服务。着力提升文化服务内涵和品质，推进文化创意和设计服务等新型服务业发展，大力推进与相关产业融合发展，不断满足人民群众日益增长的文化服务需求。 10. 法律服务。加强民生领域法律服务，推进覆盖城乡居民的公共法律服务体系建设。 11. 批发零售服务。优化城市流通网络，畅通农村商贸渠道，加强现代批发零

续表

序号	文件名称及文号	主要内容	具体任务安排
			售服务体系建设。 12. 住宿餐饮服务。强化服务民生的基本功能，形成以大众化市场为主体、适应多层次多样化消费需求的住宿餐饮业发展新格局。 13. 教育培训服务。以提升生活性服务质量为核心，发展形式多样的教育培训服务，推动职业培训集约发展、内涵发展、融合发展、特色发展
4	国务院关于积极发挥新消费引领作用加快培育形成新供给新动力的指导意见（国发〔2015〕66 号）2015 年 11 月 19 日	总体要求和基本原则：发挥市场在资源配置中的决定性作用，积极发现和满足群众消费升级需要，以体制机制创新激发新活力，以消费环境改善和市场秩序规范释放新空间，以扩大有效供给和品质提升满足新需求，以创新驱动产品升级和产业发展，推动消费和投资良性互动、产业升级和消费升级协同共进、创新驱动和经济转	加快推进重点领域制度创新： （一）加快建设全国统一大市场。 （二）加大服务业对内对外开放力度。 （三）加强助推新兴领域发展的制度保障。 （四）加快推进人口城镇化相关领域改革。 （五）全面提高标准化水平。 （六）完善质量监管体系。 （七）改善市场信用环境。 （八）健全消费者权益保护机制。 （九）强化基础设施网络支撑。

续表

序号	文件名称及文号	主要内容	具体任务安排
		型有效对接，构建消费升级、有效投资、创新驱动、经济转型有机结合的发展路径，为经济提质增效升级提供更持久、更强劲的动力。 坚持消费引领，以消费升级带动产业升级。 坚持创新驱动，以供给创新释放消费潜力。 坚持市场主导，以公平竞争激发社会活力。 坚持制度保障，以体制创新培植持久动力。 消费升级重点领域和方向：服务消费、信息消费、绿色消费、时尚消费、品质消费、农村消费	（十）拓展农村消费市场。 （十一）积极培育国际消费市场。扩大 72 小时过境免签政策范围，完善和落实境外旅客购物离境退税政策。 （十二）改造提升传统产业。 （十三）培育壮大战略性新兴产业。 （十四）大力发展服务业。 （十五）推动大众创业万众创新蓬勃发展。 （十六）鼓励和引导企业加快产品服务升级。 （十七）适度扩大先进技术装备和日用消费品进口。 （十八）鼓励企业加强质量品牌建设。 （十九）强化财税支持政策。 （二十）推动金融产品和服务创新。 （二十一）优化政府投资结构。 （二十二）完善土地政策。 （二十三）创新人才政策。 （二十四）健全环境政策体系

续表

序号	文件名称及文号	主要内容	具体任务安排
5	国务院办公厅关于开展消费品工业“三品”专项行动营造良好市场环境的若干意见（国办发〔2016〕40号）2016年5月26日	指导思想：牢固树立和贯彻落实创新、协调、绿色、开放、共享的发展理念，以市场为导向，以创新为动力，以企业为主体，以实施增品种、提品质、创品牌的“三品”战略为抓手，改善营商环境，从供给侧和需求侧两端发力，着力提高消费品有效供给能力和水平，更好满足人民群众消费升级的需要，实现消费品工业更加稳定、更有效益、更可持续的发展。 基本原则：坚持市场主导，政府推动。坚持改善供给，两侧发力。坚持创新引领，协调发展	到2020年，消费品工业传统优势得到巩固提升，新兴产业不断壮大，市场环境进一步优化，“三品”专项行动取得积极进展，品种丰富度、品质满意度、品牌认可度明显提升，产品和服务对消费升级的适应能力显著增强。 市场环境明显优化。简政放权、放管结合、优化服务改革深入推进，相关法规、标准、政策措施进一步健全，市场监管力度不断加大，政府公共服务能力显著提高，市场竞争秩序和消费环境明显改善。 供给水平明显提高。消费品品质明显提升，中高端消费品比重增加，品牌附加值、市场影响力和消费者认可度不断提高。消费品质量标准、计量、检验检测、认证认可体系逐步与国际接轨。食品药品质量安全水平稳步提升。重点行业前10位品牌企业销售收入占同行业销售收入比重进一步提高，培育一批具有国际影响力的品牌。

续表

序号	文件名称及文号	主要内容	具体任务安排
			创新能力明显增强。重点消费品行业智能制造、绿色制造、服务型制造、“互联网+”协同制造取得积极进展。大中型企业研发强度年均增长10%以上。轻工、纺织产品国际标准的采标率分别提高10个百分点。关键设备研发和产业化水平进一步提高。 质量效益明显改善。规模以上消费品企业增加值增速高于全国工业平均增速，降本增效取得积极进展，消费品出口占国际市场份额保持基本稳定。单位增加值能耗、二氧化碳排放量、用水量达到国家约束性指标要求，绿色发展能力显著增强。到2018年，主要消费品领域与国际标准一致性程度达到95%以上。 提出了13项具体任务
6	国务院《消费品标准和质量提升规划（2016—2020年）》2016年9月6日	为深化消费品供给侧结构性改革，提升消费品标准和质量水平，确保消费品质量安全，扩大有效需求，提高人	（一）改革标准供给体系。到2020年，完成1000项以上重点消费品标准比对工作，建立消费品标准比对数据共享系统，重点领域消费品与国际标准一致

续表

序号	文件名称及文号	主要内容	具体任务安排
		民生活品质，夯实消费品工业发展根基，推动“中国制造”迈向中高端，有力推动“中国制造2025”顺利实施，为经济社会发展增添新动力，制定本规划。 指导思想：牢固树立创新、协调、绿色、开放、共享的发展理念，紧紧围绕推进供给侧结构性改革，以先进标准引领消费品质量提升，倒逼装备制造业转型升级，扩大有效供给满足新需求，改善消费环境释放新动能，创新体制机制激发新活力，以科技创新支撑标准化和质量提升，突出标准引领，创新质量供给，着力增品种、提品质、创品牌，不断满足人民群众日益增长的消费需求。	性程度达到95%以上。 （二）优化标准供给结构。 （三）发挥企业质量主体作用。到2020年，基本实现主要消费品生产企业标准自我声明公开全覆盖，建立健全企业标准自我声明与质量提升的协同互动机制，形成一批技术水平领先、具有国际竞争力的消费品企业标准领跑者，带动产品和服务质量水平整体提升。 （四）夯实消费品工业质量基础。到2020年，建成15个具有示范引领作用的国家质量技术基础“一站式”服务示范项目，促进国家质量技术基础供给能力明显提升。 （五）加强消费品品牌建设。到2020年，推动标准领跑者企业的产品和服务质量接近或达到国际先进水平，培育形成一批质量水平高、市场竞争力强、国际知名的消费品精品，打造一批品牌形象突出、质量管理一流的现代企业和产业集群。

续表

序号	文件名称及文号	主要内容	具体任务安排
		基本原则：坚持市场导向。坚持改革创新。坚持标准引领。坚持质量为本。坚持开放融合。 总体目标： ——消费品标准体系基本完善，政府主导与市场自主制定的标准协调配套，标准供给基本满足日益增长的消费需求，标准制定和实施的整体水平显著提升，重点领域的主要消费品与国际标准一致性程度达到95%以上。 ——消费品整体质量明显提升，质量安全突出问题得到有效治理，重点领域消费品质量达到或接近国际先进水平，出口产品质量溢价水平明显提升，消费品质量国家监督抽查合格率稳定在90%以上。	（六）改善优化市场环境。对产品质量国家监督抽查合格的同一企业的同一规格型号产品，6个月内任何地方、部门和机构不得重复抽查。到2020年，基本建成消费品质量信息公共服务平台，实现与企业信息公示平台、信用信息共享。 （七）保障消费品质量安全。到2020年，建立覆盖主要社区、乡镇和学校的消费品质量安全风险信息监测点，在医院建立100个以上产品伤害监测点，系统采集产品风险和伤害信息，推广应用消费品质量安全风险快速预警系统，发布消费预警和风险通报。 （八）提升进出口消费品质量。到2020年，创建国家级出口产品质量安全示范区60家、国家级示范企业400家，海外打假维权监测网在境外国家或地区的覆盖面达到30%；每年定期向社会公布重点进口消费品质量安全状况白皮书。

续表

序号	文件名称及文号	主要内容	具体任务安排
		——企业质量发展内生动力持续增强，企业质量主体意识显著提高，质量管理体系不断完善，企业员工职业素质、技术装备水平大幅提升，品牌文化附加值、市场营销能力不断增强，消费品质量竞争力指数稳定在84以上。 ——知名品牌培育成效明显，具有较强品牌培育能力的消费品生产企业大量涌现，具有国际影响力的消费品品牌数量明显增多，质量竞争型消费品出口占比居全球前列，知名消费品品牌价值大幅提升	保障措施 （ ）加强法律法规建设。完善消费品质量安全法律法规，加快推进标准化法修订以及消费品安全法、质量促进法等立法工作，完善质量激励政策，强化质量多元共治，为消费品标准和质量提升提供法制保障。 （二）加强财税政策扶持。 （三）加强质量人才培养。 （四）加强宣传教育和舆论引导。 （五）加强组织领导和部门协作
7	国务院办公厅关于进一步扩大旅游文化体育健康养老教育培训等领域消费的意见	一、着力推进幸福产业服务消费提质扩容 围绕旅游、文化、体育、健康、养老、教育培训等重	2016年底前再新增100家全域旅游示范区创建单位。将已在上海启动实施的国际邮轮入境外国旅游团15天免签政策，逐步扩大至其他邮轮口岸

续表

序号	文件名称及文号	主要内容	具体任务安排
	（国办发〔2016〕85号）2016年11月20日	点领域，引导社会资本加大投入力度，通过提升服务品质、增加服务供给，不断释放潜在消费需求。 二、大力促进传统实物消费扩大升级 以传统实物消费升级为重点，通过提高产品质量、创新增加产品供给，创造消费新需求。 三、持续优化消费市场环境 聚焦增强居民消费信心，吸引居民境外消费回流，通过加强消费基础设施建设、畅通流通网络、健全标准规范、创新监管体系、强化线上线下消费者权益保护等，营造便利、安心、放心的消费环境，同时兼顾各方利益，在实践中探索完善有利于发展新消费、新业态的监管方式	规划建设50—80个公共游艇码头或水上运动中心，探索试点游艇租赁业务。 2016年内完成体育类社团组织第一批脱钩试点。 适时将自2016年1月1日起实施的商业健康保险个人所得税税前扣除政策，由31个试点城市向全国推广。 重点推进两批90个国家级医养结合试点地区创新医养结合管理机制和服务模式，形成一批创新成果和可持续、可复制的经验。 在总结4个自贸试验区汽车平行进口试点政策的基础上，加快扩大汽车平行进口试点范围。 2016年内争取建成已纳入规划的全部一级铁路物流基地，二、三级铁路物流基地完成规划目标一半以上的建设任务。进一步扩大货运班列开行覆盖范围

续表

序号	文件名称及文号	主要内容	具体任务安排
8	国务院办公厅关于加快发展冷链物流保障食品安全促进消费升级的意见（国办发〔2017〕29号）2017年4月13日	指导思想：牢固树立和贯彻落实创新、协调、绿色、开放、共享的发展理念，深入推进供给侧结构性改革，充分发挥市场在资源配置中的决定性作用，以体制机制创新为动力，以先进技术和管理手段应用为支撑，以规范有效监管为保障，着力构建符合中国国情的“全链条、网络化、严标准、可追溯、新模式、高效率”的现代化冷链物流体系，满足居民消费升级需要，促进农民增收，保障食品消费安全 基本原则：市场为主，政府引导。问题导向，补齐短板。创新驱动，提高效率。完善标准，规范发展	健全冷链物流标准和服务规范体系。依据食品安全法、农产品质量安全法和标准化法，率先研究制定对鲜肉、水产品、乳及乳制品、冷冻食品等易腐食品温度控制的强制性标准并尽快实施。加强对冷链物流基础设施建设的统筹规划，逐步构建覆盖全国主要产地和消费地的冷链物流基础设施网络。鼓励连锁经营企业、大型批发企业和冷链物流企业利用自有设施提供社会化的冷链物流服务，开展冷链共同配送、“生鲜电商＋冷链宅配”、“中央厨房＋食材冷链配送”等经营模式创新。大力发展“互联网＋”冷链物流，整合产品、冷库、冷藏运输车辆等资源，构建“产品＋冷链设施＋服务”信息平台，实现市场需求和冷链资源之间的高效匹配对接，提高冷链资源综合利用率

续表

序号	文件名称及文号	主要内容	具体任务安排
		目标：到2020年，初步形成布局合理、覆盖广泛、衔接顺畅的冷链基础设施网络，基本建立“全程温控、标准健全、绿色安全、应用广泛”的冷链物流服务体系，培育一批具有核心竞争力、综合服务能力强的冷链物流企业，冷链物流信息化、标准化水平大幅提升，普遍实现冷链服务全程可视、可追溯，生鲜农产品和易腐食品冷链流通率、冷藏运输率显著提高，腐损率明显降低，食品质量安全得到有效保障	
9	国务院关于进一步扩大和升级信息消费持续释放内需潜力的指导意见（国发〔2017〕40号）2017年8月13日	指导思想：以推进供给侧结构性改革为主线，优化信息消费环境，进一步加大网络提速降费力度，加速激发市场活力，积极拓展	推广数字家庭产品。鼓励企业发展面向定制化应用场景的智能家居“产品+服务”模式，推广智能电视、智能音响、智能安防等新型数字家庭产品，积极推广通用的产品技术标准

续表

序号	文件名称及文号	主要内容	具体任务安排
		信息消费新产品、新业态、新模式，扩大信息消费覆盖面，加强和改进监管，完善网络安全保障体系，打造信息消费升级版，不断释放人民群众日益增长的消费需求，促进经济社会持续健康发展。 基本原则：坚持创新驱动。坚持需求拉动。坚持协同联动。以企业为主体，促进信息消费产业链协同发展，加强网络、平台、支付、物流等支撑能力建设，构建完善的信息消费生态体系。营造“能消费、敢消费、愿消费”的环境 发展目标： 到 2020 年，信息消费规模预计达到 6 万亿元，年均增长 11% 以上；信息技术在消费领域的	及应用规范。 拓展电子产品应用。支持利用物联网、大数据、云计算、人工智能等技术推动各类应用电子产品智能化升级，在交通、能源、市政、环保等领域开展新型应用示范。 提高农村地区信息接入能力。组织实施“百兆乡村”等示范工程，引导社会资本加大投入力度，重点支持中西部省份、贫困地区、革命老区、民族地区等农村及偏远地区宽带建设，到 2020 年实现 98% 的行政村通光纤。全面实施信息进村入户工程，开展整省推进示范，力争到 2020 年村级信息服务站覆盖率达到 80%。 组织开展“信息消费城市行”活动。 加强和改进监管。深化电信体制改革，鼓励民间资本通过多种形式参与信息通信业投融资。做好自由贸易试验区电信领域开放试点，加大基础电信领域竞争性业务开放力度，适时在全国其他地区复制推广

续表

序号	文件名称及文号	主要内容	具体任务安排
		带动作用显著增强，信息产品边界深度拓展，信息服务能力明显提升，拉动相关领域产出达到15万亿元，信息消费惠及广大人民群众。信息基础设施达到世界领先水平，“宽带中国”战略目标全面实现，建成高速、移动、安全、泛在的新一代信息基础设施，网络提速降费取得明显成效。基于网络平台的新型消费快速成长，线上线下协同互动的消费新生态发展壮大。公共数据资源开放共享体系基本建立，面向企业和公民的一体化公共服务体系基本建成。网络空间法律法规体系日趋完善，高效便捷、安全可信、公平有序的信息消费环境基本形成	

续表

序号	文件名称及文号	主要内容	具体任务安排
		重点领域：生活类信息消费、公共服务类信息消费、行业类信息消费、新型信息产品消费	
10	国务院关于完善进出口商品质量安全风险预警和快速反应监管体系切实保护消费者权益的意见（国发〔2017〕43号）2017年9月14日	指导思想：坚持以人民为中心的发展思想，坚持稳中求进工作总基调，牢固树立和贯彻落实新发展理念，以风险管理为主线，以保障进出口商品质量安全和促进质量提升为核心，持续推动质量安全治理体系和治理能力现代化 基本原则：安全为本，严守底线。预防为主，防控结合。创新引领，科学决策。开放共享，共治联动。 工作目标：力争在“十三五”期间，通过完善质量安全风险预警监管体系，建立全国数据	工作任务 （一）全面加强质量安全风险监测。1. 实施风险监测计划。2. 拓宽风险信息采集渠道。3. 完善风险监测基础保障。4. 构建风险信息共享交换机制。 （二）科学优化质量安全风险评估。5. 推动风险评估机构发展。6. 推进风险评估能力建设。7. 强化风险评估结果应用。 （三）着力完善质量安全风险预警。8. 实施风险预警分级。将风险预警分为Ⅰ（特别严重）、Ⅱ（严重）、Ⅲ（较重）、Ⅳ（一般）四个等级，分别用红色、橙色、黄色和蓝色标示。9. 分类实施风险预警。10. 健全预警信息发布机制。制定重大风险预警快速发布预案，Ⅰ级风险预警由国务院授权进出口商品质

续表

序号	文件名称及文号	主要内容	具体任务安排
		集成的风险信息平台、权威的风险评估中心、畅通的风险信息交流共享渠道、高效的风险预警和快速反应机制，建立健全进出口商品质量安全监管制度。切实维护消费者权益和国门安全，预防和保护社会公众免受质量安全风险伤害，为民生保障与经济发展提供高质量供给。服务产业转型升级和外贸健康发展，科学指导风险防控决策，精准、及时、有效运用技术性贸易措施。坚持深化“放管服”改革，充分发挥市场在资源配置中的决定性作用和更好发挥政府作用，营造稳定公平透明可预期的营商环境	量主管部门发布，Ⅱ级、Ⅲ级、Ⅳ级风险预警由进出口商品质量主管部门负责发布。 （四）快速实施质量安全风险处置。11. 健全快速反应措施。12. 加强缺陷进口商品召回。13. 强化质量信用激励惩戒。14. 强化质量安全违法行为惩治。15. 加强重点领域质量安全公益诉讼工作。检察机关依法在食品药品安全、生态环境和资源保护等领域开展民事公益诉讼和行政公益诉讼。16. 完善口岸风险应急处置。 （五）注重质量安全风险管理结果运用。17. 落实企业质量安全主体责任。18. 加强技术性贸易措施相关工作。19. 动态调整法定检验目录。20. 改革检验检疫监管模式。21. 加快完善第三方检验结果采信管理。22. 探索开展质量安全追溯

续表

序号	文件名称及文号	主要内容	具体任务安排
11	中共中央 国务院 关于完善促进消费体制机制进一步激发居民消费潜力的若干意见。2018年9月20日新华社公布	指导思想：坚持新发展理念，紧扣中国社会主要矛盾变化，按照高质量发展的要求，坚持以供给侧结构性改革为主线，适应建设现代化经济体系，顺应居民消费提质转型升级新趋势，依靠改革创新破除体制机制障碍，实行鼓励和引导居民消费的政策，从供需两端发力，积极培育重点领域消费细分市场，全面营造良好消费环境，不断提升居民消费能力，引导形成合理消费预期，切实增强消费对经济发展的基础性作用，不断满足人民日益增长的美好生活需要 基本原则：坚持消费引领，倡导消费者优先。坚持市场主导，实现生产者	构建更加成熟的消费细分市场，壮大消费新增长点。围绕居民吃穿用住行和服务消费升级方向，突破深层次体制机制障碍，适应居民分层次多样性消费需求，保证基本消费经济、实惠、安全，培育中高端消费市场，形成若干发展势头良好、带动力强的消费新增长点。 （一）促进实物消费不断提档升级。涉及吃穿用消费、住行消费、信息消费、绿色消费。 （二）推进服务消费持续提质扩容。涉及文化旅游体育消费、健康养老家政消费、教育培训托幼消费。 （三）引导消费新模式加快孕育成长。地方各级政府要适应平台型消费、共享经济等快速发展需要，加强制度供给。 （四）推动农村居民消费梯次升级。 三、健全质量标准和信用体系，营造安全放心消费环境 （一）强化产品和服务标准

续表

序号	文件名称及文号	主要内容	具体任务安排
		平等。坚持审慎监管，推动新消费成长。坚持绿色发展，培育健康理性消费文化 总体目标： 消费生产循环更加顺畅。以消费升级引领供给创新、以供给提升创造消费新增长点的循环动力持续增强，实现更高水平的供需平衡，居民消费率稳步提升。消费结构明显优化。居民消费结构持续优化升级，服务消费占比稳步提高，全国居民恩格尔系数逐步下降。消费环境更加安全放心。社会信用环境明显改善，市场监管进一步加强，消费者维权机制不断健全，重要消费产品和服务标准体系全面建立，消费产品和服务质量不断提升，消费者满意度显著提高	体系建设； （二）健全消费后评价制度； （三）加强消费领域信用体系建设； （四）健全消费者维权机制。 四、强化政策配套和宣传引导，改善居民消费能力和预期 （一）深化收入分配制度改革。完善有利于提高居民消费能力的收入分配制度，增加低收入群体收入，扩大中等收入群体。 （二）构建公平开放的市场环境。 （三）完善财税金融土地配套政策。 （四）深化事业单位分类改革。 （五）优化消费领域基础设施建设投入机制。 （六）加强消费统计监测。 （七）健全消费宣传推介和信息引导机制

续表

序号	文件名称及文号	主要内容	具体任务安排
12	国务院办公厅完善促进消费体制机制实施方案（2018－2020年）（国办发〔2018〕93号）2018年9月24日	为加快破解制约居民消费最直接、最突出、最迫切的体制机制障碍，增强消费对经济发展的基础性作用，根据《中共中央 国务院关于完善促进消费体制机制进一步激发居民消费潜力的若干意见》，制定本实施方案	一、进一步放宽服务消费领域市场准入 二、完善促进实物消费结构升级的政策体系 三、加快推进重点领域产品和服务标准建设 四、建立健全消费领域信用体系 五、优化促进居民消费的配套保障 六、加强消费宣传推介和信息引导 提出26个方面的具体改革举措及政策制度安排
13	国务院办公厅关于深入开展消费扶贫助力打赢脱贫攻坚战的指导意见（国办发〔2018〕129号）2018年12月30日	总体要求：深入落实习近平总书记关于扶贫工作的重要论述，按照党中央、国务院决策部署，坚持新发展理念，坚持精准扶贫精准脱贫基本方略，围绕促进贫困人口稳定脱贫和贫困地区长远发展，坚持政府引导、社会参与、市场运作、创新机制，着力激发全社会参与消费扶贫的	（一）推动各级机关和国有企事业单位等带头参与消费扶贫。 （二）推动东西部地区建立消费扶贫协作机制。 （三）动员民营企业等社会力量参与消费扶贫。 （四）打通供应链条。 （五）拓展销售途径。 （六）加快流通服务网点建设。 （七）加快农产品标准化体系建设。 （八）提升农产品规模化供给水平。鼓励龙头企业、农产品批发市场、电商企

续表

序号	文件名称及文号	主要内容	具体任务安排
		积极性，着力拓宽贫困地区农产品销售渠道，着力提升贫困地区农产品供应水平和质量，着力推动贫困地区休闲农业和乡村旅游加快发展，在生产、流通、消费各环节打通制约消费扶贫的痛点、难点和堵点，推动贫困地区产品和服务融入全国大市场，为助力打赢脱贫攻坚战、推进实施乡村振兴战略做出积极贡献	业、大型超市采取“农户＋合作社＋企业”等模式。 （九）打造区域性特色农产品品牌。 （十）加大基础设施建设力度。 （十一）提升服务能力。 （十二）做好规划设计。 （十三）加强宣传推介。 （十四）加强组织领导。 （十五）完善利益机制。 （十六）加大政策激励。 （十七）强化督促落实
14	国务院办公厅关于进一步激发文化和旅游消费潜力的意见（国办发〔2019〕41号）2019年8月12日	总体目标 以习近平新时代中国特色社会主义思想为指导，顺应文化和旅游消费提质转型升级新趋势，深化文化和旅游领域供给侧结构性改革，从供需两端发力，不断激发文化和旅游消费潜力。努力使中国文化和	（一）推出消费惠民措施。继续推动国有景区门票降价。 （二）提高消费便捷程度。到2022年，实现全国文化和旅游消费场所除现金支付外，都能支持银行卡或移动支付，互联网售票和4G/5G网络覆盖率超过90%，文化和旅游消费便捷程度明显提高。 （三）提升入境旅游环境。

续表

序号	文件名称及文号	主要内容	具体任务安排
		旅游消费设施更加完善，消费结构更加合理，消费环境更加优化，文化和旅游产品、服务供给更加丰富。推动全国居民文化和旅游消费规模保持快速增长态势，对经济增长的带动作用持续增强	(四) 推进消费试点示范。到 2022 年，建设 30 个示范城市、100 个试点城市，示范城市居民人均文化娱乐支出占消费支出比例超过 6%，旅游收入增速保持两位数以上增长，进一步发挥示范引领作用。 (五) 着力丰富产品供给。到 2022 年，培育 30 个以上旅游演艺精品项目，扩大文化和旅游有效供给。 (六) 推动旅游景区提质扩容。到 2022 年，5A 级国有景区全面实行门票预约制度。 (七) 发展假日和夜间经济。鼓励建设 24 小时书店。到 2022 年，建设 200 个以上国家级夜间文旅消费集聚区，夜间文旅消费规模持续扩大。 (八) 促进产业融合发展。到 2022 年，建设 30 个国家文化产业和旅游产业融合发展示范区，产业融合水平进一步提升，新型文化和旅游消费业态不断丰富。 (九) 严格市场监管执法

续表

序号	文件名称及文号	主要内容	具体任务安排
15	国务院办公厅关于加快发展流通促进商业消费的意见（国办发〔2019〕42号） 2019年8月16日	受国内外多重因素叠加影响，当前流通消费领域仍面临一些瓶颈和短板，特别是传统流通企业创新转型有待加强，商品和生活服务有效供给不足，消费环境需进一步优化，城乡消费潜力尚需挖掘	一、促进流通新业态新模式发展。 二、推动传统流通企业创新转型升级。 三、改造提升商业步行街。 四、加快连锁便利店发展。 五、优化社区便民服务设施。 六、加快发展农村流通体系。 七、扩大农产品流通。 八、拓展出口产品内销渠道。 九、满足优质国外商品消费需求。 十、释放汽车消费潜力。 十一、支持绿色智能商品以旧换新。 十二、活跃夜间商业和市场。 十三、拓宽假日消费空间 十四、搭建品牌商品营销平台。 十五、降低流通企业成本费用。 十六、鼓励流通企业研发创新。 十七、扩大成品油市场准入。 十八、发挥财政资金引导作用 十九、加大金融支持力度。 二十、优化市场流通环境

续表

序号	文件名称及文号	主要内容	具体任务安排
16	国务院办公厅关于促进全民健身和体育消费推动体育产业高质量发展的意见（国办发〔2019〕43号）2019年9月4日	以习近平新时代中国特色社会主义思想为指导，强化体育产业要素保障，激发市场活力和消费热情，推动体育产业成为国民经济支柱性产业，积极实施全民健身行动，让经常参加体育锻炼成为一种生活方式	一、深化“放管服”改革，释放发展潜能 二、完善产业政策，优化发展环境 三、促进体育消费，增强发展动力。实施全民健身行动，努力打造百姓身边的健身组织和“15分钟健身圈”。推动每名学生熟练掌握至少1项终身受益的运动技能。 四、建设场地设施，增加要素供给 五、加强平台支持，壮大市场主体 六、改善产业结构，丰富产品供给。力争到2022年，体育服务业增加值占体育产业增加值的比重达到60%。力争到2022年，冰雪产业总规模超过8000亿元，推动实现“三亿人参与冰雪运动”目标 七、优化产业布局，促进协调发展。 八、实施“体育+”行动，促进融合发展 九、强化示范引领，打造发展载体 十、夯实产业基础，提高服

续表

序号	文件名称及文号	主要内容	具体任务安排
			务水平。到2022年，基本形成及时、全面、准确的体育产业数据定期发布机制。 共出台35项政策措施
17	国务院办公厅：消费者权益保护工作部际联席会议制度（国办函〔2020〕27号） 2020年4月20日	主要职能 贯彻落实党中央、国务院关于消费者权益保护工作的决策部署，统筹协调全国消费者权益保护工作；研究并推进实施消费者权益保护工作的重大政策、措施；指导、督促有关部门落实消费者权益保护工作职责；协调解决全国消费者权益保护工作中的重大问题和重大消费事件；组织开展对消费侵权热点和典型违法活动的治理；加大对消费者权益保护法律法规和政策的宣传普及力度；完成党中央、国务院交办的其他事项	成员单位： 联席会议由中央网信办、发展改革委、教育部、工业和信息化部、公安部、司法部、财政部、人力资源社会保障部、住房城乡建设部、交通运输部、农业农村部、商务部、文化和旅游部、卫生健康委、人民银行、海关总署、市场监管总局、广电总局、银保监会、证监会、铁路局、民航局、邮政局、药监局、知识产权局、中国消费者协会等26个部门和单位组成，市场监管总局为牵头单位。 联席会议由市场监管总局主要负责同志担任召集人，市场监管总局有关负责同志担任副召集人，各成员单位有关负责同志为联席会议成员

续表

序号	文件名称及文号	主要内容	具体任务安排
18	国务院办公厅关于以新业态新模式引领新型消费加快发展的意见（国办发〔2020〕32号）2020年9月16日	指导思想：坚持问题导向和目标导向，补齐基础设施和服务能力短板，规范创新监管方式，持续激发消费活力，促进线上线下消费深度融合，努力实现新型消费加快发展，推动形成以国内大循环为主体、国内国际双循环相互促进的新发展格局。 基本原则：坚持创新驱动、融合发展。坚持问题导向、补齐短板。坚持深化改革、优化环境。坚持市场主导、政府促进。 主要目标：经过3～5年努力，促进新型消费发展的体制机制和政策体系更加完善，通过进一步优化新业态新模式引领新型消费发展的环境、进一步提升新型消费产品	一、加力推动线上线下消费有机融合。 二、加快新型消费基础设施和服务保障能力建设。进一步加大5G网络、数据中心、工业互联网、物联网等新型基础设施建设力度，优先覆盖核心商圈、重点产业园区、重要交通枢纽、主要应用场景等。加快建设千兆城市。推动车联网部署应用。推动城市信息模型（CIM）基础平台建设，支持城市规划建设管理多场景应用，促进城市基础设施数字化和城市建设数据汇聚。 三、优化新型消费发展环境。加强相关法规制度建设。出台互联网上网服务管理政策，规范行业发展。 四、加大新型消费政策支持力度。涉及财政、金融、劳动保障等。 五、强化组织保障。充分发挥完善促进消费体制机制部际联席会议制度作用，加强组织领导和统筹协调，国家发展改革委牵头组织实施，强化部门协同和上

续表

序号	文件名称及文号	主要内容	具体任务安排
		的供给质量、进一步增强新型消费对扩内需稳就业的支撑，到 2025 年，培育形成一批新型消费示范城市和领先企业，实物商品网上零售额占社会消费品零售总额比重显著提高，“互联网＋服务”等消费新业态新模式得到普及并趋于成熟	下联动，加快研究制定以新业态新模式引领新型消费加快发展的具体实施方案和配套措施，明确责任主体、时间表和路线图，形成政策合力

表 2.6 显示，“经济新常态”期间，在压缩投资贡献度的情况下，为了促进消费，增加消费在经济增长中的贡献度，中央密集性地出台 18 个主要的经济政策文件，是典型的经济法回应。其中，2018 年 9 月，中共中央、国务院出台的《关于完善促进消费体制机制进一步激发居民消费潜力的若干意见》最为重要，该文件为“经济新常态”时期促进消费指明了方向。

（2）促进消费的具体举措。在以上政策文件指导下，2015 ~ 2020 年，国家组织的促进消费的活动或举措，以下列表体现。

表 2.7　扩大消费行动

1	城镇商品销售畅通	畅通市场流通网络，重点降低物流成本，提高物流效率，促进优质品牌向三四线城市延伸

续表

2	农村消费升级	挖掘农村电商消费潜力，畅通城乡双向联动销售渠道，改善农村消费基础设施，着力引导农村消费质量升级
3	居民住房改善	因城施策化解房地产库存，建立租购并举的住房制度，用足用好住房公积金，满足居民改善性住房需求
4	汽车消费促进	开展放宽皮卡车进城试点，加快停车设施建设，促进汽车售后服务质量提升，满足居民汽车消费需求
5	旅游休闲升级	着力打造全域旅游示范区，加快游轮游艇等消费，积极发展生态旅游、老年旅游，加快培育通用航空市场
6	康养家政服务扩容提质	加大家政服务人员培训力度，深入推进医养结合，支持整合闲置社会资源发展养老服务，推进个性化、多样化健康养老服务业发展
7	教育文化信息消费创新	开展高水平职业教育和中外合作办学，鼓励文化创意产业，推进智慧家庭等新型信息消费应用推广，加强实体书店、县级城市数字电影院等文化消费基础设施建设
8	体育健身消费扩容	进一步盘活体育场馆资源，完善赛事运营市场竞争机制，丰富体育赛事活动，激发并满足居民对体育消费的需求
9	壮大绿色消费	实施家用电器能效领跑者计划，增加家用绿色净化器具的供给，推广绿色建材应用
10	消费环境改善品质提升	推广应用全国信用信息共享平台，用好全国12385价格监管平台，加强市场价格监管，推动消费产品质量提升。支持分享经济等消费新业态发展

表 2.8　促进居民消费升级

传统消费升级	开展零售业提质增效行动，实施餐饮、住宿、家政等居民生活服务业转型行动计划，促进合理自住和出行等传统消费扩大升级
	积极推进低空空域管理改革和通用航空业发展，加快城市路网优化改造、停车设施和新能源汽车充电桩建设
	提高一线和热点二线城市规划住宅用地比例，合理增加土地供给
扩大服务消费	鼓励社会提供多层次多样化的健康服务
	落实全面放开养老服务市场提升养老服务质量的意见
	促进康复辅助器具、健身休闲产业发展
	落实带薪休假制度，继续推进全域旅游，积极发展红色旅游、研学旅游，培育游轮游艇等旅游市场
	积极发展文化产业，推动文化产业结构调整和布局优化，完善文化市场准入，文化产业投融资等机制和相关政策
	创新发展体育产业，挖掘体育消费热点
	壮大教育培训费

表 2.9　幸福产业服务消费提质扩容

加速升级旅游消费	实施促进乡村旅游发展提质升级行动，支持休闲农业和乡村旅游配套设施建设，改进旅居车准驾管理制度，进一步促进游轮、游艇旅游发展，推进体育与旅游融合发展
创新发展文化消费	支持实体书店建设成为复合式文化场所，稳步推进引导城乡居民扩大文化消费试点工作，开展文化文物单位文化创意产品开发试点，推动数字文化产业发展

续表

大力促进体育消费	制定实施马拉松运动、汽车自驾营地运动、自行车运动等专项运动产业发展规划，支持社会力量举办相关大型群众性体育赛事活动
培育发展健康消费	支持社会力量发展多层次、多样化医疗卫生服务，推广实施商业健康保险个人所得税税前扣除政策，促进健康旅游
全面提升养老消费	提升养老服务质量，进一步降低养老服务准入门槛，增加适合老年人吃住行等日常需要的优质产品和服务供给，推动公办养老机构改革，推进国家级医养结合试点地区创新医养结合管理机制和服务模式，实施家政服务提质扩容行动
继续扩大教育培训消费	深化国有企业所办教育机构改革，加强教育培训与“双创”的有效衔接，鼓励社会资本参与相关教育培训实践，开展高水平、示范性的中外合作办学

表 2.10　重点领域消费提质扩容

支持新能源汽车消费	调整优化新能源汽车补贴政策，对符合标准的节能、新能源汽车享受车船税优惠政策，加强城市停车场和新能源汽车充电桩、加氢等设施建设，鼓励高性能新能源汽车应用
创新发展文化消费	深化电影放映机制改革，加快发展数字出版等新兴数字内容产业，稳步推进一批国家级重点文化设施建设项目，延续动漫产业增值税优惠政策，免征图书批发、零售环节的增值税。经营性文化事业单位转制为企业和支持文化企业两个规定确定的优惠政策再延续 5 年

续表

加速升级旅游消费	促进全域旅游法发展，研究推进横琴国际休闲旅游岛建设，在旅游领域推广 PPP，开展休闲农业和乡村旅游升级行动
培育发展健康消费	开展医疗旅游先行区、健康产业示范区等建设，在卫生健康领域启动适合国情的科技创新制度、模式、运行、评价机制
全面提升养老消费	启动全国家政培训提升行动，加强实训基地建设组合投融资支持，推动全面放开养老服务市场
大力促进体育消费	支持自行车、击剑、马拉松等运动产业发展，加强少数民族传统体育基地建设，启动实施百万公里健身步道工程
大力发展绿色消费	积极建立绿色产品多元化供给体系，丰富节能、节水产品，资源再生产品，环境保护产品等绿色消费产品，加大相关标识认证制度实施力度，推动绿色流通发展，完善绿色产品标准体系

表 2.11　明确消费新增长点

文化旅游提质升级	推动建设重点旅游区和国家级重点文化项目，强化优秀传统文化保护传承，继续实施文化旅游提升工程，支持公共文化服务设施、国家文化和自然遗产保护利用设施、旅游基础设施和公共服务设施建设
养老产业加快发展	通过城企合作发展普惠养老服务，开展城企联动普惠养老行动，开展应对人口老龄化工作综合创新试点，持续开展养老院服务质量建设专项行动。对在设区提供日间照料、康复护理、助餐助行等服务的机构给予税费减免、资金支持、水电气热价格优惠等扶持，加强农村养老设施建设

续表

体育产业创新发展	加大体育服务设施建设，狠抓社会足球场地、全民健身中心等公共服务设施建设。推进各地做好中国足球中长期发展规划、足球场地设施建设规划的贯彻落实
家政服务提质扩容	加快家政服务提质扩容政策措施，推动地方制定具体的实施意见或细则，深入推进家政服务培训提升行动
信息消费扩大升级	推动新型信息消费示范城市、新型信息消费示范项目建设，支持有条件的地方和企业建设信息消费体验中心，开展信息消费体验周、技能培训等活动

上述各列表表明，从 2015 ~ 2019 年，为适应“经济新常态”，国家一直依据既定的政策千方百计地促消费。相关政策措施，不断延续、深入，有力地保障了消费对经济增长的贡献。

值得强调的是，在 2020 年遭遇重大公共疫情情况下，为释放消费潜力，国家在防控措施到位的前提下，采取了一些行之有效的措施。包括有序推动各类商场、市场复市复业，促进线下消费加速回补。培育壮大线上消费，推进互联网和各类消费业态深度融合。促进教育、医疗、养老、家政、文旅、体育等服务消费线上线下融合发展，进一步支持依托互联网的外卖配送、网约车等新业态。发展大健康产业。扩大电商、快递进农村覆盖面，畅通工业品下乡、农产品进城渠道。加速 5G 网络建设和场景应用，完善新型基础设施布局，推动超高清视频、虚拟现实等新兴消费，使 2020 年的消费力未遭遇大幅度的下滑，比上年仅下降 0. 5% 。

3. 促进货物、技术与服务贸易出口的经济法回应

（1）经济法律的回应。自 2015 年国家提出经济新常态以来，对于货物、技术与服务贸易出口政策与制度的经济法回应，主要

体现在以下几点：

第一，出台《出口管制法》。2020年10月17日，为了维护国家安全和利益，履行防扩散等国际义务，加强和规范出口管制，全国人大常委会出台《出口管制法》，自2020年12月1日起施行。除总则、附则外，涉及管制政策、管制清单和管制措施、监督管理及法律责任方面的规定。共计5章49条。

按照《出口管制法》规定，该法的适用范围是，国家对两用物项、军品、核以及其他与维护国家安全和利益、履行防扩散等国际义务相关的货物、技术、服务等物项（以下统称管制物项）的出口管制。其中，所称管制物项，包括物项相关的技术资料等数据。所称出口管制，是指国家对从中国境内向境外转移管制物项，以及中国公民、法人和非法人组织向外国组织和个人提供管制物项，采取禁止或者限制性措施。所称两用物项，是指既有民事用途，又有军事用途或者有助于提升军事潜力，特别是可以用于设计、开发、生产或者使用大规模杀伤性武器及其运载工具的货物、技术和服务。所称军品，是指用于军事目的的装备、专用生产设备以及其他相关货物、技术和服务。所称核，是指核材料、核设备、反应堆用非核材料以及相关技术和服务。管制物项的过境、转运、通运、再出口或者从保税区、出口加工区等海关特殊监管区域和出口监管仓库、保税物流中心等保税监管场所向境外出口，依照本法的有关规定执行。核以及其他管制物项的出口，本法未作规定的，依照有关法律、行政法规的规定执行。用于武装力量海外运用、对外军事交流、军事援助等的军品出口，依照有关法律法规的规定执行。任何国家或者地区滥用出口管制措施危害中国国家安全和利益的，中国可以根据实际情况对该国家或者地区对等采取措施。

出口管制工作应当坚持总体国家安全观，维护国际和平，统筹安全和发展，完善出口管制管理和服务。国家实行统一的出口管制制度，通过制定管制清单、名录或者目录（以下统称管制清单）、实施出口许可等方式进行管理。国家对管制物项的出口实行许可制度。出口管制清单所列管制物项或者临时管制物项，出口经营者应当向国家出口管制管理部门申请许可。出口管制清单所列管制物项以及临时管制物项之外的货物、技术和服务，出口经营者知道或者应当知道，或者得到国家出口管制管理部门通知，相关货物、技术和服务可能存在以下风险的，应当向国家出口管制管理部门申请许可：一是危害国家安全和利益；二是被用于设计、开发、生产或者使用大规模杀伤性武器及其运载工具；三是被用于恐怖主义目的。出口经营者无法确定拟出口的货物、技术和服务是否属于本法规定的管制物项，向国家出口管制管理部门提出咨询的，国家出口管制管理部门应当及时答复。国家出口管制管理部门综合考虑下列因素，对出口经营者出口管制物项的申请进行审查，作出准予或者不予许可的决定：一是国家安全和利益；二是国际义务和对外承诺；三是出口类型；四是管制物项敏感程度；五是出口目的国家或者地区；六是最终用户和最终用途；七是出口经营者的相关信用记录；八是法律、行政法规规定的其他因素。[1]

第二，全国人大常委会对相关法律进行了修改完善。在《对外贸易法》修改方面，2016年对《对外贸易法》进行了修正。根据《对外贸易法》规定，国家基于下列原因，可以限制或者禁止有关货物、技术的进口或者出口：一是为维护国家安全、社会公

---

[1] 2020年《出口管制法》第1~4条、第12~13条、第45~48条。

共利益或者公共道德，需要限制或者禁止进口或者出口的；二是为保护人的健康或者安全，保护动物、植物的生命或者健康，保护环境，需要限制或者禁止进口或者出口的；三是为实施与黄金或者白银进出口有关的措施，需要限制或者禁止进口或者出口的；四是国内供应短缺或者为有效保护可能用竭的自然资源，需要限制或者禁止出口的；五是输往国家或者地区的市场容量有限，需要限制出口的；六是出口经营秩序出现严重混乱，需要限制出口的；七是为建立或者加快建立国内特定产业，需要限制进口的；八是对任何形式的农业、牧业、渔业产品有必要限制进口的；九是为保障国家国际金融地位和国际收支平衡，需要限制进口的；十是依照法律、行政法规的规定，其他需要限制或者禁止进口或者出口的；十一是根据我国缔结或者参加的国际条约、协定的规定，其他需要限制或者禁止进口或者出口的。

与此同时，国家基于下列原因，可以限制或者禁止有关的国际服务贸易：一是为维护国家安全、社会公共利益或者公共道德，需要限制或者禁止的；二是为保护人的健康或者安全，保护动物、植物的生命或者健康，保护环境，需要限制或者禁止的；三是为建立或者加快建立国内特定服务产业，需要限制的；四是为保障国家外汇收支平衡，需要限制的；五是依照法律、行政法规的规定，其他需要限制或者禁止的；六是根据我国缔结或者参加的国际条约、协定的规定，其他需要限制或者禁止的。[1]

在《海关法》的修改方面，2015 年以来，先后于 2016 年、2017 年、2021 年进行了第四次、第五次、第六次修正。截至目前，《海关法》中有关出口的主要规定，可概括如下：

---

[1] 2016 年《对外贸易法》第 16 条、第 26 条。

在货物出口方面，出口货物自向海关申报起到出境止，过境、转运和通运货物自进境起到出境止，应当接受海关监管。出口货物的发货人应当向海关如实申报，交验进出口许可证件和有关单证。国家限制进出口的货物，没有进出口许可证件的，不予放行，具体处理办法由国务院规定。出口货物的发货人除海关特准的外应当在货物运抵海关监管区后、装货的24小时以前，向海关申报。办理出口货物的海关申报手续，应当采用纸质报关单和电子数据报关单的形式。海关接受申报后，报关单证及其内容不得修改或者撤销，但符合海关规定情形的除外。出口货物应当接受海关查验。海关查验货物时，出口货物的发货人应当到场，并负责搬移货物，开拆和重封货物的包装。海关认为必要时，可以径行开验、复验或者提取货样。海关在特殊情况下对出口货物予以免验，具体办法由海关总署制定。除海关特准的外，出口货物在收发货人缴清税款或者提供担保后，由海关签印放行。按照法律、行政法规、国务院或者海关总署规定暂时出口的货物，应当在6个月内复运出境或者复运进境；需要延长复运出境或者复运进境期限的，应当根据海关总署的规定办理延期手续。出口货物应当由发货人在货物的出境地海关办理海关手续。经发货人申请，海关同意，出口货物的发货人可以在设有海关的启运地办理海关手续。上述货物的转关运输，应当符合海关监管要求；必要时，海关可以派员押运。经电缆、管道或者其他特殊方式输送出境的货物，经营单位应当定期向指定的海关申报和办理海关手续。国家对出境货物、物品有禁止性或者限制性规定的，海关依据法律、行政法规、国务院的规定或者国务院有关部门依据法律、行政法规的授权作出的规定实施监管。具体监管办法由海关总署制定。出口货物的原产地按照国家有关原产地规则的规定确定。出口货物的商品归类按照国家有关商品归类的规定确定。海关可以要求出口货物的发货人提供确定商品归类所需的有关资料；必要时，海关可以组织化验、检验，并将海关认定的化验、检验结果作为商品归类的依据。海关可以根据对外贸易经营者提出的书面申请，对拟作出口的货物预先作出商品归类等行政裁定。出口相同货物，应当适用相同的商品归类行政裁定。海关对所作出的商品归类等行政裁定，应当予以公布。海关依照法律、行政法规的规定，对与出境货物有关的知识产权实施保护。需要向海关申报知识产权状况的，出口货物发货人及其代理人应当按照国家规定向海关如实申报有关知识产权状况，并提交合法使用有关知识产权的证明文件。自出口货物放行之日起3年内海关可以对与出口货物直接有关的企业、单位的会计账簿、会计凭证、报关单证以及其他有关资料和有关出口货物实施稽查。具体办法由国务院规定。[1]

《进出口商品检验法》于2021年进行第五次修正。与此同时，国务院的实施条例，也进行了相应的修改。总体来看，进出口商品检验法涉及货物出口的规定，可以概括为：国家对进出口商品检验实施目录管理。出口商品未经检验合格的，不准出口。符合国家规定的免予检验条件的，由发货人申请，经国家商检部门审查批准，可以免予检验。法律规定必须经商检机构检验的出口商品的发货人或者其代理人，应当在商检机构规定的地点和期限内，向商检机构报检。商检机构应当在国家商检部门统一规定的期限内检验完毕，并出具检验证单。经商检机构检验合格发给检验证单的出口商品，应当在商检机构规定的期限内报关出口；超过期限的，应当重新报检。为出口危险货物生产包装容器的企业，必

---

[1] 2021年《海关法》第23～26条、第28～29条、第31条、第35条、第40～45条。

须申请商检机构进行包装容器的性能鉴定。生产出口危险货物的企业，必须申请商检机构进行包装容器的使用鉴定。使用未经鉴定合格的包装容器的危险货物，不准出口。对装运出口易腐烂变质食品的船舱和集装箱，承运人或者装箱单位必须在装货前申请检验。未经检验合格的，不准装运。[1]

第三，国务院修改相关行政法规。在《技术进出口管理条例》的修改方面，国务院先后于2019年、2020年进行了修订。在涉及技术出口方面，该条例规定，一是国家鼓励成熟的产业化技术出口。有对外贸易法第16条规定情形之一的技术，禁止或者限制出口。[2] 国务院外经贸主管部门会同国务院有关部门，制定、调整并公布禁止或者限制出口的技术目录。属于禁止出口的技术，不得出口。属于限制出口的技术，实行许可证管理；未经许可，不得出口。出口属于限制出口的技术，应当向国务院外经贸主管部门提出申请。国务院外经贸主管部门收到技术出口申请后，应当会同国务院科技管理部门对申请出口的技术进行审查，并自收到申请之日起30个工作日内作出批准或者不批准的决定。限制出口的技术需经有关部门进行保密审查的，按照国家有关规定执行。二是技术出口申请经批准的，由国务院外经贸主管部门发给技术出口许可意向书。申请人取得技术出口许可意向书后，方可对外进行实质性谈判，签订技术出口合同。申请人签订技术出口合同后，应当向国务院外经贸主管部门提交相关文件，申请技术出口许可证。国务院外经贸主管部门对技术出口合同的真实性进行审查，

---

[1] 2021年《进出口商品检验法》第5条、第15～18条。

[2] 参见《对外贸易法》第16条关于国家可以限制或者禁止有关货物、技术的进口或者出口的情形之规定。

并自收到前款规定的文件之日起 15 个工作日内，对技术出口作出许可或者不许可的决定。技术出口经许可的，由国务院外经贸主管部门颁发技术出口许可证。技术出口合同自技术出口许可证颁发之日起生效。三是对属于自由出口的技术，实行合同登记管理。出口属于自由出口的技术，合同自依法成立时生效，不以登记为合同生效的条件。出口属于自由出口的技术，应当向国务院外经贸主管部门办理登记，并提交相关文件。国务院外经贸主管部门应当自收到本条例规定的文件之日起 3 个工作日内，对技术出口合同进行登记，颁发技术出口合同登记证。申请人凭技术出口许可证或者技术出口合同登记证办理外汇、银行、税务、海关等相关手续。依照本条例的规定，经许可或者登记的技术出口合同，合同的主要内容发生变更的，应当重新办理许可或者登记手续。经许可或者登记的技术出口合同终止的，应当及时向国务院外经贸主管部门备案。四是国务院外经贸主管部门和有关部门及其工作人员在履行技术出口管理职责中，对国家秘密和所知悉的商业秘密负有保密义务。出口核技术、核两用品相关技术、监控化学品生产技术、军事技术等出口管制技术的，依照有关行政法规的规定办理。[1]

在《进出口货物原产地条例》修改方面，2019 年 3 月，国务院对该条例进行了修订。概括起来，该条例涉及出口的规定，一是出口货物发货人可以向海关、中国国际贸易促进委员会及其地方分会（以下简称签证机构），申请领取出口货物原产地证书。二是出口货物发货人申请领取出口货物原产地证书，应当在签证机

---

[1] 2020 年《技术进出口管理条例》第 27～42 条。

构办理注册登记手续，按照规定如实申报出口货物的原产地，并向签证机构提供签发出口货物原产地证书所需的资料。签证机构接受出口货物发货人的申请后，应当按照规定审查确定出口货物的原产地，签发出口货物原产地证书；对不属于原产于中国境内的出口货物，应当拒绝签发出口货物原产地证书。出口货物原产地证书签发管理的具体办法，由海关总署会同国务院其他有关部门、机构另行制定。应出口货物进口国（地区）有关机构的请求，海关、签证机构可以对出口货物的原产地情况进行核查，并及时将核查情况反馈进口国（地区）有关机构。三是提供虚假材料骗取出口货物原产地证书或者伪造、变造、买卖或者盗窃出口货物原产地证书的，由海关处 5000 元以上 10 万元以下的罚款；骗取、伪造、变造、买卖或者盗窃作为海关放行凭证的出口货物原产地证书的，处货值金额等值以下的罚款，但货值金额低于 5000 元的，处 5000 元罚款。有违法所得的，由海关没收违法所得。构成犯罪的，依法追究刑事责任。❶

对《濒危野生动植物进出口管理条例》，国务院先后于 2018 年、2019 年进行了修订。根据现行条例规定，出口《濒危野生动植物种国际贸易公约》（以下简称《公约》）限制出口的濒危野生动植物及其产品，应当遵守本条例。出口国家重点保护的野生动植物及其产品，依照本条例有关出口濒危野生动植物及其产品的规定办理。国务院林业、农业（渔业）主管部门（以下称国务院野生动植物主管部门），按照职责分工主管全国濒危野生动植物及其产品的进出口管理工作，并做好与履行公约有关的工

❶ 2019 年《进出口货物原产地条例》第 17～20 条、第 23 条。

作。国务院其他有关部门依照有关法律、行政法规的规定，在各自的职责范围内负责做好相关工作。国家濒危物种进出口管理机构代表中国政府履行公约，依照本条例的规定对经国务院野生动植物主管部门批准出口的国家重点保护的野生动植物及其产品、批准进口或者出口的公约限制进出口的濒危野生动植物及其产品，核发允许进出口证明书。国家濒危物种进出口科学机构依照本条例，组织陆生野生动物、水生野生动物和野生植物等方面的专家，从事有关濒危野生动植物及其产品进出口的科学咨询工作。禁止进口或者出口公约禁止以商业贸易为目的进出口的濒危野生动植物及其产品，因科学研究、驯养繁殖、人工培育、文化交流等特殊情况，需要出口的，应当经国务院野生动植物主管部门批准；按照有关规定由国务院批准的，应当报经国务院批准。禁止出口未定名的或者新发现并有重要价值的野生动植物及其产品以及国务院或者国务院野生动植物主管部门禁止出口的濒危野生动植物及其产品。进口或者出口公约限制进出口的濒危野生动植物及其产品，出口国务院或者国务院野生动植物主管部门限制出口的野生动植物及其产品，应当经国务院野生动植物主管部门批准。出口濒危野生动植物及其产品的，必须具备下列条件：一是符合生态安全要求和公共利益；二是来源合法；三是申请人提供的材料真实有效；四是不属于国务院或者国务院野生动植物主管部门禁止出口的；五是国务院野生动植物主管部门公示的其他条件。[1]

对《进出口关税条例》，国务院于2016年、2017年进行了修

---

[1] 2019年《濒危野生动植物进出口管理条例》第2~7条、第9条。

订。按照现行条例规定，出口关税设置出口税率。对出口货物在一定期限内可以实行暂定税率。适用出口税率的出口货物有暂定税率的，应当适用暂定税率。出口货物的完税价格由海关以该货物的成交价格以及该货物运至中国境内输出地点装载前的运输及其相关费用、保险费为基础审查确定。出口货物的成交价格，是指该货物出口时卖方为出口该货物应当向买方直接收取和间接收取的价款总额。出口关税不计入完税价格。出口货物的成交价格不能确定的，海关经了解有关情况，并与纳税义务人进行价格磋商后，依次以下列价格估定该货物的完税价格：（一）与该货物同时或者大约同时向同一国家或者地区出口的相同货物的成交价格。（二）与该货物同时或者大约同时向同一国家或者地区出口的类似货物的成交价格。（三）按照下列各项总和计算的价格：境内生产相同或者类似货物的料件成本、加工费用，通常的利润和一般费用，境内发生的运输及其相关费用、保险费。（四）以合理方法估定的价格。出口货物的纳税义务人除海关特准的外，应当在货物运抵海关监管区后、装货的24小时以前，向货物的出境地海关申报。出口货物转关运输的，按照海关总署的规定执行。[1] 其他方面，按照进出口关税相关规定执行。

第四，部门规章的修改。

在上述法律、行政法规修改的同时，以海关总署牵头或参与，分别对《海关进出口货物减免税管理办法》《黄金及黄金制品进出口管理办法》[2]《消耗臭氧层物质进出口管理办法》[3]《进出口乳品

---

[1] 2017年《进出口关税条例》第9条、第11条、第15条、第26条、第27条、第29条。

[2] 中国人民银行牵头。

[3] 环境保护部、商务部、海关总署共同制定、修改。

检验检疫监督管理办法》《海关进出口货物报关单修改和撤销管理办法》《进出口玩具检验监督管理办法》《海关进出口货物集中申报管理办法》《进出口水产品检验检疫监督管理办法》《进出口食品安全管理办法》《进出口饲料和饲料添加剂检验检疫监督管理办法》《进出口化妆品检验检疫监督管理办法》《进出口肉类产品检验检疫监督管理办法》《海关进出口货物申报管理规定》《进出口商品数量重量检验鉴定管理办法》《进出口商品免验办法》《进出口商品复验办法》《海关进出口货物征税管理办法》《海关进出口货物减免税管理办法》《进出口商品抽查检验管理办法》《进出口工业品风险管理办法》❶ 等进行了修改。此外，国家食品药品监督管理局总局修改了《蛋白同化制剂和肽类激素进出口管理办法》；商务部修改了《易制毒化学品进出口管理规定》。这些部门规章的修改，为新经济常态下，规范和促进货物、技术和服务出口，提供了法治环境。其中，有些规章，专设出口一章予以规范。例如，《进出口食品安全管理办法》第三章对食品出口作出全面的规定。为保证中国出口食品的安全，提供了法治保障。

（2）改革开放政策的回应。一是 2016 年深化内地与香港、澳门的投资经贸合作，推动内地与港澳关于建立更紧密经贸关系安排（CEPA）全面升级。继续推进海峡两岸经贸关系发展，增进两岸同胞福祉。

二是更进一步开放大陆地区，为进出口贸易便利创造条件。进行了重点开发开放功能平台的建设。具体情况见表 2. 12。

---

❶ 国家质量监督检验检疫总局、海关总署共同制定、修改。

表 2.12　重点开发开放功能平台建设

国家级新区	在前期设立上海浦东新区（1992）、天津滨海新区（2006）、重庆两江新区（2010）、浙江舟山群岛新区（2011）、甘肃兰州新区（2012）、广州南沙新区（2012）、陕西西咸新区成立（2014）、贵州贵安新区（2014）、青岛西海岸新区（2014）、大连金普新区（2014）、四川天府新区（2014）基础上，2015 年设立湖南湘江新区、南京江北新区、福建福州新区、云南滇中新区、哈尔滨新区；2016 年设立长春新区、江西赣江新区；2017 年设立河北雄安新区
重点开发开放试验区	2012～2015 年，先后在沿边地区设立广西东兴、云南瑞丽、内蒙古满洲里、二连浩特和云南勐腊 5 个重点开发开放试验区 2016 年，新设立广西凭祥、黑龙江绥芬河—东宁 2 个重点开发开放试验区
内陆开放型经济试验区	2012 年，设立宁夏回族自治区内陆开放型经济试验区 2016 年，设立贵州内陆开放型经济试验区 2020 年，设立江西内陆开放型经济试验区
自由贸易区	2013 年，设立上海自由贸易试验区 2015 年设立广东、天津、福建自由贸易试验区 2016 年，在辽宁、浙江、河南、湖北、重庆、四川、陕西新设立七个自由贸易试验区 2018 年 10 月 16 日，国务院发布《国务院关于同意设立中国（海南）自由贸易试验区的批复》，实施范围为海南岛全岛
跨境电子商务综合试验区	2015 年 3 月 7 日，国务院同意设立中国（杭州）跨境电子商务综合试验区 2016 年，在天津、上海、重庆、合肥、郑州、广州、成都、

续表

跨境电子商务综合试验区	大连、宁波、青岛、深圳、苏州 12 个城市设立跨境电子商务综合试验区 2018 年 7 月 24 日，国务院同意在北京市、呼和浩特市、沈阳市、长春市、哈尔滨市、南京市、南昌市、武汉市、长沙市、南宁市、海口市、贵阳市、昆明市、西安市、兰州市、厦门市、唐山市、无锡市、威海市、珠海市、东莞市、义乌市等 22 个城市设立跨境电子商务综合试验区 2019 年 12 月 15 日，国务院同意在石家庄市、太原市、赤峰市、抚顺市、珲春市、绥芬河市、徐州市、南通市、温州市、绍兴市、芜湖市、福州市、泉州市、赣州市、济南市、烟台市、洛阳市、黄石市、岳阳市、汕头市、佛山市、泸州市、海东市、银川市等 24 个城市设立跨境电子商务综合试验区 2020 年 4 月 27 日，国务院同意在雄安新区、大同市、满洲里市、营口市、盘锦市、吉林市、黑河市、常州市、连云港市、淮安市、盐城市、宿迁市、湖州市、嘉兴市、衢州市、台州市、丽水市、安庆市、漳州市、莆田市、龙岩市、九江市、东营市、潍坊市、临沂市、南阳市、宜昌市、湘潭市、郴州市、梅州市、惠州市、中山市、江门市、湛江市、茂名市、肇庆市、崇左市、三亚市、德阳市、绵阳市、遵义市、德宏傣族景颇族自治州、延安市、天水市、西宁市、乌鲁木齐市等 46 个城市和地区设立跨境电子商务综合试验区
国家级经济技术开发区	1984 年到 1986 年，经过国务院批准，设立了 14 个国家级经济技术开发区；截至 2021 年，中国共设立 232 个国家级经济技术开发区[①]。2016 年国务院办公厅出台了《完善国家级经济技术开发区考核制度促进创新驱动发展的指导意见》

①数据来源于百度百科“国家级经济技术开发区”词条。

上述国家级新区、重点开发开放试验区、内陆开放型经济试验区、自由贸易区、跨境电子商务综合试验区、国家级经济技术开发区的设立和制度完善，为中国促进货物、技术与服务贸易出口，奠定了基础。

三是“一带一路”倡议的提出及实施。2013 年 9 月和 10 月，由中国国家主席习近平分别提出建设“新丝绸之路经济带”和“21 世纪海上丝绸之路”的合作倡议。其主要依靠中国与有关国家既有的双多边机制，借助既有的、行之有效的区域合作平台，“一带一路”旨在借用古代丝绸之路的历史符号，高举和平发展的旗帜，积极发展与沿线国家的经济合作伙伴关系，共同打造政治互信、经济融合、文化包容的利益共同体、命运共同体和责任共同体。2015 年 3 月 28 日，国家发展和改革委员会、外交部、商务部联合发布了《推动共建丝绸之路经济带和 21 世纪海上丝绸之路的愿景与行动》，阐述了中国推进“一带一路”建设的历史背景、政策指向、愿望及拟采取的行动计划。

“一带一路”经济区开放后，中国对外承包工程项目突破 3000 个。2015 年，中国企业共对“一带一路”相关的 49 个国家进行了直接投资，投资额同比增长 18.2%。2015 年，中国承接“一带一路”相关国家服务外包合同金额 178.3 亿美元，执行金额 121.5 亿美元，同比分别增长 42.6% 和 23.45%。2016 年 6 月底，中欧班列累计开行 1881 列，其中回程 502 列，实现进出口贸易总额 170 亿美元。截至 2022 年 5 月 22 日，中国已经与 150 个国家、32 个国际组织签署 200 多份共建“一带一路”合作文件。[1]

“一带一路”倡议的实施，是中国凭借自己的政治文化优势以

---

[1] 数据来源于百度百科“一带一路（国家级顶层合作倡议）”词条。

及经济实力主导的。它打破了由美国和西方势力长期主导的世界经济贸易格局。得到了沿线国家的积极响应。

四是积极举办中国国际进口博览会。中国国际进口博览会（简称进博会），由商务部、上海市人民政府主办，是世界上第一个以进口为主题的大型国家级展会，旨在坚定支持贸易自由化和经济全球化、主动向世界开放市场。举办中国国际进口博览会是中国政府坚定支持贸易自由化和经济全球化、主动向世界开放市场的重大举措，有利于促进世界各国加强经贸交流合作，促进全球贸易和世界经济增长，推动开放型世界经济发展。截至 2020 年年底，中国已经连续举办了三届进博会，并且还将持续举办下去。每次进博会均有世界各地的企业参展。且有相关国家的政府首脑和经贸官员参加各种论坛。中国进博会的召开，彰显了中国对外开放的决心，有利于促进国外的优良产品进口，促进国内市场消费力的提升。从促进中国货物、技术与贸易出口来看，也有利于世界各国了解中国，熟悉中国，愿意进口中国的货物、技术和服务。进而，有利于改变中国在货物进出口贸易方面长期顺差，以及在服务进出口贸易方面长期逆差的局面，以达到国际收支平衡的目的。

2020 年，在遭遇全球公共疫情，全世界范围外贸受阻情况下，中国采取了一系列旨在保持进出口基本稳定的举措。大力开拓多元化市场，支持企业通过网上洽谈、网上办展等方式，促合作、拓市场。支持和鼓励出口企业积极开拓国内市场，通过出口转内销积极对冲外需萎缩影响。支持跨境电商贸易、市场采购贸易等外贸新业态新模式加快发展。进一步推动综合保税区高水平开放、高质量发展。推动新一轮服务贸易创新发展试点。稳定加工贸易发展。在风险可控前提下，支持扩大短期出口信用保险业务并降低费率，设立中长期政策性出口信用保险专项安排。积极筹办第三届中国国际进口博览会。积极参与国际物流供应链建设，保障国际货运畅通。通过一系列举措的有效实施，在全球经受疫情影响普遍下滑且负增长的情况下，中国仍保持经济增长 2.3% 和出口增长 0.7% 的业绩，确实不易。

三、经济增长经济法回应的不足与完善对策分析

（一）经济增长经济法回应的不足

自 2015 年国家进入“经济新常态”以来，经济社会发展中遇到的新问题新困境需要经济法作出回应。从前述经济法对“经济新常态”回应的梳理来看，经济立法在适应新常态发展要求、推动高质量发展、建设现代化经济体系、深化供给侧结构性改革等党和国家重大决策部署方面均有体现。就经济增长的经济法回应而言，促进投资、消费和出口的经济立法取得了较大的成就，尤其在 2020 年，在许多国家 GDP 负增长情况下，中国保持了经济增长，实属不易。在“经济新常态”背景下，中国完善了相关的经济增长促进型经济法律制度，在政策导向方面，也能够相机抉择，有针对性地采取经济法措施予以应对，但是，尚有一些问题需要探讨，并积极寻求对策。

1. 推进经济增长的总体框架性立法缺失

依照宪法和组织法规定，中国经济增长政策以发展规划调控为牵头，形成以国民经济和社会发展规划引领，以产业法、财税法、金融法等为基本保障的促进经济增长的法律体系。但是，由于涉及经济稳定增长专门立法的缺失，导致作为促进经济增长的各种手段未能协同一致，形成合力，从而影响了宏观调控的有效实施和宏观调控法的体系化。因此，经济法学界呼吁，可以借鉴

德国《经济稳定与增长促进法》等域外立法经验，结合中国实际，出台中国的《经济稳定增长促进法》。该立法目前的实践基础是，在中国 GDP 已经越过 100 万亿规模基础上，除特殊时期外，GDP 不宜再高速增长，而应当总体控制在合理的区间。但基于地区发展的不平衡，对于不发达或欠发达地区，则仍然应鼓励其保持较高的增长速度。

2. 缺乏境外投资立法

近几年来，随着中国“一带一路”倡议的实施，中国企业实施“走出去”战略，在境外投资取得较大进展。同时，中国外汇储备一直保持较快增长速度，中国企业的国际化进程成为缓解外汇储备压力的一个宣泄口，但随着全球贸易保护主义日趋激烈，中国企业“走出去”难免存在绕不过去的一些门槛。如何保护和规范中国企业的境外投资活动，成为“经济新常态”下经济法回应需要面临的一大问题。

3. 消费领域立法存在结构性缺失

随着消费者权益保护立法的贯彻实施，中国消费者权益保护工作取得了很大成效，对于保障消费者利益，提振微观经济活动具有积极作用。在个人和家庭消费受到法律保护的同时，经济法对于公共消费和生产消费领域的回应存在明显不足。其中，在公共消费领域，逐步提升公共消费水平是发展趋势，但应当立足于市场消费的不足，避免“大跃进”式的超前消费；就生产消费而言，在保障生产消费品质量的同时，重点应当规范生产资料大幅涨价对国民经济的影响。

4. 改变对外服务贸易逆差的经济法回应不足

如前所述，中国相关改革政策提出促进对外服务贸易，并设定了若干试点，坚持以改革破解发展难题，赋予试点地区更大改革自主权，推进简政放权，放宽市场准入；坚持以开放激活发展动力，突出试点作为服务领域开放平台的战略定位，推动更大范围、更宽领域、更深层次开放。但是，如何推动服务出口贸易的增长，改变目前服务贸易长期逆差的被动局面，试点方案未专门提及，经济法的回应明显不足，应当予以加强。2020 年以来，基于全球公共疫情影响及国际形势的复杂多变，存在诸多不确定性因素，经济法的相机抉择特点，可以适应形势变化的法律需求，尽力促进对外服务贸易的增长。

（二）经济增长经济法回应的完善对策

1. 积极推进国民经济稳定增长法的立法

国外发达市场经济国家 GDP 增长率在 2%～3%。但中国的 GDP 增速宜定位于 6%～7%，这是与中国存在较多劳动力就业问题相关联的。实践证明，它是符合中国国情的，需要以法律的形式予以确定。对此，国外的经济法经验是通过制定《国民经济稳定增长法》来稳定经济增长的宏观调控。

国民经济稳定增长法，是指确定国民经济长期稳定发展方针，规范宏观经济决策与管理，避免和治理经济波动和危机的法律。20 世纪 60 年代产生于德国、日本等国家。立法总目标是保持总体经济平衡，具体目标是经济持续稳定增长、稳定物价、充分就业和国际收支平衡。实现目标的途径是用法律形式保证经济决策民主化，发生经济危机时在政府总指导方针下全国采取一致行动，政府制订各种计划．控制财政支出，设立储备基金。[1] 由此，国民经济稳定增长法的制定，实际上涵盖了对整个宏观调控目标的法治化管理，它有利于防治国民经济发展的过度膨胀。其立法的必要性

[1] 邹瑜：《法学大辞典》，中国政法大学出版社 1991 年版，第 12 页。

主要表现为：经过中华人民共和国成立以来多年的“超常规”发展，中国的 GDP 规模已经达到 100 多万亿元，今后的国民经济发展，更多地应立足于稳定增长及可持续性发展。其当前立法的实践基础已如上述。

然而，从实际的立法情况看，可以有几种立法方案的选择。方案之一是借鉴国外经验出台《国民经济稳定增长法》。对此，国家发展和改革委员会曾起草了草案，并组织经济法专家进行过多次论证；方案之二是以既有的宪法、组织法规定为基础出台《发展规划法》，并在发展规划法中阐述经济稳定的相关内容，对各类规划中有关经济增长速度及相关问题予以规范。其中应包括对中央和地方经济增长总体上的规范。鉴于中国各地经济发展的不平衡问题，对于经济发达的省份，可以限制其经济增长的速度，而对于欠发达地区则允许其经济增长率的适度高速。对此，根据 2014 年的中共十八届四中全会决定，已经将《发展规划法》的出台列为重点领域的立法，国家发展和改革委员会也初步起草了立法草案。方案之三是总结中国宏观调控法的经验和教训出台《宏观调控基本法》。对此，中国经济法学界早在 2000 年就有所呼吁，2018 年以来，又积极开展研究，提出了《中国宏观调控基本法纲要》（学者建议稿）[1]。其目的也是希望通过立法将经济增长的宏观调控目标及其相互关系，以法律的形式稳定下来，以保障今后国民经济的稳定和可持续发展。总之，不管采取哪一种立法方案，均离不开对国民经济增长这一首要问题的规范与约束。

与此同时，在立法实践中，要坚决抛弃以往单纯追求 GDP 增长的理念，将包容性增长、绿色增长纳入对经济增长的考核评估

---

[1] 董玉明：《中国宏观调控基本问题研究——以改革开放 40 年政策法律分析为视角》，法律出版社 2019 年版，第 1275～1297 页。

之中。

首先，“包容性增长”这一概念最早由亚洲开发银行在2007年首次提出。包容性增长最基本的含义是公平合理地分享经济增长。它涉及平等与公平的问题，包括可衡量的标准和更多的无形因素。包容性增长寻求的应是社会和经济协调发展、可持续发展，与单纯追求经济增长相对立。包容性增长包括一些要素：让更多的人享受全球化成果；让弱势群体得到保护；加强中小微企业和个人能力建设；在经济增长过程中保持平衡；强调投资和贸易自由化，反对投资和贸易保护主义；重视社会稳定等。中国于2007年提出“以人为本”的科学发展观，在制定“十二五”规划时，正式将包容性增长写入发展规划，并在“十三五”规划的制定和实施中进一步强化，提出共享经济，较好地落实了这一观点。其集中表现就是在取得经济增长成就的同时，国家把财政投资及引导社会投资的主要方向定位于公共消费领域，并更多地关注弱势群众的生产、生活，使广大人民群众切实感受到改革和经济发展带来的好处。但总体来看，与国外相比，中国的压力相对较大。近几年来，官方预期并公布的失业率一直接近国际警戒线的5%。实际失业情况可能比官方公布的数据还要高。需要帮助救济的城乡贫困人口数量庞大。以2019年官方公布的数据为例，年末全国城镇调查失业率为5.2%，城镇登记失业率为3.6%，失业人员需要失业救济。年末全国共有860.9万人享受城市最低生活保障，3455.4万人享受农村最低生活保障，439.1万人享受农村特困人员救助供养，城市特困人员29.5万人，全年临时救助993.2万人次。全年资助7782万人参加基本医疗保险。全年国家抚恤、补助退役军人和其他优抚对象861万人。困难残疾人生活补贴对象1085.7万人，重度残疾人护理补贴对象1368.5万人，各类民政部门养育孤儿6.4万人，全年救助流浪乞讨人员131.5万人次。[1] 这几个数据加起来，除失业救济外，全国需要国家财政帮助、救助的人口约1.7亿，其人口规模超过了世界的大多数国家，相当于全国14亿人口中，大约每8个人就有1人需要国家财政帮助和救助。因此，在肯定成绩的同时，必须清醒地认识到，如何贯彻包容性增长，中国的任务还比较艰巨。对于包容性增长，经济法应当予以积极回应，实施法治化管理。

其次，绿色经济增长是在可持续发展的框架下提出的。可简称为绿色GDP。比较权威的理解是经合组织的定义，它认为"绿色增长系指在确保自然资产能够继续为人类幸福提供各种资源和环境服务的同时，促进经济增长和发展"。"绿色增长"作为一种"追求经济增长和发展，同时又防止环境恶化、生物多样性丧失和不可持续地利用自然资源"的增长方式，在强调经济和环境协调发展的同时，还强调通过"改变消费和生产模式完善社会福利、改善人类健康状况、增加就业并解决与此相关的资源分配问题"。作为可持续范式之一，绿色增长被普遍视作一个更能摆脱经济停滞的途径而受到理论界和超国家组织的广泛关注。对此，本书认为，中国目前及今后的经济增长，之所以必须走绿色经济增长之路，其主要原因，一是从国内发展情况看，经过70多年的高速发展，资源与环境保护已经成为制约经济发展的基本要素；二是从国际经济发展看，中国是负责任的大国，在继续经济增长的同时，把环境保护放在经济发展的首位，是必由之路；三是随着经济实力的增强，中国目前及今后完全有能力，在经济增长的同时，将

---

[1] 综合2020年政府工作报告、国家发展和改革委员会《关于2019年国民经济和社会发展计划执行情况与2020年国民经济和社会发展计划草案的报告》以及民政部《2019年民政事业发展统计公报》中的相关数据。

环境污染控制在合理的范围之内。为此，中国承诺，将提高国家自主贡献力度，采取更加有力的政策和措施，二氧化碳排放力争于2030年前达到峰值，努力争取2060年前实现碳中和；四是随着生活水平的提高，人民群众生活幸福的标志之一，就是有良好的环境；五是在经济进入发展期后，保持良好的环境与经济发展关系会使其冲突得到缓解，甚至环境良好本身可能不会造成经济上的损失，反而成为经济的新增长点。对此，习近平总书记“两山理论”的提出及其贯彻成果，充分说明了绿色生产生活下经济增长的正当性和合理性。为此，中国实际上从20世纪90年代后期开始，就将绿色发展的经济增长措施纳入发展规划之中，并作为发展规划的约束性指标予以强化。经过20多年的发展，绿色生产、绿色消费已经成为全社会的共识和一致行动。对此，确定绿色GDP的法律地位，促进绿色经济增长，是经济法回应的基本内容。应当在立法中体现。

2. 出台境外投资法

改革开放以来，充分利用国内、国外两个市场发展经济，一直是中国的一项对外开放的战略方针。其中，所谓利用国外市场，既包括通过出口到境外，获取其市场认可，为我获利；也包括鼓励国内的企业走出国门到境外投资创业。为此，中国的企业到境外进行投资的行为逐年攀升，尤其是“一带一路”倡议实施以来，许多中国企业甚至中国的自然人到境外投资经商办企业、办事业，极大地提升了中国经济在境外的地位。然而，由于境外与中国在意识形态、文化传统、经济体制等方面的差异，要在境外获利，并非易事，存在着较大的风险。另外，受国家安全和贸易保护主义的影响，一些国家对于中国企业，特别是中国有企业到其本国投资存在诸多的限制。为此，国家急需对中国企业到境外的投资行为及活动予以引导、规范。

2017 年 8 月 4 日，国务院办公厅转发国家发展和改革委员会、商务部、人民银行、外交部四部委《关于进一步引导和规范境外投资方向指导意见》。该指导意见的核心内容是对鼓励、限制和禁止对外投资的领域提出指导意见。

在鼓励开展的境外投资方面，国家支持境内有能力、有条件的企业积极稳妥地开展境外投资活动，推进“一带一路”建设，深化国际产能合作，带动国内优势产能、优质装备、适用技术输出，提升中国技术研发和生产制造能力，弥补中国能源资源短缺，推动中国相关产业提质升级。重点推进有利于“一带一路”建设和周边基础设施互联互通的基础设施境外投资。稳步开展带动优势产能、优质装备和技术标准输出的境外投资。加强与境外高新技术和先进制造业企业的投资合作，鼓励在境外设立研发中心。在审慎评估经济效益的基础上稳妥参与境外油气、矿产等能源资源勘探和开发。着力扩大农业对外合作，开展农林牧副渔等领域互利共赢的投资合作。有序推进商贸、文化、物流等服务领域境外投资，支持符合条件的金融机构在境外建立分支机构和服务网络，依法合规开展业务。

在限制开展的境外投资方面，国家限制境内企业开展与国家和平发展外交方针、互利共赢开放战略以及宏观调控政策不符的境外投资。一是赴与中国未建交、发生战乱或者中国缔结的双多边条约或协议规定需要限制的敏感国家和地区开展境外投资；二是房地产、酒店、影城、娱乐业、体育俱乐部等境外投资；三是在境外设立无具体实业项目的股权投资基金或投资平台；四是使用不符合投资目的国技术标准要求的落后生产设备开展境外投资；五是不符合投资目的国环保、能耗、安全标准的境外投资。其中，前三类须经境外投资主管部门核准。

在禁止开展的境外投资方面，国家禁止境内企业参与危害或可能危害国家利益和国家安全等的境外投资。一是涉及未经国家批准的军事工业核心技术和产品输出的境外投资；二是运用中国禁止出口的技术、工艺、产品的境外投资；三是赌博业、色情业等境外投资；四是中国缔结或参加的国际条约规定禁止的境外投资；五是其他危害或可能危害国家利益和国家安全的境外投资。

上述指导意见的出台，对中国企业到境外投资是一个初步的规范。需要在总结其实施情况的基础上，通过正式的法律文件予以规范。在目前，国务院已经将《境外投资条例》列为立法项目，建议在《意见》基础上进一步完善，尽快出台，以便完善中国的投资法体系。

3. 加强对公共消费和生产消费的经济法回应

中国目前的消费法律规范主要立足于对居民消费权益的保障。但是，如前所述，从市场经济角度分析，市场之消费需求，不仅仅是居民个人消费，还包括公共消费和生产消费两大领域。目前的经济法回应仅停留在政策层面，缺乏经济法正式法律支持与约束。实践中的变数较大。事实上，有关什么情况下需要公共消费，经济发展的不同阶段需要怎样的公共消费，以及如何通过生产消费的价格调控，使企业生产成本降低或适度增加，以便实现宏观调控目标，均有一些成熟的理论和实践经验需要予以总结，以便使其上升到经济法法律调整的高度。时机成熟时，国家应当考虑出台《公共消费法》和《生产消费法》，将公共消费和生产消费纳入法制轨道。其中，在公共消费领域，以中国现有的经济实力，可以考虑摆脱基于基本需求的固化思维，逐步提升人民在公共消费领域获得的福利，这也是达到共享经济的重要途径，也符合党的十九大提出的使人民增加幸福感的发展目标。而在生产消费领域，实施“放管服”改革只是减少企业生产管理成本的一个途径，更重要的是，在出现企业生产消费成本普遍上涨的情况下，国家应当通过对市场的调控，降低企业生产成本，保持市场稳定，实现整体经济供需平衡。

4. 重点关注服务出口贸易的增长

服务贸易是一国的法人或自然人在其境内或进入他国境内向外国的法人或自然人提供服务的贸易行为。服务贸易包括商业服务、通信服务、建筑及有关工程服务、销售服务、教育服务、环境服务、金融服务、健康与社会服务等。广义的服务贸易既包括有形的活动，也包括服务提供者与使用者在没有直接接触下交易的无形活动。

改革开放以来，中国的对外服务贸易有了较大的发展。至2013年，中国服务贸易的进出口总额已经位居世界第三位。然而，总体情况一直处于逆差状态，与货物贸易的进出口顺差形成鲜明的对比。为此，2016年2月，国务院印发《关于同意开展服务贸易创新发展试点的批复》，同意在天津、上海、海南、深圳、杭州、武汉、广州、成都、苏州、威海和哈尔滨新区、江北新区、两江新区、贵安新区、西咸新区等省市（区域）开展服务贸易创新发展试点，试点期为2年，自国务院批复之日起算。为贯彻落实党中央、国务院的决策部署，做好全面深化服务贸易创新发展试点工作，进一步推进服务贸易改革、开放、创新，促进对外贸易结构优化和高质量发展，经国务院同意，2020年8月，商务部又出台了《全面深化服务贸易创新发展试点总体方案》，决定在全国一些主要城市开展服务贸易的创新试点。该方案提出，要坚持深化改革，扩大开放。统筹国内国际两个大局，突出试点作为服务领域开放平台的战略定位，推动更大范围、更宽领域、更深层次开放。

为此，经济立法应当坚定不移地扩大服务业开放，进一步放宽市场准入，主动扩大优质服务进口。要深化服务贸易创新发展试点，推动在管理体制、开放路径、发展模式等方面先行先试，营造更具吸引力的投资环境，激发市场活力，为服务贸易发展注入新动力。要大力发展新兴服务，不断提升中国服务质量和水平，增强中国服务出口竞争力，促进服务贸易健康发展。

综上所述，从中国经济增长“三驾马车”的经济法回应来看，投资领域的回应体系已经基本形成，消费领域的回应不够完善，而在贸易出口领域，货物贸易出口的法律支持较完善，但服务贸易出口的立法促进缺失较大。中国经济法对于经济增长的回应，尚有较大的空间。在国际形势动荡的情况下，坚持国内经济循环为主，国际经济循环为辅，立足于保持国内消费的基本需求，适度增加投资，是今后中国经济法回应的主要方向。

CHAPTER 03 >> 第三题

经济结构调整的经济法回应研究

"经济新常态"的显著特征之一是经济结构的调整和优化。为此，本专题对经济结构调整的经济法回应做专题研究。

一、经济结构调整的基本分析

（一）对经济结构及产业结构的基本认识

通说认为，经济结构是指一国或一地区国民经济的组成和构造，它有多重含义。经济结构是一个由许多系统构成的多层次、多因素的复合体，是"经济系统中各要素之间的相互关联、结合与数量比例关系"，[1] 代表了一个国家或地区在一定生产关系下"整个经济系统的构成、作用及其运动变化规律"[2]。

---

[1] 郭卫军、黄繁华："产业集聚与经济增长质量——基于全球82个国家和地区面板数据的实证分析"，载《经济理论与经济管理》2021年第41卷第1期，第37~51页。

[2] 岳欣："国家能力与经济发展——基于经济高质量发展目标的再思考"，载《经济学家》2021年第1期，第54~62页。

从一定社会生产关系的总和来考察，则主要通过不同的生产资料所有制经济成分的比重和构成来表现。从国民经济各部门和社会再生产的各个方面的组成和构造考察，则包括产业结构、所有制结构、分配结构、交换结构、消费结构、技术结构、创新结构、劳动力结构等。从所包含的范围来考察，则可分为国民经济总体结构、部门结构、地区结构，以及企业结构等。从不同角度进行专门研究的需要来考察，又可分为经济组织结构、产品结构、人员结构、就业结构、投资结构、能源结构、材料结构，等等。总之，与经济增长一样，一国或一地区的经济结构问题，是经济调节的一个永久性话题，但与经济增长主要考察经济总量不同，经济结构的调整主要解决的是一国或一地区经济质量的提升问题，即在经济总量不变的前提条件下，如何通过经济结构的调整优化，提升经济发展的质量。在“经济新常态”下，中国的经济发展开始由重视经济总量向重视提升经济质量的阶段迈进，因而，不断地进行经济结构的调整及优化是提升经济质量的基本途径。

从经济结构调整的属性来看，它属于宏观和中观调控的范畴，是国家宏观调控或地方中观经济调控必须面对的基本问题。经济结构的完备程度决定了经济系统的专业化程度，进而决定了经济系统的运行效率。[1] 一个国家或地区经济结构是否合理，取决于一些基本的要素。一是社会产品的生产能否满足国内在物质和文化方面的社会需求；二是存在国际竞争或地区竞争时，需要不断提升本国或本地区经济结构的水平；三是随着科学技术的不断进步，需要不断地淘汰落后的生产与消费方式，具有明显的阶段性特征；

---

[1] 李富有、王少辉：“经济内循环的内涵逻辑与内卷化挑战研究”，载《社会科学》2021年第1期，第34～43页。

四是基于意识形态的政治约束和人类道德观制约，对一些生产和消费予以禁止或限制，如走私、贩毒、赌博及色情经济等。

从人类经济发展的历史来看，一国或一地区经济结构的形成，有其为了满足人类基本需求客观的一面。并且，该基本面随着生产力水平的不断提升，由社会分工所决定。农业和牧业的分工、农业和工业的分工、工业内部重工业和轻工业的分工以及金融业的产生及其经济的基本结构，都是基于人类生存发展所依托的自然资源基础及不断的商品交换而形成的。因此，凡是能够解决本国或本地区人民基本需求的经济结构，就是合理的经济结构。反之亦然。这在经济领域，具有“刚性”的一面，是根本性的，也是国家的应尽职责。但是，在进一步提升经济结构发展经济问题上，则具有其主观的一面，它涉及一国或一地区从整体经济发展角度对于本国或本地区经济结构的合理布局与安排，以及相关的政策配套、制度安排及其经济法律的回应。

值得强调的是，虽然经济结构调整问题具有层次性、多样性和复杂性，但是，进入 20 世纪 80 年代以来，学界和实务界对于经济结构调整的主要考察集中于对一国或一地区产业结构合理化的研究，并由此展开与之相关的经济结构问题的研究、考察和评价。所形成的基本共识是，随着第一产业和第二产业的技术进步，在提升劳动效率的基础上，更多的劳动者将从事第三产业的社会服务工作。并且，第三产业所占 GDP 的比例将逐步提升。这是表明一个国家或地区经济发展的重要标志。因此，所谓当代经济结构的评价主要体现为对一国或一地区一二三产业结构合理性的考察与评价，中国亦然。本书主要以产业结构的调整为基础，阐述“经济新常态”下，中国经济法对经济结构调整的回应。

（二）中国产业结构调整的历史考察

在之前的计划经济时期，中国一直以社会主义的部门经济理论指导经济结构的调整，注重农业、工业、商业、建筑业等部门关系及其内部结构的完善，注重积累与消费比例关系，强调国民经济有计划、按比例地发展。这种状况一直沿用到1992年。从20世纪80年代末开始研究国际上通行的产业结构理论，探索以国际上通行的产业划分及产业结构的基本理论，阐述和指导完善中国的经济结构。直至1992年确立发展社会主义市场经济才与国际标准及惯例接轨，全面地以产业标准考察中国经济结构的优化问题。以国家统计局公布的国民经济计划执行报告为例，产业标准之下，中国产业结构的变化如表3.1所示。

表3.1　中国产业结构的历史演变情况（1992—2020）

年度	第一产业	第二产业	第三产业	备注
1992	—	—	增加值6 623亿元，增长9.2%，占国内生产总值的27.7%	当年未公布第一产业、第二产业数据
1993	—	增加值16 245亿元，增长20.4%	8 485亿元，增长9.3%	当年未公布第一产业数据
1994	增加值8 231亿元，增长3.5%	增加值21 259亿元，增长17.4%	增加值14 310亿元，增长8.7%	—
1995	增加值11 365亿元，增长4.5%	增加值28 274亿元，增长13.6%	增加值18 094亿元，增长8.0%	—

续表

年度	第一产业	第二产业	第三产业	备注
1996	增加值 13 550 亿元，增长 5. 1%	增加值 32 148 亿元，增长 12. 3%	增加值 21 097 亿元，增长 8. 0%	—
1997	增加值 13 674 亿元，增长 3. 5%	增加值 36 770 亿元，增长 10. 8%	增加值 24 328 亿元，增长 8. 2%	—
1998	增加值 14 299 亿元，增长 3. 5%	增加值 39 150 亿元，增长 9. 2%	增加值 26 104 亿元，增长 7. 6%	—
1999	增加值 14 212 亿元，增长 2. 8%	增加值 40 806 亿元，增长 8. 1%	增加值 27 036 亿元，增长 7. 5%	—
2000	增长 2. 4%	增长 9. 6%	增长 7. 8%	未公布具体数字，但当年 GDP 首次突破 1 万亿美元
2001	增加值 14 610 亿元，增长 2. 8%	增加值 49 069 亿元，增长 8. 7%	增加值 32 254 亿元，增长 7. 4%	—
2002	增加值 14 883 亿元，增长 2. 9%	增加值 52 982 亿元，增长 9. 9%	增加值 34 533 亿元，增长 7. 3%	—
2003	增加值 17 247 亿元，增长 2. 5%，减慢 0. 4%	增加值 61 778 亿元，增长 12. 5%，加快 2. 7%	加值 37 669 亿元，增长 6.7%，减慢 0. 8%	当年受非典疫情影响
2004	增加值 20 744 亿元，增长 6. 3%	增加值 72 387 亿元，增长 11. 1%	增加值 43 384 亿元，增长 8. 3%	—
2005	增加值 22 718 亿元，增长 5. 2%	增加值 86 208 亿元，增长 11. 4%	增加值 73 395 亿元，增长 9. 6%	—

续表

年度	第一产业	第二产业	第三产业	备注
2006	增加值 24 700 亿元，增长 5.0%，占 GDP11.8%	增加值 102 004 亿元，增长 12.5%，占 GDP48.7%	增加值 82 703 亿元，增长 10.3%，占 GDP39.5%	—
2007	增加值 28 910 亿元，增长 3.7%，占 GDP11.7%	增加值 121 381 亿元，增长 13.4%，占 GDP49.2%	增加值 96 328 亿元，增长 11.4%，占 GDP39.1%	—
2008	增加值 34 000 亿元，增长 5.5%，占 GDP11.3%	增加值 146 183 亿元，增长 9.3%，占 GDP48.6%	增加值 120 487 亿元，增长 9.5%，占 GDP40.1%	第三产业增速首次超过第二产业
2009	增加值 35 477 亿元，增长 4.2%，占 GDP10.6%	增加值 156 958 亿元，增长 9.5%，占 GDP46.8%	增加值 142 918 亿元，增长 8.9%，占 GDP42.6%	—
2010	增加值 40 497 亿元，增长 4.3%，占 GDP10.6%	增加值 186 481 亿元，增长 12.2%，占 GDP46.8%	增加值 171 005 亿元，增长 9.5%，占 GDP43%	—
2011	增加值 47 712 亿元，增长 4.5%，占 GDP10.1%	增加值 220 592 亿元，增长 10.6%，占 GDP46.8%	增加值 203 260 亿元，增长 8.9%，占 GDP43.1%	—
2012	增加值 52 377 亿元，增长 4.5%，占 GDP10.2%	增加值 235 319 亿元，增长 8.1%，占 GDP45.3%	增加值 231 626 亿元，增长 8.1%，占 GDP44.6%	第三产业与第二产业的发展基本接近

续表

年度	第一产业	第二产业	第三产业	备注
2013	增加值 56 957 亿元，增长 4.0%，占 GDP10%	增加值 249 684 亿元，增长 7.8%，占 GDP43.9%	增加值 262 204 亿元，增长 8.3%，占 GDP46.1%	第三产业增加值和 GDP 占比首次超过第二产业
2014	增加值 58 332 亿元，增长 4.1%，占 GDP9.2%	增加值 271 392 亿元，增长 7.3%，占 GDP42.6%	增加值 306 739 亿元，增长 8.1%，占 GDP48.2%	—
2015	增加值 60 863 亿元，增长 3.9%，占 GDP9.0%	增加值 274 278 亿元，增长 6.0%，占 GDP40.5%	增加值 341 567 亿元，增长 8.3%，占比 50.5%	第三产业占 GDP 比重首次超过 50%
2016	增加值 63 671 亿元，增长 3.3%，占 GDP8.6%	增加值 296 236 亿元，增长 6.1%，占 GDP39.8%	增加值 384 221 亿元，增长 7.8%，占 GDP51.6%	—
2017	增加值 65 468 亿元，增长 3.9%，占 GDP7.9%	增加值 334 623 亿元，增长 6.1%，占 GDP40.5%	增加值 427 032 亿元，增长 8.0%，占 GDP51.6%	—
2018	增加值 64 734 亿元，增长 3.5%，占 GDP7.2%	增加值 366 001 亿元，增长 5.8%，占 GDP40.7%	增加值 469 575 亿元，增长 7.6%，占 GDP52.2%	—
2019	增加值 70 467 亿元，增长 3.1%，占 GDP7.1%	增加值 386 165 亿元，增长 5.7%，占 GDP39%	增加值 534 233 亿元，增长 6.9%，占 GDP53.9%	—

续表

年度	第一产业	第二产业	第三产业	备注
2020	增加值 77 754 亿元，增长 3.0%，占 GDP7.7%	增加值 384 255 亿元，增长 2.6%，占 GDP37.8%	增加值 553 977 亿元，增长 2.1%，占 GDP54.5%	—

资料来源：根据国家统计局历年国民经济和社会发展统计公报整理，http://www.stats.gov.cn/tjsj/tjgb/ndtjgb/，访问日期：2022 年 8 月 22 日。

从表 3.1 数据来看，从 1994 年到 2019 年，第一产业增加值从 8 231亿元到 70 467 亿元，增长了 8.6 倍。其中，增长率最高为 2004 年的 6.3%，增长率最低为 2000 年的 2.4%，平均增长率为 3.9%，占 GDP 的比重逐渐由 2006 年的 11.8%，下降到 2019 年的 7.1%。

第二产业的增加值从 1993 年的 16 245 亿元到 2019 年的 386 165亿元，增长了 24 倍。其中，增长率最高为 1993 年的 20.4%，增长率最低为 2019 年的 5.7%，平均增长率为 10.75%，占 GDP 的比重由 2006 年的 48.7% 下降到 2019 年的 39%。

第三产业的增加值从 1992 年的 6 623 亿元到 2019 年的 534 233 亿元，增长了 81 倍。其中，增长率最高的为 2007 年的 11.4%，增长率最低为 2003 年的 6.7%，平均增长率为 8.45%。占 GDP 的比重由 2006 年的 39.5%，上升为 2019 年的 53.9%. 另外还有三个重要的节点，一是 2008 年第三产业增速首次超过第二产业；二是 2013 年第三产业增加值和 GDP 占比首次超过第二产业；三是 2015 年第三产业占 GDP 比重首次超过 50%。

上述分析说明，在第一产业领域，其一，在 28 年的统计数据中始终显示出较为稳定的增长状态，年增长率波动较小，基本符合基础产业的增长要求。其二，有数据显示，到 2020 年，中国的粮食总产量已连续8年稳定在6.6亿吨以上，人均主要农产品产量和消费量均超过世界平均水平，疫情期间稻谷、小麦库存充足。[1]中国农业增加值（现价美元）占世界总量比重，2018年高达29.1%。[2]这虽然表明，中国的粮食安全尚未遭受威胁，但第一产业增速较缓，说明中国农业现代化的发展步伐还不够快、不够全面和深入，农业现代化在总体上仍处于较低水平。其三，农业占GDP的比重从2006年的11.8%逐步下降至2019年的7.1%，产业结构优化的成果初步显现。与之相伴的是农业就业人口大量转移，有统计数据表明，农业就业比重从2000年的50.0%下降至2019年的25.1%，超过党的十七大所预期的30%左右的目标。[3]

在第二产业工业领域，总产值的增长率较高，技术进步成为经济结构不断优化调整最活跃的部分。第二产业增长的速度明显可分为两个阶段。在20世纪末的几年中，第二产业增长速度普遍居高；在2000年前后，由于增长方式向集约型转变，不少高能耗、低产出的落后产能被逐步淘汰，此后的第二产业增长速度略有放缓。然而，从长远来看，增长方式的转型对中国工业尤其是制造业的发展具有显著作用。此后，中国工业增加值（2010年不变价美元）占世界比重从2000年的6.8%上升至2018年的21.5%，制造业增加值（现价美元）占世界比重从2004年的8.6%提高至2018年的28.2%。[4]"十三五"期间，中国的工业增加值年均增速

---

[1] 胡鞍钢、周绍杰、鄢一龙等：《"十四五"大战略与2035远景》，东方出版社2020年版，第15页。

[2] 国家统计局：《中国统计摘要》，中国统计出版社2020年版，第23页。

[3] 胡鞍钢、周绍杰、鄢一龙等：《"十四五"大战略与2035远景》，东方出版社2020年版，第7页。

[4] 数据来源：世界银行WDI数据库。

保持在6%左右，反映了《中国制造2025》稳步推进，初见成效。

在第三产业领域，作为第一产业、第二产业提升劳动生产率后发展最快的产业，其在28年的发展中产值增长约80倍，对GDP的贡献率已经超过50%，成为经济增长、创造就业、构建国内消费服务市场的主动力。这一发展趋势和成效符合国际上公认的产业结构调整方向，说明随着农业、工业产业自动化、现代化水平的提升，劳动生产率的提高，从农业和工业领域退出的劳动者实现了产业转型，其中多数劳动者已经在第三产业中获得了就业岗位，具有其合理性。

值得强调的是，2020年虽然遭遇了全球性公共疫情的影响，但数据显示，由于国家宏观调控措施得力，中国三次产业的发展未受到大的影响。第二产业的增加值易受到一定影响，但从结构来看，继续保持了合理的结构。

总而言之，经过了产业结构的持续调整，中国的经济结构不断优化。与此同时，中国产业结构的调整优化过程中，仍有一些特殊情况存在。

（三）中国产业结构调整面临的基本问题

1. 一二三产业发展方向的基本定位问题

首先，中国第一产业面临的压力在于，中国是一个拥有14亿多人口的大国，“民以食为天”，“手中有粮，心中不慌”，14亿多人的吃饭问题是头等大事。在农业现代化的进程中，涉及粮食、蔬菜以及第二产业中食品相关的加工和市场供应环节，必须牢牢地把控在自己手中，不可以主要依靠进口解决，它涉及人民的根本利益和国家的粮食安全，是由中国的国情所决定的。正因如此，国家对于农业土地的利用，特别是对于耕地的占用实施了严格的管控措施。并且，基于农业生产常常受到自然因素的影响，在市场经济条件下，农业丰收时会出现“增产不增收”的情况，以至于常常挫伤农业生产者的生产积极性，迫使其放弃农业，另寻他路。而当农业歉收时，又会造成农业市场及相关市场价格的大幅波动，进而导致社会物价大幅上涨，引起社会的不安定。这就导致了世界各国政府对农业的干预，成为经济法调节与回应的重要领域，中国亦然。

其次，第二产业仍是国民经济的支柱。就其结构调整而言，坚持实施制造强国战略、发挥技术创新对产业升级的促进作用，都需要经济法的调整予以回应。中国工业产业门类齐全。“十四五”规划要求在第二产业占 GDP 的比重预期在 2025 年降至 35.8% 左右的基础上，整体大幅提升制造业素质，建设高标准市场体系。并且，随着科学技术的不断进步，工业加工制造业，无论是重工业，还是轻工业，其变化之快令人瞩目。一些传统的行业不断受到新技术应用的冲击，不得不更新升级，甚至被淘汰。而整个工业制造，受环保标准的影响，进入了绿色生产的新型工业化时代，更为重要的是，随着网络技术的普遍应用，可以改变中国工业的粗放性生产方式。

最后，步入“服务业主导时代”，发挥第三产业的就业主渠道作用，离不开经济法的调节与规制。第三产业可以涵盖一切具有服务性内容的行业。在现代社会，它不仅涉及金融、保险、商业等传统的服务行业，也涉及教育、医疗、文化、科技咨询、法律服务等社会事业发展领域，甚至党政机关和公共机构的管理或服务也被纳入第三产业的范畴，其发展前景极其广阔。“十四五”规划预期至 2025 年，第三产业占 GDP 的比重将上升至 58.0%，并逐步向发达国家的 70% 看齐。可以说，为了生活的便利，一切人类自身需要服务的事项，均可以分流形成一个行业。对此，随着人民收入水平的提高，中国旅游业、家政业、租车业、快递送餐业等行业的兴起就是很好的例子，经济法亦应对保障纷繁多样的服务市场的活力和秩序作出必要的回应。

2. 一二三产业的融合发展问题

产业体系的现代化是“十四五”规划中实现高质量转型发展的基本思路之一。产业体系的现代化取代工业化成为产业结构发展优化的新趋势，不仅要求农业、工业、服务业在各自领域实现现代化发展，还需要不断完善产业链、供应链、价值链，构建一二三产业相互融合、实体经济与虚拟经济紧密衔接、实物经济与数字经济协调共生的现代产业体系。

从经济实践来看，一二三产业的划分，虽然有其各自的标准，但是，一二三产业之间有着相互的联系，只有将其融合发展，才能实现经济的整体效应。以农业为例，土地耕种与收获属于第一产业，农产品加工属于第二产业，而为了保障农业第一产业和第二产业发展，必须完善旨在农业发展的各类配套的商业、金融业、农业机械生产及其他服务业，进而实现农业领域一二三产业的融合发展。为此，中国在脱贫攻坚战中，特别强调脱贫致富中一二三产业的融合发展。至于如何促进三个产业融合发展，市场可以自然地根据需求来创造供给，却不能自发实现合理、有序的总体布局。现代经济发展表明，国家及政府在宏观上的总体资源计划配置，才是有力的保障。

3. 高、中、低产业与产能的合理配置问题

按照市场经济条件下的产业发展理论，一个国家或地区产业结构的调整，有一个从低端到中端以及高端的逐步升级问题，其中，高科技产业及知识产权含量较高的产业处于高端产业。在经济实力具备的条件下，一国或一地区可以把属于中端和低端的产

业转移到别的不发达国家或地区。单纯从产业发展的区域分工规律上而言，应当是一个产业发展的基本方向。然而，如果一个国家或地区把基本的中端、低端产业均转移至其他国家或地区，就会出现产业“空心化”现象。其利益增长点的逻辑前提是不同国家之间，不同地区之间产业链及其商品流通的畅行。然而，一旦遭遇重大突发事件，不同国家之间，不同地区之间的联络中断，产业“空心化”的恶果就会显现。在2020年遭遇重大公共疫情卫生事件之前，中国产业发展及结构优化调整的思路，也是按照既有的产业发展理论，立足于产业的不断升级，力图将一些中端产业、低端产业转移到国外，发达地区则力图将其转移至不发达或欠发达地区。但在2020年遭遇全球性公共疫情卫生事件后，由于中国仍然保持高端、中端和低端产业的基本结构，因此，在出现疫情，急需特定生产时，便能及时地组织起有效的生产。反观西方国家，由于产业的“空心化”，导致连急需的口罩在国内也无法生产，其教训极其深刻。它对于既往产业理论对产业发展方向的战略设计和基本思路是一个颠覆。由此，在产业结构优化调整中，高端、中端、低端产业的合理搭配问题值得探讨。在计划经济时期，为了防止外国入侵，由国家统一布局，在各大区保持较完整的工业体系的思路值得借鉴。此外，中国劳动力数量庞大，每年需要解决近千万人的就业问题，为了应对失业问题，在保障国家行业生产标准、绿色标准的基础上，对于劳动密集型产业、行业是否应积极支持其技术改造，用“机器人”代替人的劳动，也值得探讨。

二、经济新常态下经济结构调整的经济法回应

（一）产业、行业标准的经济法回应

改革开放以来，中国经济结构优化调整的基础工作，就是必

须明确产业和行业划分的标准，以作为经济统计和经济结构调整的基本法律依据。对此，根据《国民经济行业分类》（GB/T 4754—2002），国家统计局印发了《国家统计局关于印发〈三次产业划分规定〉的通知》（国统字〔2003〕14 号）。该规定在国民经济核算、各项统计调查及国家宏观管理中得到广泛应用。至 2012 年，根据国家质检总局和国家标准委员会颁布的《国民经济行业分类》（GB/T 4754—2011），国家统计局对 2002 年《三次产业划分规定》进行了修订，使中国对于一二三产业有了明确的法律界定。2019 年 5 月 20 日，国家统计局发布关于《执行国民经济行业分类第 1 号修改单的通知》，该通知称，GB/T 4754—2017《国民经济行业分类》国家标准第 1 号修改单（以下简称第 1 号修改单）已经国家标准化管理委员会于 2019 年 3 月 25 日批准，自 2019 年 3 月 29 日起实施。其具体内容如表 3.2 所示。

表 3.2 三次产业、行业划分标准

三次产业分类	《国民经济行业分类》（GB/T 4754—2017）		
	门类	大类	名称
第一产业	A		农、林、牧、渔业
		01	农业
		02	林业
		03	畜牧业
		04	渔业
第二产业	B		采矿业
		06	煤炭开采和洗选业
		07	石油和天然气开采业
		08	黑色金属矿采选业
		09	有色金属矿采选业

续表

三次产业分类	《国民经济行业分类》（GB/T 4754—2017）		
	门类	大类	名称
第二产业		10	非金属矿采选业
		12	其他采矿业
	C		制造业
		13	农副食品加工业
		14	食品制造业
		15	酒、饮料和精制茶制造业
		16	烟草制品业
		17	纺织业
		18	纺织服装、服饰业
		19	皮革、毛皮、羽毛及其制品和制鞋业
		20	木材加工和木、竹、藤、棕、草制品业
		21	家具制造业
		22	造纸和纸制品业
		23	印刷和记录媒介复制业
		24	文教、工美、体育和娱乐用品制造业
		25	石油、煤炭及其他燃料加工业
		26	化学原料和化学制品制造业
		27	医药制造业
		28	化学纤维制造业
		29	橡胶和塑料制品业
		30	非金属矿物制品业
		31	黑色金属冶炼和压延加工业
		32	有色金属冶炼和压延加工业
		33	金属制品业

续表

三次产业分类	《国民经济行业分类》（GB/T 4754—2017）		
	门类	大类	名称
第二产业		34	通用设备制造业
		35	专用设备制造业
		36	汽车制造业
		37	铁路、船舶、航空航天和其他运输设备制造业
		38	电气机械和器材制造业
		39	计算机、通信和其他电子设备制造业
		40	仪器仪表制造业
		41	其他制造业
		42	废弃资源综合利用业
	D		电力、热力、燃气及水生产和供应业
		44	电力、热力生产和供应业
		45	燃气生产和供应业
		46	水的生产和供应业
	E		建筑业
		47	房屋建筑业
		48	土木工程建筑业
		49	建筑安装业
		50	建筑装饰、装修和其他建筑业
第三产业（服务业）	A	05	农、林、牧、渔专业及辅助性活动
	B	11	开采专业及辅助性活动
	C	43	金属制品、机械和设备修理业
	F		批发和零售业
		51	批发业

续表

三次产业分类	《国民经济行业分类》（GB/T 4754—2017）		
	门类	大类	名称
第三产业（服务业）		52	零售业
	G		交通运输、仓储和邮政业
		53	铁路运输业
		54	道路运输业
		55	水上运输业
		56	航空运输业
		57	管道运输业
		58	多式联运和运输代理业
		59	装卸搬运和仓储业
		60	邮政业
	H		住宿和餐饮业
		61	住宿业
		62	餐饮业
	I		信息传输、软件和信息技术服务业
		63	电信、广播电视和卫星传输服务
		64	互联网和相关服务
		65	软件和信息技术服务业
	J		金融业
		66	货币金融服务
		67	资本市场服务
		68	保险业
		69	其他金融业
	K		房地产业
		70	房地产业

续表

三次产业分类	《国民经济行业分类》（GB/T 4754—2017）		
	门类	大类	名称
第三产业（服务业）	L		租赁和商务服务业
		71	租赁业
		72	商务服务业
	M		科学研究和技术服务业
		73	研究和试验发展
		74	专业技术服务业
		75	科技推广和应用服务业
	N		水利、环境和公共设施管理业
		76	水利管理业
		77	生态保护和环境治理业
		78	公共设施管理业
		79	土地管理业
	O		居民服务、修理和其他服务业
		80	居民服务业
		81	机动车、电子产品和日用产品修理业
		82	其他服务业
	P		教育
		83	教育
	Q		卫生和社会工作
		84	卫生
		85	社会工作
	R		文化、体育和娱乐业
		86	新闻和出版业
		87	广播、电视、电影和录音制作业
		88	文化艺术业

续表

三次产业分类	《国民经济行业分类》（GB/T 4754—2017）		
	门类	大类	名称
第三产业（服务业）		89	体育
		90	娱乐业
	S		公共管理、社会保障和社会组织
		91	中国共产党机关
		92	国家机构
		93	人民政协、民主党派
		94	社会保障
		95	群众团体、社会团体和其他成员组织
		96	基层群众自治组织及其他组织
	T		国际组织
		97	国际组织

资料来源：国家统计局关于修订《三次产业划分规定（2012）》的通知（国统设管函〔2018〕74号）。

另外，2017年制定并于2019年修改的《国民经济行业分类》（GB/T 4754—2017）除进行以上大类分类外，还包括了473个中类行业、1381个小类行业的具体划分。[1]

上述产业、行业法定标准的确定，为经济结构优化调整对象提供了基本的法律依据，也为研究中国产业、行业发展问题，经济结构调整问题提供了基本的参考，是经济法的重要回应。

（二）产业结构调整基本法的经济法回应

经济法调整的经济结构利益关系本身具有“多元性、整体性

---

[1] 参见国家质量监督检验检疫总局、中国国家标准化管理委员会：《国民经济行业分类》（GB/T 4754－2017）；国家统计局发布的《关于执行国民经济行业分类第1号修改单的通知》（国统字〔2019〕66号）。

和层次性等特点，涉及的社会关系极为丰富和复杂”。[1] 经济法在经济转型升级中对产业结构进行全面调整，可以摒除传统经济产业结构中的弊端，以当前中国的社会经济格局为基础，通过产业结构调整实现经济发展动力的全面增加。因而，经济法对产业结构的调整更加彰显其协调经济结构利益的特质。[2] 关于出台产业结构调整基本法的建议，在中国经济法学界早有呼吁。现有的基本规定是，2005 年 11 月 9 日国务院第 112 次常务会议审议通过的《促进产业结构调整暂行规定》（国发〔2005〕40 号）（以下简称《暂行规定》）。其基本内容如下：

第一，明确了产业结构调整的目标。中国产业结构调整的目标是：推进产业结构优化升级，促进一、二、三产业健康协调发展，逐步形成农业为基础、高新技术产业为先导、基础产业和制造业为支撑、服务业全面发展的产业格局，坚持节约发展、清洁发展、安全发展，实现可持续发展。

第二，明确了产业结构调整的基本原则。一是坚持市场调节和政府引导相结合；二是以自主创新提升产业技术水平；三是坚持走新型工业化道路；四是促进产业协调健康发展。

第三，明确了中国产业结构调整的方向和重点。共包括以下八个方面。

一是在第一产业农业领域，要巩固和加强农业基础地位，加快传统农业向现代农业转变。

二是在基础工程建设方面，加强能源、交通、水利和信息等

---

[1] 陈婉玲：“中国经济法的观念更新与当代转向——以经济结构调整为中心”，载《法学》2017 年第 7 期，第 112 ~ 122 页。

[2] 陈婉玲：“经济结构调整对传统法律主体理论的超越——以经济法区域经济调节为视角”，载《法学》2014 年第 10 期，第 77 ~ 84 页。

基础设施建设，增强对经济社会发展的保障能力。

三是在属于第二产业的工业制造业方面，提出以振兴装备制造业为重点发展先进制造业，发挥其对经济发展的重要支撑作用。

四是在高新技术产业方面，要加快发展高技术产业，进一步增强高技术产业对经济增长的带动作用。

五是属于第三产业的服务业领域，要提高服务业比重，优化服务业结构，促进服务业全面快速发展。

六是在大力发展循环经济方面，要建设资源节约和环境友好型社会，实现经济增长与人口资源环境相协调。

七是在优化产业组织结构，调整区域产业布局方面，要提高企业规模经济水平和产业集中度，加快大型企业发展，形成一批拥有自主知识产权、主业突出、核心竞争力强的大公司和企业集团。充分发挥中小企业的作用，推动中小企业与大企业形成分工协作关系，提高生产专业化水平，促进中小企业技术进步和产业升级。充分发挥比较优势，积极推动生产要素合理流动和配置，引导产业集群化发展。

八是在对外开放方面，实施互利共赢的开放战略，提高对外开放水平，促进国内产业结构升级。

第四，明确了国家产业结构调整的主要方式。

根据《暂行规定》，《产业结构调整指导目录》是引导投资方向，政府管理投资项目，制定和实施财税、信贷、土地、进出口等政策的重要依据。《产业结构调整指导目录》由发展改革委会同国务院有关部门依据国家有关法律法规制订，经国务院批准后公布。根据实际情况，需要对《产业结构调整指导目录》进行部分调整时，由发展改革委会同国务院有关部门适时修订并公布。经济法对产业结构的调整则表现为扶持、限制、鼓励等规范指引的运用过程。《产业结构调整指导目录》同样由鼓励、限制和淘汰三类目录组成。不属于鼓励类、限制类和淘汰类，且符合国家有关法律、法规和政策规定的，为允许类。允许类不列入《产业结构调整指导目录》。其中，鼓励类主要是对经济社会发展有重要促进作用，有利于节约资源、保护环境、产业结构优化升级，需要采取政策措施予以鼓励和支持的关键技术、装备及产品。限制类主要是工艺技术落后，不符合行业准入条件和有关规定，不利于产业结构优化升级，需要督促改造和禁止新建的生产能力、工艺技术、装备及产品。淘汰类主要是不符合有关法律法规规定，严重浪费资源、污染环境、不具备安全生产条件，需要淘汰的落后工艺技术、装备及产品。

对鼓励类投资项目，按照国家有关投资管理规定进行审批、核准或备案；各金融机构应按照信贷原则提供信贷支持；在投资总额内进口的自用设备，除财政部发布的《国内投资项目不予免税的进口商品目录（2000年修订）》[1] 所列商品外，继续免征关税和进口环节增值税，在国家出台不予免税的投资项目目录等新规定后，按新规定执行。对鼓励类产业项目的其他优惠政策，按照国家有关规定执行。

对属于限制类的新建项目，禁止投资。投资管理部门不予审批、核准或备案，各金融机构不得发放贷款，土地管理、城市规划和建设、环境保护、质检、消防、海关、工商等部门不得办理有关手续。凡违反规定进行投融资建设的，要追究有关单位和人员的责任。

对属于限制类的现有生产能力，允许企业在一定期限内采取

---

[1] 该目录先后于2008年、2012年修订。

措施改造升级，金融机构按信贷原则继续给予支持。国家有关部门要根据产业结构优化升级的要求，遵循优胜劣汰的原则，实行分类指导。

对淘汰类项目，禁止投资。各金融机构应停止各种形式的授信支持，并采取措施收回已发放的贷款；各地区、各部门和有关企业要采取有力措施，按规定限期淘汰。在淘汰期限内国家价格主管部门可提高供电价格。对国家明令淘汰的生产工艺技术、装备和产品，一律不得进口、转移、生产、销售、使用和采用。

国务院在下发该《暂行规定》时，要求省、自治区、直辖市人民政府要将推进产业结构调整作为当前和今后一段时期改革发展的重要任务，建立责任制，狠抓落实，按照《暂行规定》的要求，结合本地区产业发展实际，制订具体措施，合理引导投资方向，鼓励和支持发展先进生产能力，限制和淘汰落后生产能力，防止盲目投资和低水平重复建设，切实推进产业结构优化升级。各有关部门要加快制定和修订财税、信贷、土地、进出口等相关政策，切实加强与产业政策的协调配合，进一步完善促进产业结构调整的政策体系。各省、自治区、直辖市人民政府和国家发展改革、财政、税务、国土资源、环保、工商、质检、银监、电监、安全监管以及行业主管等有关部门，要建立健全产业结构调整工作的组织协调和监督检查机制，各司其职，密切配合，形成合力，切实增强产业政策的执行效力。在贯彻实施《暂行规定》时，要正确处理政府引导与市场调节之间的关系，充分发挥市场配置资源的基础性作用，正确处理发展与稳定、局部利益与整体利益、眼前利益与长远利益的关系，保持经济平稳较快发展。

上述规定，奠定了中国经济结构优化调整的基本法律框架，从2005年到2020年得到了较好的执行。但一些政策有所改进和调整。例如，由于强化了环境保护标准，对以煤炭为基础的能源结构有所调整，提出了大力发展清洁性的非煤能源的战略和措施，对煤炭行业的产能予以压缩调整。

而在《产业结构调整指导目录》方面，先后制定了2005年本、2011年本（2013年修订），进入“经济新常态”后又形成2019年本（2021年修订）。为指导全国各地产业结构的调整提供了基本的法律依据，成为经济法的重要回应。与此同时，在国家规定基础上，地方可以依法出台地方目录。例如，2018年12月13日，上海市经济和信息化委员会公布了《上海市产业结构调整负面清单（2018版）》。该负面清单涉及电力、化工、电子、钢铁、有色、建材、医药、机械、轻工、纺织、印刷、船舶、电信等15个行业，共541项内容（淘汰类337项、限制类204项），是上海市相关单位开展产业结构调整、提升能源利用效率，实施差别电价政策、淘汰落后产能的主要依据。[1]

（三）调整农业产业结构的经济法回应

1. 农业经济法律的基本规定

在2015年进入经济新常态之前，全国人大常委会出台了相关法律。1993年国家出台《农业法》，先后经过2002年修订和2009年、2012年两次修正。根据该法规定，农业法所称农业，是指种植业、林业、畜牧业和渔业等产业，包括与其直接相关的产前、产中、产后服务。所称农业生产经营组织，是指农村集体经济组织、农民专业合作经济组织、农业企业和其他从事农业生产经营的组织。有关农民的规定，适用于国有农场、牧场、林场、渔场

---

[1] 上海市经济和信息化委员会：《上海市产出结构调整负面清单（2018版）》（沪经信调〔2018〕990号）。

等企业事业单位实行承包经营的职工。

国家把农业放在发展国民经济的首位。农业和农村经济发展的基本目标是：建立适应发展社会主义市场经济要求的农村经济体制，不断解放和发展农村生产力，提高农业的整体素质和效益，确保农产品供应和质量，满足国民经济发展和人口增长、生活改善的需求，提高农民的收入和生活水平，促进农村富余劳动力向非农产业和城镇转移，缩小城乡差别和区域差别，建设富裕、民主、文明的社会主义新农村，逐步实现农业和农村现代化。国家采取措施，保障农业更好地发挥在提供食物、工业原料和其他农产品，维护和改善生态环境，促进农村经济社会发展等多方面的作用。国家坚持和完善公有制为主体、多种所有制经济共同发展的基本经济制度，振兴农村经济。国家长期稳定农村以家庭承包经营为基础、统分结合的双层经营体制，发展社会化服务体系，壮大集体经济实力，引导农民走共同富裕的道路。国家在农村坚持和完善以按劳分配为主体、多种分配方式并存的分配制度。国家坚持科教兴农和农业可持续发展的方针。国家采取措施加强农业和农村基础设施建设，调整、优化农业和农村经济结构，推进农业产业化经营，发展农业科技、教育事业，保护农业生态环境，促进农业机械化和信息化，提高农业综合生产能力。国家保护农民和农业生产经营组织的财产及其他合法权益不受侵犯。各级人民政府及其有关部门应当采取措施增加农民收入，切实减轻农民负担。全社会应当高度重视农业，支持农业发展。国家对发展农业和农村经济有显著成绩的单位和个人，给予奖励。[1]

在产业结构调整方面，国家坚持城乡协调发展的方针，扶持

---

[1] 2012年《农业法》第2~8条、第98条。

农村第二、第三产业发展，调整和优化农村经济结构，增加农民收入，促进农村经济全面发展，逐步缩小城乡差别。各级人民政府应当采取措施，发展乡镇企业，支持农业的发展，转移富余的农业劳动力。国家完善乡镇企业发展的支持措施，引导乡镇企业优化结构，更新技术，提高素质。县级以上地方人民政府应当根据当地的经济发展水平、区位优势和资源条件，按照合理布局、科学规划、节约用地的原则，有重点地推进农村小城镇建设。地方各级人民政府应当注重运用市场机制，完善相应政策，吸引农民和社会资金投资小城镇开发建设，发展第二、第三产业，引导乡镇企业相对集中发展。[1]

与此同时，国家专门出台了《中华人民共和国渔业法》。根据2013年第四次修正的《渔业法》规定，国家对渔业生产实行以养殖为主，养殖、捕捞、加工并举，因地制宜，各有侧重的方针。各级人民政府应当把渔业生产纳入国民经济发展计划，采取措施，加强水域的统一规划和综合利用。国家鼓励全民所有制单位、集体所有制单位和个人充分利用适于养殖的水域、滩涂，发展养殖业。国家在财政、信贷和税收等方面采取措施，鼓励、扶持远洋捕捞业的发展，并根据渔业资源的可捕捞量，安排内水和近海捕捞力量。国家根据捕捞量低于渔业资源增长量的原则，确定渔业资源的总可捕捞量，实行捕捞限额制度。国务院渔业行政主管部门负责组织渔业资源的调查和评估，为实行捕捞限额制度提供科学依据。中华人民共和国内海、领海、专属经济区和其他管辖海域的捕捞限额总量由国务院渔业行政主管部门确定，报国务院批准后逐级分解下达；国家确定的重要江河、湖泊的捕捞限额总量

---

[1] 2012年《农业法》第79~81条。

由有关省、自治区、直辖市人民政府确定或者协商确定，逐级分解下达。捕捞限额总量的分配应当体现公平、公正的原则，分配办法和分配结果必须向社会公开，并接受监督。国务院渔业行政主管部门和省、自治区、直辖市人民政府渔业行政主管部门应当加强对捕捞限额制度实施情况的监督检查，对超过上级下达的捕捞限额指标的，应当在其次年捕捞限额指标中予以核减。[1]

进入经济新常态以后，从2015年到2020年，农业方面的立法，取得以下进展。

2015年修订了2000年制定的《中华人民共和国种子法》（以下简称《种子法》），2021年又进行了修正。按照《种子法》规定，在中华人民共和国境内从事品种选育、种子生产经营和管理等活动，适用本法。所称种子，是指农作物和林木的种植材料或者繁殖材料，包括籽粒、果实、根、茎、苗、芽、叶、花等。国务院农业、林业主管部门分别主管全国农作物种子和林木种子工作；县级以上地方人民政府农业、林业主管部门分别主管本行政区域内农作物种子和林木种子工作。各级人民政府及其有关部门应当采取措施，加强种子执法和监督，依法惩处侵害农民权益的种子违法行为。国家扶持种质资源保护工作和选育、生产、更新、推广使用良种，鼓励品种选育和种子生产经营相结合，奖励在种质资源保护工作和良种选育、推广等工作中成绩显著的单位和个人。省级以上人民政府应当根据科教兴农方针和农业、林业发展的需要制定种业发展规划并组织实施。省级以上人民政府建立种子储备制度，主要用于发生灾害时的生产需要及余缺调剂，保障农业和林业生产安全。对储备的种子应当定期检验和更新。种子储备

[1] 2013年《渔业法》第3条、第10条、第21条、第22条。

的具体办法由国务院规定。转基因植物品种的选育、试验、审定和推广应当进行安全性评价，并采取严格的安全控制措施。国务院农业、林业主管部门应当加强跟踪监管并及时公告有关转基因植物品种审定和推广的信息。具体办法由国务院规定。❶ 除此规定外，《种子法》还有种质资源保护；品种选育、审定与登记；新品种保护；种子生产经营；种子监督管理；种子进出口和对外合作；扶持措施；法律责任等方面的规定。

2018 年对 2004 年出台的《中华人民共和国农业机械化促进法》进行了修正。该法规定，本法所称农业机械化，是指运用先进适用的农业机械装备农业，改善农业生产经营条件，不断提高农业的生产技术水平和经济效益、生态效益的过程。

本法所称农业机械，是指用于农业生产及其产品初加工等相关农事活动的机械、设备。国务院农业行政主管部门会同国务院财政部门、经济综合宏观调控部门，根据促进农业结构调整、保护自然资源与生态环境、推广农业新技术与加快农机具更新的原则，确定、公布国家支持推广的先进适用的农业机械产品目录，并定期调整。省级人民政府主管农业机械化工作的部门会同同级财政部门、经济综合宏观调控部门根据上述原则，确定、公布省级人民政府支持推广的先进适用的农业机械产品目录，并定期调整。列入前款目录的产品，应当由农业机械生产者自愿提出申请，并通过农业机械试验鉴定机构进行的先进性、适用性、安全性和可靠性鉴定。❷ 该法除总则、附则外，涉及对农业机械的科研开发、质量保障、推广使用、社会化服务、扶持措施以及法律责任方面的规定。

---

❶ 2021 年《种子法》第 2 ~ 7 条。

❷ 2018 年《中华人民共和国农业机械化促进法》第 2 条、第 18 条。

同时，对2006年出台的《中华人民共和国农产品质量安全法》进行了修正。按照该法规定，本法所称农产品，是指来源于农业的初级产品，即在农业活动中获得的植物、动物、微生物及其产品。本法所称农产品质量安全，是指农产品质量符合保障人的健康、安全的要求。生猪屠宰的管理按照国家有关规定执行。国家建立健全农产品质量安全标准体系。农产品质量安全标准是强制性的技术规范。农产品质量安全标准的制定和发布，依照有关法律、行政法规的规定执行。县级以上地方人民政府农业行政主管部门按照保障农产品质量安全的要求，根据农产品品种特性和生产区域大气、土壤、水体中有毒有害物质状况等因素，认为不适宜特定农产品生产的，提出禁止生产的区域，报本级人民政府批准后公布。具体办法由国务院农业行政主管部门商国务院生态环境主管部门制定。农产品禁止生产区域的调整，依照前款规定的程序办理。对可能影响农产品质量安全的农药、兽药、饲料和饲料添加剂、肥料、兽医器械，依照有关法律、行政法规的规定实行许可制度。国家建立农产品质量安全监测制度。有下列情形之一的农产品，不得销售：（一）含有国家禁止使用的农药、兽药或者其他化学物质的；（二）农药、兽药等化学物质残留或者含有的重金属等有毒有害物质不符合农产品质量安全标准的；（三）含有的致病性寄生虫、微生物或者生物毒素不符合农产品质量安全标准的；（四）使用的保鲜剂、防腐剂、添加剂等材料不符合国家有关强制性的技术规范的；（五）其他不符合农产品质量安全标准的。[1]

为了践行绿水青山就是金山银山理念，保护、培育和合理利

---

[1] 2018年《中华人民共和国农产品质量安全法》第2条、第11条、第15条、第21条、第33条、第34条、第55条。

用森林资源，加快国土绿化，保障森林生态安全，建设生态文明，实现人与自然和谐共生，2019 年对《中华人民共和国森林法》（以下简称《森林法》）进行了全面修订，自 2020 年 7 月 1 日起施行。2019 年《森林法》规定，森林，包括乔木林、竹林和国家特别规定的灌木林。按照用途可以分为防护林、特种用途林、用材林、经济林和能源林。林木，包括树木和竹子。林地，是指县级以上人民政府规划确定的用于发展林业的土地。包括郁闭度 0.2 以上的乔木林地以及竹林地、灌木林地、疏林地、采伐迹地、火烧迹地、未成林造林地、苗圃地等。保护、培育、利用森林资源应当尊重自然、顺应自然，坚持生态优先、保护优先、保育结合、可持续发展的原则。国家实行森林资源保护发展目标责任制和考核评价制度。上级人民政府对下级人民政府完成森林资源保护发展目标和森林防火、重大林业有害生物防治工作的情况进行考核，并公开考核结果。地方人民政府可以根据本行政区域森林资源保护发展的需要，建立林长制。国家采取财政、税收、金融等方面的措施，支持森林资源保护发展。各级人民政府应当保障森林生态保护修复的投入，促进林业发展。国家以培育稳定、健康、优质、高效的森林生态系统为目标，对公益林和商品林实行分类经营管理，突出主导功能，发挥多种功能，实现森林资源永续利用。国家建立森林生态效益补偿制度，加大公益林保护支持力度，完善重点生态功能区转移支付政策，指导受益地区和森林生态保护地区人民政府通过协商等方式进行生态效益补偿。国家鼓励发展下列商品林：（一）以生产木材为主要目的的森林；（二）以生产果品、油料、饮料、调料、工业原料和药材等林产品为主要目的的森林；（三）以生产燃料和其他生物质能源为主要目的的森林；（四）其他以发挥经济效益为主要目的的森林。在保障生态安全的前提下，国家鼓励建设速生丰产、珍贵树种和大径级用材林，增加林木储备，保障木材供给安全。[1]

2. 行政法规的规定

通过网上检索，2015～2020年，国务院共制定和修改行政法规文件320件。其中，涉及农业方面的情况：一是新制定《农田水利条例》《保障农民工工资支付条例》《农作物病虫害条例》；二是修订《农业保险条例》《食品安全法实施条例》《生猪屠宰管理条例》《粮食流通管理条例》《退耕还林条例》《饲料和饲料添加剂管理条例》《农药管理条例》《农业转基因生物安全管理条例》《棉花质量监督管理条例》《农业机械安全监督管理条例》《土地调查条例》《森林法实施条例》《渔业法实施细则》《农业化学物质品行政保护条例》等。这些行政法规多数从行政法的角度对相关行为进行了规范。例如，实施行政许可措施进行管理。一些规定涉及农业保险、农药生产行业、农业机械行业、渔业行业、粮食流通行业等的定位，与产业结构调整有关。例如，2016年、2019年两次修订《农业机械安全监督管理条例》。该条例规定，农业机械生产者应当依据农业机械工业产业政策和有关规划，按照农业机械安全技术标准组织生产，并建立健全质量保障控制体系。对依法实行工业产品生产许可证管理的农业机械，其生产者应当取得相应资质，并按照许可的范围和条件组织生产。[2]

2016年、2018年两次修订《土地调查条例》。该条例规定，土地调查的目的是全面查清土地资源和利用状况，掌握真实准确的土地基础数据，为科学规划、合理利用、有效保护土地资源，

[1] 2019年《森林法》第3～7条、第50条、第83条。

[2] 2019年《农业机械安全监督管理条例》第11条。

实施最严格的耕地保护制度，加强和改善宏观调控提供依据，促进经济社会全面协调可持续发展。土地调查工作按照全国统一领导、部门分工协作、地方分级负责、各方共同参与的原则组织实施。国家根据国民经济和社会发展需要，每 10 年进行一次全国土地调查；根据土地管理工作的需要，每年进行土地变更调查。[1]

2016 年、2021 年两次修订《粮食流通管理条例》。该条例规定，在中华人民共和国境内从事粮食的收购、销售、储存、运输、加工、进出口等经营活动，应当遵守本条例。所称粮食，是指小麦、稻谷、玉米、杂粮及其成品粮。所称粮食收购，是指向种粮农民、其他粮食生产者或者粮食经纪人、农民专业合作社等批量购买粮食的活动。所称粮食加工，是指通过处理将原粮转化成半成品粮、成品粮以及其他食用或者非食用产品的活动。所称政策性粮食，是指政府指定或者委托粮食经营者购买、储存、加工、销售，并给予财政、金融等方面政策性支持的粮食，包括但不限于政府储备粮。所称粮食经纪人，是指以个人或者家庭为经营主体，直接向种粮农民、其他粮食生产者、农民专业合作社批量购买粮食的经营者。所称技术规范，是指尚未制定国家标准、行业标准，国家粮食和储备行政管理部门根据监督管理工作需要制定的补充技术要求。值得关注的是，新的《粮食流通管理条例》规定，国务院发展改革部门及国家粮食和储备行政管理部门负责全国粮食的总量平衡、宏观调控和重要粮食品种的结构调整以及粮食流通的中长期规划。国家粮食和储备行政管理部门负责粮食流通的行政管理、行业指导，监督有关粮食流通的法律、法规、政策及各项规章制度的执行。国务院市场监督管理、卫生健康等部

---

[1] 2018 年《土地调查条例》第 2 条、第 3 条、第 6 条。

门在各自的职责范围内负责与粮食流通有关的工作。省、自治区、直辖市应当落实粮食安全党政同责，完善粮食安全省长责任制，承担保障本行政区域粮食安全的主体责任，在国家宏观调控下，负责本行政区域粮食的总量平衡和地方储备粮等的管理。县级以上地方人民政府粮食和储备行政管理部门负责本行政区域粮食流通的行政管理、行业指导；县级以上地方人民政府市场监督管理、卫生健康等部门在各自的职责范围内负责与粮食流通有关的工作。在此规定基础上，设专章对粮食流通的宏观调控进行了规定。突出地体现了国家通过政策粮制度适度干预市场的经济法的思想。❶

2016 年修订的《退耕还林条例》规定，退耕还林必须坚持生态优先。退耕还林应当与调整农村产业结构、发展农村经济，防治水土流失、保护和建设基本农田、提高粮食单产，加强农村能源建设，实施生态移民相结合。地方各级人民政府应当根据实际情况加强沼气、小水电、太阳能、风能等农村能源建设，解决退耕还林者对能源的需求。地方各级人民政府应当调整农村产业结构，扶持龙头企业，发展支柱产业，开辟就业门路，增加农民收入，加快小城镇建设，促进农业人口逐步向城镇转移。❷

2016 年、2017 年两次修订的《饲料和饲料添加剂管理条例》规定，设立饲料、饲料添加剂生产企业，应当符合饲料工业发展规划和产业政策，并具备法定条件。❸

2017 年修订《农药管理条例》。该条例规定，国家鼓励和支持

---

❶ 2021 年《粮食流通管理条例》第 2 条、第 6 条、第 7 条、第 54 条、第 55 条及第三章宏观调控。

❷ 2016 年《退耕还林条例》第 4 条、第 52 条、第 53 条。

❸ 2017 年《饲料和饲料添加剂管理条例》第 14 条。

研制、生产、使用安全、高效、经济的农药，推进农药专业化使用，促进农药产业升级。[1]

2020年国务院第86次常务会议通过《农作物病虫害防治条例》，自2020年5月1日起施行。该条例规定，农作物病虫害防治实行预防为主、综合防治的方针，坚持政府主导、属地负责、分类管理、科技支撑、绿色防控。国家鼓励和支持开展农作物病虫害防治科技创新、成果转化和依法推广应用，普及应用信息技术、生物技术，推进农作物病虫害防治的智能化、专业化、绿色化。国家鼓励和支持农作物病虫害防治国际合作与交流。国家鼓励和支持使用生态治理、健康栽培、生物防治、物理防治等绿色防控技术和先进施药机械以及安全、高效、经济的农药。[2]

3. 部门规章的回应

为贯彻中央有关涉农三产融合的政策意见，2020年12月4日国家统计局公布《农业及相关产业统计分类（2020）》。该文件以《国民经济行业分类》（GB/T 4754—2017）为基础，根据农业及相关产业生产活动的特点，将行业分类中相关的类别重新组合，是对国民经济行业分类中符合农业及相关产业特征相关活动的再分类。立足于现有统计工作基础和国民经济行业分类，统筹考虑行业的全面性和数据的可获得性，涵盖了一二三产业中涉及农业及相关产业的全部内容。在充分考虑中国农业及相关产业特点和实际发展状况的基础上，借鉴部分发达国家农业及相关产业和国内文化、旅游及林业等派生产业统计分类的原则与方法。将农业及相关产业划分为三层，第一层为大类，共有10个大类；

---

[1] 2017年《农药管理条例》第6条、第16条、第32条。

[2] 2020年《农作物病虫害防治条例》第3条、第9条、第10条。

第二层为中类，共有 61 个中类；第三层为小类，共有 215 个小类，为相关行业进行界定，统计分析和调节农业领域三产融合提供了法律依据。其中，十大类农业及相关产业包括：第一大类是农林牧渔业；第二大类是食用农林牧渔业产品加工与制造；第三大类是非食用农林牧渔业产品加工与制造；第四大类是农林牧渔业生产资料制造和农田水利设施建设；第五大类是农林牧渔业及相关产品流通服务；第六大类是农林牧渔业科研和技术服务；第七大类是农林牧渔业教育培训与人力资源服务；第八大类是农林牧渔业生态保护和环境治理；第九类是农林牧渔业休闲观光与农业农村管理服务；第十大类是其他支持服务。❶

2017 年财政部修订《国家农业综合开发资金和项目管理办法》。该办法规定，本办法所称农业综合开发是指中央政府为支持农业发展，改善农业生产基本条件，优化农业和农村经济结构，提高农业综合生产能力和综合效益，设立专项资金对农业资源进行综合开发利用和保护的活动。农业综合开发的主要任务是加强农业基础设施和生态建设，转变农业发展方式，推进农村一二三产业融合发展，提高农业综合生产能力，保障国家粮食安全，带动农民增收，促进农业可持续发展和农业现代化。❷

4. 地方性法规的回应

在地方立法方面，各地在相关农业立法中提到产业结构调整问题。例如，2016 修订的《甘肃省农业机械管理条例》规定，县级以

---

❶ 2020 年《农业及相关产业统计分类（2020）》（国家统计局第 32 号）。

❷ 2017 年财政部《国家农业综合开发资金和项目管理办法》第 2 条、第 3 条、第 29 条。

上人民政府应当将农业机械化工作纳入国民经济和社会发展规划，增加农业机械化投入，扶持农业机械的科研、生产和推广。鼓励省内外企事业单位和个人采取独资、合资、合伙、股份制和股份合作制等投资方式，在本省从事农业机械的科研、生产、销售和维修。省人民政府支持推广的农业机械产品目录，由省农业机械化主管部门会同省财政和发展与改革部门确定公布。推广目录可以根据发展需要适时调整。列入推广目录的产品应当通过农业机械鉴定机构的先进性、适用性、安全性和可靠性鉴定。[1] 2019 年修订的《陕西省现代农业园区条例》规定，发展现代农业园区应当与维护粮食安全、调整农业产业结构、增加农民收入、保护生态环境、保证农产品质量安全相结合，遵循政府引导、市场运作、农民参与、科学管理、依法保护的原则，发挥现代农业园区的示范引领、辐射带动作用。[2] 2019 年修订的《湖北省农业自然资源综合管理条例》规定，各级人民政府应当将农业区域综合开发规划作为制定农村产业政策、农村经济发展计划和调整农业产业结构的重要依据。[3]

5. 相关政策性指导意见的回应

党和国家对农业的发展十分重视，每年出台“1 号文件”对农业、农村建设予以指导，国务院也发布相关的文件，成为经济法对农业产业结构调整的重要回应。2015 年以来，一系列涉农政策文件出台，指导着中国农业领域经济结构的调整。

---

[1] 2016 年《甘肃省农业机械管理条例》第 5 条、第 22 条。

[2] 2019 年《陕西省现代农业园区条例》第 4 条。

[3] 2019 年《湖北省农业自然资源综合管理条例》第 14 条。

表3.3 涉农政策文件汇总表（2015—2020）

名称及文号	发文机关	问题揭示、指导思想、原则、目标	主要措施
关于加大改革创新力度加快农业现代化建设的若干意见（中发〔2015〕1号）	中共中央国务院	问题：如何在经济增速放缓背景下继续强化农业基础地位、促进农民持续增收；如何在“双重挤压”下创新农业支持保护政策、提高农业竞争力；如何在资源环境硬约束下保障农产品有效供给和质量安全、提升农业可持续发展能力；如何在城镇化深入发展背景下加快新农村建设步伐、实现城乡共同繁荣	深入推进农业结构调整/推进农村一二三产业融合发展/激活农村要素资源，增加农民财产性收入
全国农业现代化规划（2016—2020年）（国发〔2016〕58号）	国务院	问题：“十三五”时期我国农业现代化处于补齐短板、大有作为的重要战略机遇期 指导思想：创新、协调、绿色、开放、共享的发展理念，以提高质量效益和竞争力为中心，以推进农业供给侧结构性改革为主线，以多种形式适度规模经营为引领，加快转变农业发展方式，构建现代农业产业体系、生产体系、经营体系，走产出高效、产品安全、资源节约、环	一、推进农业结构调整 （一）调整优化种植结构 （二）提高畜牧业发展质量 （三）推进渔业转型升级 （四）壮大特色农林产品生产 二、一二三产业融合发展 （一）协同推进农产品生产与加工业发展

续表

名称及文号	发文机关	问题揭示、指导思想、原则、目标	主要措施
		境友好的农业现代化发展道路 原则：坚持农民主体地位。坚持优产能调结构协调兼顾。坚持生产生活生态协同推进。坚持改革创新双轮驱动。坚持市场政府两手发力。坚持国内国际统筹布局。坚持农业现代化和新型城镇化相辅相成 目标：到2020年，全国农业现代化取得明显进展，国家粮食安全得到有效保障，农产品供给体系质量和效率显著提高，农业国际竞争力进一步增强，农民生活达到全面小康水平，美丽宜居乡村建设迈上新台阶	（二）完善农产品市场流通体系 （三）发展农业新型业态 （四）拓展农业多种功能 （五）创新一二三产业融合机制
关于深入推进农业供给侧结构性改革加快培育农业农村发展新动能的若干意见（中发〔2017〕1号）	中共中央国务院	问题：农产品供求结构失衡、要素配置不合理、资源环境压力大、农民收入持续增长乏力等问题仍很突出，增加产量与提升品质、成本攀升与价格低迷、库存高企与销售不畅、小生产与大市场、国内外价格倒挂等矛盾亟待	一、优化产品产业结构，着力推进农业提质增效 1. 统筹调整粮经饲种植结构。2. 发展规模高效养殖业。3. 做大做强优势特色产业。4. 进一步优化农

续表

名称及文号	发文机关	问题揭示、指导思想、原则、目标	主要措施
		破解 指导思想：坚持新发展理念，协调推进农业现代化与新型城镇化，以推进农业供给侧结构性改革为主线，围绕农业增效、农民增收、农村增绿，加强科技创新引领，加快结构调整步伐，加大农村改革力度，提高农业综合效益和竞争力，推动社会主义新农村建设取得新的进展，力争农村全面小康建设迈出更大步伐	业区域布局。5. 全面提升农产品质量和食品安全水平。6. 积极发展适度规模经营。7. 建设现代农业产业园。8. 创造良好农产品国际贸易环境 二、推行绿色生产方式，增强农业可持续发展能力 9. 推进农业清洁生产。10. 大规模实施农业节水工程。11. 集中治理农业环境突出问题。12. 加强重大生态工程建设 三、壮大新产业新业态，拓展农业产业链价值链。13. 大力发展乡村休闲旅游产业。14. 推进农村电商发展。15. 加快发展现代食品产业。16. 培育宜居宜业特色村镇

续表

名称及文号	发文机关	问题揭示、指导思想、原则、目标	主要措施
关于加快推进农业供给侧结构性改革大力发展粮食产业经济的意见（国办发〔2017〕78号）	国务院办公厅	问题：粮食供给由总量不足转为结构性矛盾，库存高企、销售不畅、优质粮食供给不足、深加工转化滞后等问题突出 指导思想：树立创新、协调、绿色、开放、共享的发展理念，全面落实国家粮食安全战略，以加快推进农业供给侧结构性改革为主线，以增加绿色优质粮食产品供给、有效解决市场化形势下农民卖粮问题、促进农民持续增收和保障粮食质量安全为重点，大力实施优质粮食工程，推动粮食产业创新发展、转型升级和提质增效，为构建更高层次、更高质量、更有效率、更可持续的粮食安全保障体系夯实产业基础 基本原则：坚持市场主导，政府引导。坚持产业融合，协调发展。树立“大粮食”“大产业”“大市场”“大流通”理念，充分发挥粮食加工转化的引擎作用，推动仓储、物	一、培育壮大粮食产业主体 （一）增强粮食企业发展活力 （二）培育壮大粮食产业化龙头企业 （三）支持多元主体协同发展 二、创新粮食产业发展方式 （四）促进全产业链发展 （五）推动产业集聚发展 （六）发展粮食循环经济 （七）积极发展新业态 （八）发挥品牌引领作用 （九）增加绿色优质粮油产品供给 （十）大力促进主食产业化 （十一）加快发展粮食精深加工与转化

续表

名称及文号	发文机关	问题揭示、指导思想、原则、目标	主要措施
		流、加工等粮食流通各环节有机衔接，以相关利益联结机制为纽带，培育全产业链经营模式，促进一二三产业融合发展。坚持创新驱动，提质增效。坚持因地制宜，分类指导 主要目标：到2020年，初步建成适应中国国情和粮情的现代粮食产业体系，产业发展的质量和效益明显提升，更好地保障国家粮食安全和带动农民增收	（十二）统筹利用粮食仓储设施资源 三、强化粮食科技创新和人才支撑 （十三）加快推动粮食科技创新突破 （十四）加快科技成果转化推广 （十五）促进粮油机械制造自主创新。扎实推进“中国制造2025” （十六）健全人才保障机制。实施“人才兴粮工程” （十七）建设粮食产后服务体系。为农户提供粮食“五代”（代清理、代干燥、代储存、代加工、代销售）服务 （十八）完善现代粮食物流体系 （十九）健全粮食质量安全保障体系

续表

名称及文号	发文机关	问题揭示、指导思想、原则、目标	主要措施
关于推进农业高新技术产业示范区建设发展的指导意见（国办发〔2018〕4号）	国务院办公厅	问题：发展不平衡不充分、高新技术产业竞争力有待提高 指导思想：牢固树立和贯彻落实创新发展理念，以实施创新驱动发展战略和乡村振兴战略为引领，以深入推进农业供给侧结构性改革为主线，以服务农业增效、农民增收、农村增绿为主攻方向，统筹示范区建设布局，充分发挥创新高地优势，集聚各类要素资源，着力打造农业创新驱动发展的先行区和农业供给侧结构性改革的试验区 基本原则：坚持创新驱动。深化体制改革。突出问题导向。推动融合发展 主要目标：到2025年，布局建设一批国家农业高新技术产业示范区，打造具有国际影响力的现代农业创新高地、人才高地、产业高地。探索农业创新驱动发展路径，显著提高示范区土地产出率、劳动生	（一）培育创新主体 （二）做强主导产业 （三）集聚科教资源 （四）培训职业农民 （五）促进融合共享。推进农村一二三产业融合发展，加快转变农业发展方式 （六）推动绿色发展 （七）强化信息服务 （八）加强国际合作

续表

名称及文号	发文机关	问题揭示、指导思想、原则、目标	主要措施
		产率和绿色发展水平。坚持一区一主题，依靠科技创新，着力解决制约中国农业发展的突出问题，形成可复制、可推广的模式，提升农业可持续发展水平，推动农业全面升级、农村全面进步、农民全面发展	
关于实施乡村振兴战略的意见（中发〔2018〕1号 2018年1月2日）	中共中央 国务院	问题：中国发展不平衡不充分问题在乡村最为突出 指导思想：实施乡村振兴战略。坚持农业农村优先发展，按照产业兴旺、生态宜居、乡风文明、治理有效、生活富裕的总要求，建立健全城乡融合发展体制机制和政策体系，统筹推进农村经济建设、政治建设、文化建设、社会建设、生态文明建设和党的建设，加快推进乡村治理体系和治理能力现代化，加快推进农业农村现代化，走中国特色社会主义乡村振兴道路，让农业成为有奔头的产业，让农民成为有吸引力的职业，	三、提升农业发展质量，培育乡村发展新动能 （一）夯实农业生产能力基础 （二）实施质量兴农战略 （三）构建农村一二三产业融合发展体系 （四）构建农业对外开放新格局 （五）促进小农户和现代农业发展有机衔接

续表

名称及文号	发文机关	问题揭示、指导思想、原则、目标	主要措施
		让农村成为安居乐业的美丽家园 目标任务：到2020年，乡村振兴取得重要进展，制度框架和政策体系基本形成。到2035年，乡村振兴取得决定性进展，农业农村现代化基本实现 基本原则： ——坚持党管农村工作/坚持农业农村优先发展/坚持农民主体地位/坚持乡村全面振兴/坚持城乡融合发展/坚持人与自然和谐共生/坚持因地制宜、循序渐进	
乡村振兴战略规划（2018—2022年）	中共中央 国务院	问题：当前中国农业农村基础差、底子薄、发展滞后的状况尚未根本改变，经济社会发展中最明显的短板仍然在“三农”，现代化建设中最薄弱的环节仍然是农业农村 目标：按照到2020年实现全面建成小康社会和分两个阶段实现第二个百年奋斗目标的战略部署，2018年至2022年这5年间，既要在农村实现全面小康，	第四篇　加快农业现代化步伐 第十一章　夯实农业生产能力基础 第十二章　加快农业转型升级 第一节　优化农业生产力布局 第二节　推进农业结构调整 第三节　壮大特色优势产业

续表

名称及文号	发文机关	问题揭示、指导思想、原则、目标	主要措施
		又要为基本实现农业农村现代化开好局、起好步、打好基础	第四节　保障农产品质量安全 第五节　培育提升农业品牌 第六节　构建农业对外开放新格局 第十三章　建立现代农业经营体系
关于坚持农业农村优先发展做好“三农”工作的若干意见（2019年1月3日）	中共中央 国务院	指导思想：坚持农业农村优先发展总方针，以实施乡村振兴战略为总抓手，对标全面建成小康社会“三农”工作必须完成的硬任务，适应国内外复杂形势变化对农村改革发展提出的新要求，抓重点、补短板、强基础，围绕“巩固、增强、提升、畅通”深化农业供给侧结构性改革，坚决打赢脱贫攻坚战，充分发挥农村基层党组织战斗堡垒作用，全面推进乡村振兴，确保顺利完成到2020年承诺的农村改革发展目标任务	二、夯实农业基础，保障重要农产品有效供给 （三）调整优化农业结构 （四）加快突破农业关键核心技术 （五）实施重要农产品保障战略 四、发展壮大乡村产业，拓宽农民增收渠道 （一）加快发展乡村特色产业 （二）大力发展现代农产品加工业

续表

名称及文号	发文机关	问题揭示、指导思想、原则、目标	主要措施
			（三）发展乡村新型服务业 （四）实施数字乡村战略 （五）促进农村劳动力转移就业 （六）支持乡村创新创业

值得强调的是，在政策与规划基础上，2021 年全国人大常委会出台了《中华人民共和国乡村振兴促进法》，自 2021 年 6 月 1 日起施行。该法第二章专门就农业产业发展进行了以下 12 个方面的规定：

第一，国家完善农村集体产权制度，增强农村集体所有制经济发展活力，促进集体资产保值增值，确保农民受益。各级人民政府应当坚持以农民为主体，以乡村优势特色资源为依托，支持、促进农村一二三产业融合发展，推动建立现代农业产业体系、生产体系和经营体系，推进数字乡村建设，培育新产业、新业态、新模式和新型农业经营主体，促进小农户和现代农业发展有机衔接。

第二，国家采取措施优化农业生产力布局，推进农业结构调整，发展优势特色产业，保障粮食和重要农产品有效供给和质量安全，推动品种培优、品质提升、品牌打造和标准化生产，推动农业对外开放，提高农业质量、效益和竞争力。国家实行重要农产品保障战略，分品种明确保障目标，构建科学合理、安全高效的重要农产品供给保障体系。

第三，国家建立农用地分类管理制度，严格保护耕地，严格控制农用地转为建设用地，严格控制耕地转为林地、园地等其他类型农用地。省、自治区、直辖市人民政府应当采取措施确保耕地总量不减少、质量有提高。国家实行永久基本农田保护制度，建设粮食生产功能区、重要农产品生产保护区，建设并保护高标准农田。地方各级人民政府应当推进农村土地整理和农用地科学安全利用，加强农田水利等基础设施建设，改善农业生产条件。

第四，国家加强农业种质资源保护利用和种质资源库建设，支持育种基础性、前沿性和应用技术研究，实施农作物和畜禽等良种培育、育种关键技术攻关，鼓励种业科技成果转化和优良品种推广，建立并实施种业国家安全审查机制，促进种业高质量发展。

第五，国家采取措施加强农业科技创新，培育创新主体，构建以企业为主体、产学研协同的创新机制，强化高等学校、科研机构、农业企业创新能力，建立创新平台，加强新品种、新技术、新装备、新产品研发，加强农业知识产权保护，推进生物种业、智慧农业、设施农业、农产品加工、绿色农业投入品等领域创新，建设现代农业产业技术体系，推动农业农村创新驱动发展。国家健全农业科研项目评审、人才评价、成果产权保护制度，保障对农业科技基础性、公益性研究的投入，激发农业科技人员创新积极性。

第六，国家加强农业技术推广体系建设，促进建立有利于农业科技成果转化推广的激励机制和利益分享机制，鼓励企业、高等学校、职业学校、科研机构、科学技术社会团体、农民专业合作社、农业专业化社会化服务组织、农业科技人员等创新推广方式，开展农业技术推广服务。

第七，国家鼓励农业机械生产研发和推广应用，推进主要农作物生产全程机械化，提高设施农业、林草业、畜牧业、渔业和农产品初加工的装备水平，推动农机农艺融合、机械化信息化融合，促进机械化生产与农田建设相适应、服务模式与农业适度规模经营相适应。国家鼓励农业信息化建设，加强农业信息监测预警和综合服务，推进农业生产经营信息化。

第八，各级人民政府应当发挥农村资源和生态优势，支持特色农业、休闲农业、现代农产品加工业、乡村手工业、绿色建材、红色旅游、乡村旅游、康养和乡村物流、电子商务等乡村产业的发展；引导新型经营主体通过特色化、专业化经营，合理配置生产要素，促进乡村产业深度融合；支持特色农产品优势区、现代农业产业园、农业科技园、农村创业园、休闲农业和乡村旅游重点村镇等的建设；统筹农产品生产地、集散地、销售地市场建设，加强农产品流通骨干网络和冷链物流体系建设；鼓励企业获得国际通行的农产品认证，增强乡村产业竞争力。发展乡村产业应当符合国土空间规划和产业政策、环境保护的要求。

第九，各级人民政府应当完善扶持政策，加强指导服务，支持农民、返乡入乡人员在乡村创业创新，促进乡村产业发展和农民就业。

第十，各级人民政府应当建立健全有利于农民收入稳定增长的机制，鼓励支持农民拓宽增收渠道，促进农民增加收入。国家采取措施支持农村集体经济组织发展，为本集体成员提供生产生活服务，保障成员从集体经营收入中获得收益分配的权利。国家支持农民专业合作社、家庭农场和涉农企业、电子商务企业、农业专业化社会化服务组织等以多种方式与农民建立紧密型利益联结机制，让农民共享全产业链增值收益。

第十一，各级人民政府应当加强国有农（林、牧、渔）场规划建设，推进国有农（林、牧、渔）场现代农业发展，鼓励国有农（林、牧、渔）场在农业农村现代化建设中发挥示范引领作用。

第十二，各级人民政府应当深化供销合作社综合改革，鼓励供销合作社加强与农民利益联结，完善市场运作机制，强化为农服务功能，发挥其为农服务综合性合作经济组织的作用。[1]

总之，经济法对于第一产业发展的回应比较充分。体现了国家对农业的高度重视。

（四）工业结构调整的经济法回应

在改革开放之前，国家有关工业结构的调整问题主要涉及重工业与轻工业之间关系的调整。面对贫穷落后的局面，在满足人民群众基本需求基础上，重点抓国防工业建设和重工业建设，奠定了国家基本的工业基础。改革开放以来，则在巩固提升国防工业、重工业基础上，加大了轻工业的发展，推行工业标准化、自动化，淘汰落后的工业技术和工艺，进入计算机时代以来，率先在工业领域大力开展工业智能化，围绕环保要求，推行了新型工业建设，保持了工业制造的各领域发展。有着完整的工业结构。使中国成为“世界工厂”。但进入“经济新常态”，工业结构调整面临着许多领域产能过剩等问题。为此，2015～2020 年，国家在经济结构调整方面主要做了全面部署工业制造和以限制煤炭、钢铁等行业产能为核心的供给侧改革两方面的工作，经济法予以了

---

[1] 2021 年《乡村振兴促进法》第 12～23 条。

积极的回应。

1.《中国制造2025》计划的出台

国务院于2015年出台了《中国制造2025》。该文件是中国有关制造业发展重大计划行动的安排。涉及对今后30年中国制造向何处去的战略定位。

该文件指出，我国仍处于工业化进程中，与先进国家相比还有较大差距。制造业大而不强，自主创新能力弱，关键核心技术与高端装备对外依存度高，以企业为主体的制造业创新体系不完善；产品档次不高，缺乏世界知名品牌；资源能源利用效率低，环境污染问题较为突出；产业结构不合理，高端装备制造业和生产性服务业发展滞后；信息化水平不高，与工业化融合深度不够；产业国际化程度不高，企业全球化经营能力不足。推进制造强国建设，必须着力解决以上问题。

建设制造强国，必须紧紧抓住当前难得的战略机遇，积极应对挑战，加强统筹规划，突出创新驱动，制定特殊政策，发挥制度优势，动员全社会力量奋力拼搏，更多依靠中国装备、依托中国品牌，实现中国制造向中国创造的转变，中国速度向中国质量的转变，中国产品向中国品牌的转变，完成中国制造由大变强的战略任务。

在战略方针和目标定位上，《中国制造2025》明确了指导思想、基本原则和发展目标。

一是在指导思想方面，全面贯彻党的十八大和十八届二中、三中、四中全会精神，坚持走中国特色新型工业化道路，以促进制造业创新发展为主题，以提质增效为中心，以加快新一代信息技术与制造业深度融合为主线，以推进智能制造为主攻方向，以满足经济社会发展和国防建设对重大技术装备的需求为目标，强化工业基础能力，提高综合集成水平，完善多层次多类型人才培养体系，促进产业转型升级，培育有中国特色的制造文化，实现制造业由大变强的历史跨越。基本方针包括：创新驱动；质量为先；绿色发展；结构优化以及人才为本。

二是在基本原则方面，坚持市场主导，政府引导。坚持立足当前，着眼长远。坚持整体推进，重点突破。坚持自主发展，开放合作。

三是在战略目标定位方面，立足国情，立足现实，力争通过“三步走”实现制造强国的战略目标。第一步：力争用十年时间，迈入制造强国行列。到2020年，基本实现工业化，制造业大国地位进一步巩固，制造业信息化水平大幅提升。到2025年，制造业整体素质大幅提升，创新能力显著增强，全员劳动生产率明显提高，两化（工业化和信息化）融合迈上新台阶。重点行业单位工业增加值能耗、物耗及污染物排放达到世界先进水平。第二步：到2035年，中国制造业整体达到世界制造强国阵营中等水平。第三步：到中华人民共和国成立一百年时，制造业大国地位更加巩固，综合实力进入世界制造强国前列。

四是在战略任务和重点方面，实现制造强国的战略目标，必须坚持问题导向，统筹谋划，突出重点；必须凝聚全社会共识，加快制造业转型升级，全面提高发展质量和核心竞争力。

此外，该文件在战略支撑与保障方面提出八项要求：其一深化体制机制改革。其二营造公平竞争市场环境。其三完善金融扶持政策。其四加大财税政策支持力度。其五健全多层次人才培养体系。其六完善中小微企业政策。其七进一步扩大制造业对外开放。其八健全组织实施机制。同时，建立《中国制造2025》中期评估机制，适时对目标任务进行必要调整。[1]

2. 工业领域供给侧改革的经济法回应

基于以往较高的持续增长，加之资源环保因素的制约，导致工业领域消费需求出现不足以及供给过剩的现象。为此，2012 年以来，国家一直从宏观调控角度调节生产过剩问题，搞供给侧改革。2015 年以来，进一步加大了力度。

2016 年国务院发布《关于煤炭行业化解过剩产能实现脱困发展的意见》。该意见指出，近年来，受经济增速放缓、能源结构调整等因素影响，煤炭需求大幅下降，供给能力持续过剩，供求关系严重失衡，导致企业效益普遍下滑，市场竞争秩序混乱，安全生产隐患加大，对经济发展、职工就业和社会稳定造成了不利影响。为贯彻落实党中央、国务院关于推进结构性改革、抓好去产能任务的决策部署，进一步化解煤炭行业过剩产能、推动煤炭企业实现脱困发展，提出指导意见。

在总体要求方面：

一是指导思想。全面贯彻党的十八大和十八届三中、四中、五中全会以及中央经济工作会议精神，按照“五位一体”总体布局和“四个全面”战略布局，牢固树立和贯彻落实创新、协调、绿色、开放、共享的发展理念，着眼于推动煤炭行业供给侧结构性改革，坚持市场倒逼、企业主体，地方组织、中央支持，综合施策、标本兼治，因地制宜、分类处置，将积极稳妥化解过剩产能与结构调整、转型升级相结合，实现煤炭行业扭亏脱困升级和健康发展。

二是基本原则。其一，市场倒逼与政府支持相结合。其二，

---

[1] 2015 年《中国制造 2025》（国发〔2015〕28 号）。

化解产能与转型升级相结合。其三，整体推进与重点突破相结合。

三是工作目标。在近年来淘汰落后煤炭产能的基础上，从2016年开始，用3至5年的时间，再退出产能5亿吨左右、减量重组5亿吨左右，较大幅度压缩煤炭产能，适度减少煤矿数量，煤炭行业过剩产能得到有效化解，市场供需基本平衡，产业结构得到优化，转型升级取得实质性进展。

该意见对具体的任务进行了九个方面的具体安排。

在政策措施方面，包括加强奖补支持、做好职工安置、加大金融支持、盘活土地资源、鼓励技术改造以及其他支持政策。并特别提到要严格执行反不正当竞争法、反垄断法，严肃查处违法违规竞争行为，维护公平竞争市场秩序。[1]

与此同时，国务院发布了《关于钢铁行业化解过剩产能实现脱困发展的意见》。意见要求，在近年来淘汰落后钢铁产能的基础上，从2016年开始，用5年时间再压减粗钢产能1亿—1.5亿吨，行业兼并重组取得实质性进展，产业结构得到优化，资源利用效率明显提高，产能利用率趋于合理，产品质量和高端产品供给能力显著提升，企业经济效益好转，市场预期明显向好。[2]

上述有关煤炭、钢铁行业经济法的回应具有代表性。此外，还涉及建材工业、水泥、平板玻璃、有色金属、电解铝等行业供给侧改革的经济法回应。

总之，中国工业领域产业结构的调整，在2015～2020年，主要围绕产能过剩展开供给侧改革，经济法予以了相应的回应，具有明显的阶段性特征。

---

[1] 2016年《关于煤炭行业化解过剩产能实现脱困发展的意见》（国发〔2016〕7号）。

[2] 2016年《关于钢铁行业化解过剩产能实现脱困发展的意见》（国发〔2016〕6号）。

（五）服务业发展的经济法回应

中国加快服务业的发展，始于2007年国务院发布的《关于加快发展服务业的若干意见》（国发〔2007〕7号）。从2007年起，为有效促进服务业发展，国务院决定建立服务业统计部际联席会议制度，联席会议由统计局、发展改革委、教育部、科技部等30个部门和单位组成。在国务院领导下，研究拟订建立全社会服务业统计的方案措施，向国务院提出建议；协调解决推进部门服务业统计中的重大问题；讨论确定阶段工作重点并协调落实；指导、督促、检查服务业统计各项工作。成立全国服务业发展领导小组，由国务院副总理牵头，领导小组办公室设在发展改革委，承担领导小组的日常工作，研究提出促进服务业发展的政策建议，督查落实领导小组议定事项，承办领导小组交办的其他事项。

2008~2014年，先后出台了《国务院办公厅关于加快发展服务业若干政策措施的实施意见》《国务院办公厅关于发展家庭服务业的指导意见》《国务院办公厅关于加快发展高技术服务业的指导意见》《国务院关于印发服务业发展"十二五"规划的通知》《国务院关于加快发展养老服务业的若干意见》《国务院关于促进健康服务业发展的若干意见》《国务院关于加快发展生产性服务业促进产业结构调整升级的指导意见》《国务院关于加快发展现代保险服务业的若干意见》《国务院关于加快科技服务业发展的若干意见》等。

2015年，国务院办公厅出台了《关于加快发展生活性服务业促进消费结构升级的指导意见》针对经济新常态下服务业面临的形势和任务，对发展生活性服务业，促进消费结构升级，提出指导意见。

在总体要求方面，提出以下要求。

一是指导思想。全面贯彻党的十八大和十八届二中、三中、四中、五中全会精神，认真落实国务院部署要求，以增进人民福祉、满足人民群众日益增长的生活性服务需要为主线，大力倡导崇尚绿色环保、讲求质量品质、注重文化内涵的生活消费理念，创新政策支持，积极培育生活性服务新业态新模式，全面提升生活性服务业质量和效益，为经济发展新常态下扩大消费需求、拉动经济增长、转变发展方式、促进社会和谐提供有力支撑和持续动力。

二是基本原则。其一，坚持消费引领，强化市场主导。其二，坚持突出重点，带动全面发展。其三，坚持创新供给，推动新型消费。其四，坚持质量为本，提升品质水平。其五，坚持绿色发展，转变消费方式。

三是发展导向。围绕人民群众对生活性服务的普遍关注和迫切期待，着力解决供给、需求、质量方面存在的突出矛盾和问题，推动生活性服务业便利化、精细化、品质化发展。其一，增加服务有效供给。其二，扩大服务消费需求。其三，提升服务质量水平。

主要任务包括：今后一个时期，重点发展贴近服务人民群众生活、需求潜力大、带动作用强的生活性服务领域，推动生活消费方式由生存型、传统型、物质型向发展型、现代型、服务型转变，促进和带动其他生活性服务业领域发展。其主要涉及居民和家庭服务、健康服务、养老服务、旅游服务、体育服务、文化服务、法律服务、批发零售服务、住宿餐饮服务、教育培训服务十个方面的政策制度安排。

在政策措施方面，《意见》从七个方面予以保障：其一深化改革开放；其二改善消费环境；其三加强基础设施建设；其四完善质量标准体系；其五加大财税、金融、价格、土地政策引导支持；

其六推动职业化发展；其七建立健全法律法规和统计制度。[1]

此外，本书研究注意到，2015 年以来，在促进服务业发展方面，经济法的回应，还体现在：

一是 2015 年，国务院同意在北京市开展服务业扩大开放综合试点。要求经过 3 年试点，通过放宽市场准入、改革监管模式、优化市场环境，努力形成与国际接轨的北京市服务业扩大开放新格局，积累在全国可复制可推广的经验，使服务业扩大开放综合试点成为国家全方位主动开放的重要实践。该试点到 2020 年被深化为建设国家服务业扩大开放综合示范区，并出台了工作方案。

二是 2016 年国务院同意建立服务业发展部际联席会议制度（国办函〔2016〕8 号）。联席会议由发展改革委、工业和信息化部、财政部等 23 个部门组成。联席会议由发展改革委主要负责同志担任召集人，发展改革委、工业和信息化部、财政部分管负责同志担任副召集人，其他成员单位有关负责同志为联席会议成员。联席会议成员因工作变动等原因需要调整的，由所在部门提出，联席会议确定。联席会议办公室设在发展改革委，承担联席会议日常工作。联席会议联络员由各成员单位有关司局负责同志担任。[2]

三是 2019 年，国务院办公厅发布《关于促进家政服务业提质扩容的意见》。该意见指出，家政服务业是指以家庭为服务对象，由专业人员进入家庭成员住所提供或以固定场所集中提供对孕产

---

[1] 2015 年《关于加快发展生活性服务业 促进消费结构升级的指导意见》（国办发〔2015〕85 号）。

[2] 2016 年《国务院办公厅关于同意建立服务业发展部际联席会议制度的函》（国办函〔2016〕8 号）。

妇、婴幼儿、老人、病人、残疾人等的照护以及保洁、烹饪等有偿服务，满足家庭生活照料需求的服务行业。近年来，中国家政服务业快速发展，但仍存在有效供给不足、行业发展不规范、群众满意度不高等问题。家政服务业作为新兴产业，对促进就业、精准脱贫、保障民生具有重要作用。为此，该意见提出了 10 个方面 36 条指导意见，予以了相关政策与制度安排。[1]

根据上述意见要求，2019 年国务院同意建立由发展改革委、商务部牵头的促进家政服务业提质扩容部际联席会议制度。其主要职责为，在党中央、国务院领导下，统筹推进家政服务业提质扩容工作，做好规划协调、政策保障、监测评估和技术指导，研究解决家政服务业提质扩容过程中的重大问题，推动制定家政服务领域中长期发展规划和重大产业政策，促进家政服务专业化、规模化、网络化、规范化发展。完成党中央、国务院交办的其他事项。联席会议由发展改革委、商务部等 18 个部门和单位组成，发展改革委、商务部为牵头单位。联席会议由发展改革委、商务部主要负责同志担任召集人，发展改革委、商务部分管负责同志担任副召集人，联席会议办公室设在发展改革委、商务部，承担联席会议的日常工作，完成召集人交办的其他工作，办公室主任由发展改革委、商务部有关司局主要负责同志兼任。联席会议设联络员，由各成员单位有关司局负责同志担任。联席会议的工作规则：联席会议根据需要定期或不定期召开会议，由召集人或召集人委托副召集人主持。成员单位根据工作需要可以提出召开会议的建议。研究具体工作事项时，可视情召集部分成员单位参加会议，也可以邀请其他单位、有关地方和专家参加。联席会议以

---

[1] 2019 年《关于促进家政服务业提质扩容的意见》（国办发〔2019〕30 号）。

纪要形式明确议定事项并印发有关方面。[1]

以上分析表明，鉴于服务业涉及的行业、部门比较多，按照经济法的协调原理，以国务院领导小组和部际联席会议的方式，对服务业的发展予以决策、调控，是中国产业结构调整的一大特色。其也说明了国家对发展服务业的高度重视。

三、经济结构调整经济法回应的问题与对策

本书通过以上梳理发现，中国“经济新常态”下产业结构调整所涉及的内容极其丰富，且阶段性任务与目标强。经济法的政策性和回应性特点十分明显。但也存在一些值得探讨的问题。

（一）经济法回应经济结构调整的问题分析

产业结构调整的经济法回应具有目标明确、方向清晰、重点突出的优势，尤其是在特定的历史时期，一步步阐明了市场调节与党政机关，特别是政府引导的关系、产业调整与扩大就业的关系、产业政策与竞争政策的关系等，但在时效上却略显滞后，对市场经济的回应不够及时，未能体现出应有的前瞻性作用。从1989年《国务院关于当前产业政策要点的决定》到1994年《90年代国家产业政策纲要》，直至2005年《促进产业结构调整暂行规定》，以及2014年《国务院关于加快发展生产性服务业促进产业结构调整升级的指导意见》，平均间隔近10年。《产业结构调整指导目录》经历了2005年本、2011年本（2013年修订）和2019年本，平均间隔也超过5年。虽然中国的产业政策由此保持了较强的稳定性，但对市场中新兴产业的崛起未能及时作出回应，更谈

---

[1] 2019年《关于同意建立促进家政服务业提质扩容部际联席会议制度的函》（国办函〔2019〕104号）。

不上前瞻性的引导。因而，在思考产业政策时效性的同时，也引发了另外一个值得论证的议题，在产业结构相关政策法规中，哪些内容是在一定时期内应当通过法律的形式加以巩固的，哪些应当纳入规章政策适时调整。

关于农业，是中国产业政策法规最为完善的一大产业。产业政策对农业发展具有显著的正效应。而中国的农业产业政策法规，在形式上，基本法、专项立法、行政法规、部门规章乃至地方性法规一应俱全；在内容上，从土地、水利到农林渔业、牧业，从种子农药到农产品质量应有尽有；还有诸多涉农政策性文件，从思想到措施面面俱到。可以说，经济法律规范为第一产业的发展提供了较为全面制度支持，然而，农业现代化进程却未能尽如人意。这其中，既有自然条件的局限性因素，也不乏体制机制性障碍的存在，对于农业农村发展及其现代化的促进还需要经济法与其他法律部门的配合协调，才能从根本上解放生产要素，解决制约中国农业结构调整的固有矛盾。

关于工业制造业领域，《中国制造 2025》指明了中国制造的发展方向，对工业结构的设计、调整作出明确合理的规划。实践证明，产业结构调整中的制造业优化应当更加注重提升传统产业、不断创新升级的实质性优化，而不是单纯强调所谓空间转移型的布局性优化，以至于导致一些原本具有竞争优势的企业或企业集群在外移的过程中衰退，其中有相当一部分是民营企业。在全球化的竞争环境和各类风险当中，制造业的稳固仍然是经济安全的重要内容。西方的去工业化理论源于现代经济增长理论和结构变迁理论，而中国的产品生命周期现象与国际市场并不完全同步，劳动力密集与就业的关系也和西方国家存在较大差异，制造业就业人数年均增长率仍明显高于全国就业总数年均增长率。因而，在构建国内国际双循环相互促进的新发展格局中，传统产业的改造和提升、迭代推进工业产业结构的升级转型，仍然应当是推动中国经济持续增长和健康发展、摆脱外部市场的依赖性、向全球价值链高端迈进的重要基础，工业的空间结构布局和产业外移还需符合选择理性。在区域性去工业化中，存在积极的去工业化和消极的去工业化。为提升高新技术产业比重、提高全要素能源效率、淘汰落后产能而实施的区域性去工业化当属积极去工业化的范畴，从长期来看具有结构优化和生态保护的双重效能，但在政策法规的制度安排上，还应统筹好产业、区域、就业及投资之间的关系，与供给侧改革政策相衔接。

关于服务业，作为实现就业结构与产业结构同步优化、协调发展、与现代化进程相适应的关键性产业，在增长和就业两个关键数据中占比已经过半，经济法在现阶段的回应已不应仅是单纯的促进，而应更加充分地考量服务业对产业间融合和民生保障的积极作用。一方面，农业劳动力的转移和结构性去工业化不但促使高技术产业得到发展，也使得文化创意、信息技术等现代产业得到了快速发展，生产性服务业比重出现大幅度的提高；同时，也对服务业服务实体经济、维护经济安全提出了更高的要求。随着产业结构不断优化，经济法规与政策对第三产业的引导与规制应进一步侧重于其对内部与外部的平衡、虚拟经济与实体经济的失衡。另一方面，服务业的进一步调整还需重点考虑居民消费与公共服务需求增加带来的压力，尤其是在文化、教育、康养等领域，消费服务业的发展应当更加符合社会公共利益的保障需求。

总体而言，在党中央的统一领导和政府调节下，引导市场信号有效发挥组织产业发展功能的发展型产业结构政策在经济法规范中得到了较好的体现，但在兼顾其稳定性与灵活性、特殊性与协调性等方面还需要进一步改善。同时，2020 年公共疫情发生后出现的新情况，也对既有的产业发展理论提出挑战。

（二）完善经济法回应经济结构调整的思考与建议

1. 制定经济结构调整的基本法

如上所述，2005 年国务院发布实施的《促进产业结构调整暂行规定》（以下简称《暂行规定》），实际上起着一个基本法的作用。该《暂行规定》全面总结了中国经济结构（主要指产业结构）调整的指导思想、基本原则、发展方向及其具体的实施方式与措施。事实证明，该《暂行规定》基本符合中国国情。2005 ~ 2020 年，中国的产业结构调整也是基本按照该《暂行规定》执行的。不同的是，2005 ~ 2011 年是中国国民经济的高速增长期，2015 ~ 2020 年为经济新常态期。两个时期所面临的经济结构调整发生了一些变化，这种变化符合经济发展及其经济结构调整的基本规律。因此，为了适应“经济新常态”以及十九大以来新时代的经济法律需求，有必要在《暂行规定》的基础上，将其上升为国家正式的法律，以便适应国家治理法治化的要求。对此，本书认为，产业结构调整基本法的制定和实施，至少对以下六个方面应当予以法律的明确规定。

一是明确规定，经济结构或产业结构调整是中国经济发展的一项常规性的任务，且其主要目标是提升国民经济发展的质量，具有长期的稳定性。并且，要强调预防产业“空心化”带来的经济风险。

二是规定经济结构或产业结构的调整具有阶段性特征。政府有权根据不同阶段的经济特征确定不同时期经济或产业结构调整的具体目标。在此方面，国务院及地方政府可以根据宪法和法律的授权行使自由裁量权。但重大决策必须通过党中央审定。

三是明确中国经济或产业结构的调整，必须依据中国的国情始终高度重视第一产业基础地位的不断巩固；必须以技术进步为基础不断调整第二产业工业加工业的结构，提升自己的创新能力；必须大力扶持第三产业服务业的发展，这是基本的方向，不能动摇。

四是无论怎样的经济或产业结构调整，均不能离开解决 14 亿多人口的基本需求和庞大的劳动力就业这两个根本问题。为此，任何经济或产业结构调整，如果导致人口基本需求和劳动力就业出现问题，都是不成功的。因此，在大规模经济或产业结构调整时，不管是供给侧改革，还是工厂智能化的推进，均要以处理好职工的就业问题为前提。

五是要按照经济法原理，将行之有效的规划、产业指导目录、财政、金融、价格等经济或产业结构常用手段，以法律的形式予以明确规定。

六是明确经济和产业结构调整的行政、民事、经济，甚至刑事法律责任。在行政与经济责任方面，重点是通过行政与经济责任的强化，将经济或产业结构调整的责任、任务落到实处，予以监督执行，并应实行奖惩措施；在民事方面，主要应落实基于经济或产业结构调整措施的实施，使企业遭受产业损失时的合理补偿问题。属于国家机关工作人员在经济和产业结构调整中营私舞弊且给国家和社会造成损失的可以追究其刑事责任。另外，对于经济和产业结构调整出现重大失误的，对于领导干部要建立起引咎辞职的制度安排。

本书认为，在以上六点基本思路基础上，出台经济结构调整基本法将有助于使中国的经济或产业结构调整在法治建设上前进一大步。

2. 正确认识和处理经济结构调整的政府与市场关系

近几年来，在中国学界出现了对政府经济结构调整、产业结构调整的质疑和争论。事实上，在以往的实务研究中，也发生过产业政策的形成究竟是以政府为主，由政府说了算；还是以企业或市场主体为主，由企业说了算的争论。尤其是当大力提倡“市场决定”时，是否还需要国家的产业政策以及对经济结构的调整？这不仅是一个重大的理论问题，还是一个重大的实践问题。对此，本书认为，如果用经济法的理论来理解，能够很好地解决这一问题。

经济法的一个核心观点，就是国家干预经济的适度性。以适度性理论来理解经济结构或产业政策，无论是市场也好，还是政府也好，其实各有优势、各有劣势。

从政府来讲，政府掌握着宏观调控的整体数据资源，对于经济发展的判断力比较准确，因此，政府经济结构或产业结构政策的出台通常是符合实际，并行之有效的。但政府经济结构或产业政策的出台，也容易出现为利益集团所绑架或将领导人个人意志强加于经济结构或产业结构的调整当中，进而出现无效的政绩工程、违背经济规律的“大跃进”等，而且，地方领导的频繁更换，常常导致“一任领导一个发展思路”及“新官不理旧账”现象的发生，进而导致经济和产业结构调整的不合理性，也是影响产业结构调整的重要原因。

从企业或市场角度分析，企业在市场的引导下，适应市场需求不断地调整企业的发展方向，决定生产什么，怎样生产，可能更具有合理性。但市场决定下的企业主导的经济或产业结构调整的基本前提有二：一是实践中的市场属于理论假设的“完全竞争状态下的市场”；二是市场主体可以“理性”地判断市场信息作出正确的选择。然而，严酷的现实是，实践中的市场往往处于“不完全竞争”状态，而市场主体对于市场发展的判断，也不是理论上讲的“理性经济人”，对宏观信息掌握得不准确，往往会导致其出现盲目投资的选择，进而导致市场主体投资行为的失败。这也是不争的事实。正因为这样，西方经济学才将原来的“理性经济人”调整为“有限理性经济人”。由此看来，如果政府放弃经济结构或产业政策的调整，完全交给市场引导企业去做，也是不行的。况且，当代经济问题已经不是一个纯粹的经济问题，经济发展蕴涵着政治、社会等非经济因素。在社会主义条件下，党和政府搞经济始终要以大多数人民的利益实现为目标，坚持为人民服务，因此，在经济结构或产业结构调整过程中，党和政府的基本立场，不仅要促进经济发展，更要把经济发展的成果造福于人民。为此，攻坚克难，集中力量办大事，补缺经济短板，克服市场发展带来的贫富差距、地区发展不平衡的问题，已经超出经济问题的范畴。而在这方面，仅仅依托市场调节是做不到的。

综上所述，无论是政府及党政机关调整经济或产业结构，还是市场调节经济或产业结构，实际上有一个边界划分或分工问题。两者的作用领域应各自有所为，有所不为。

本书认为，在承认经济结构或产业结构调整常态化的前提下，政府的职责主要表现在履行公共服务职能下的保基本、促发展、组织国际竞争三个方面。这是中国发展社会主义市场经济以来的一个重要的经验。进行公共服务和管理是政府应尽的职责，不能推给市场。在此大前提下，保基本就是要保住人民在吃、穿、住、用、行方面基本物质需求和符合社会主义的文化需求。促发展，就是要在提供宏观调控信息的基础上，搞好国家重大发展战略的顶层设计，重大科技工程和基础工程的建设等。而组织国家各方力量开展国际竞争，提升国家整体经济实力也是政府应尽的责任。与此同时，对于市场竞争领域的发展及其经济和产业调节问题，则可以交由市场主体自己去判断，自己独立承担责任。在市场发生危机时，由政府进行检测、警示并最终出面救市，避免经济危机的发生。这种对于经济或产业结构功能中政府与市场功能的划分，可能更符合实际。

3. 对产业“空心化”问题的反思

中国从20世纪80年代末起，在产业结构的划分和经济结构调整上逐步与国际接轨。按照一产、二产、三产的逻辑组织经济发展，到如今，已经基本达到了国际标准的要求，标志性的成果，就是第三产业在国内生产总值中的比重已经超过50%。中国也按照国际标准确立中国的就业目标，使劳动力的失业控制在5%以内。而且，中国还效仿美国等国家，在经济全球化的背景下，把本国的一些中、低端产业转移到国外去。事实上，在推进“一带一路”倡议中，中国已经开始这样做。但是，这样做的结果虽然极大地促进了经济发展，却存在一些问题需要认真反思，认真对待。

一是出现了农业产业的“空心化”现象。该问题在农业领域比较突出。而且，中国农业的“空心化”，不仅涉及农业现代化生产率的提高问题，更为重要的是，允许农民出外打工政策实施以来，使“农民工”成为中国独特的城市劳动现象。2亿多农民工为什么进城打工？其根本原因，一是“人多地少”；二是农业收入长期处于较低的状态。从20世纪80年代起，中国的农民工已经经过第一代、第二代，如今已经进入第三代，甚至第四代阶段。起初，第一代、第二代农民工还亦工亦农，农忙时种地，农闲时打工。

但到了第三代、第四代农民工便出现不再或不想耕地，甚至新一代农民工出现不会种地的现象。其直接导致的结果就是在“人少地多”的地区或山区，大量的农田被“撂荒”。

二是有关工业“空心化”的现象开始引起了学界的关注。工业的“空心化”不仅表现为随着工业现代化水平的提高出现工业产业转移，更需要注意的是从事工业一线职工的收入不高所致。为此，有关组织发起号召，希望新一代青年到制造业工作。但有些青年越来越不愿意从事辛苦的农业、工业工作，他们企图通过贸易投机、金融投机等“不劳而获”，发大财。事实上，也确实有相当多的人依靠贸易投机和金融投机得以致富，成为“食利者”，但更多的人在经商下海或金融投机中遭受失败，是经济领域中不稳定的因素。

总之，农业和工业领域的“空心化”现象，可能是农业、工业现代化的一个必然过程，但是，如果是因为农业、工业一线工作长期收入低所致，完全可以通过经济结构调整以及分配制度的改革，提升农业、工业领域一线工作的收入，使真正创造社会生产力的劳动者劳有所得，使其劳动的价值与其对国民经济发展的贡献度相匹配，再加上城乡一体化发展，才能摆脱产业“空心化”的困局。

4. 产业国际转移的教训值得吸取

按照产业结构的转移理论，一国或一地区随着产业水平的不断提升，将一些中、低端产业转移至境外或其他地区，符合产业升级的规律。因而，发达地区向不发达地区的产业转移，是经济结构调整的重要方面，也是既有产业理论界和实务界的共识。从国内来看，中国目前的大城市，已经把中、低端产业逐步转移到欠发达地区，实现了自身的产业升级，国家对大城市的定位也主要是服务业、高科技产业等。并且，这种转移随着中国对境外投资的增长而增长。从产业收入角度分析，通常而言，越是高端产业其收入水平越高，中低端产业则次之。因此，产业转移的结果是富的越富，穷的越穷。且会出现一个地区的经济结构的不完整性。导致不同地区之间的不平衡，收入差距越来越大。因此，在全国统一市场的大格局下，必须将产业转移与各地区之间的收入水平调节相结合，才会解决不平衡问题。与此同时，2020 年全球公共疫情暴发，进出口贸易受阻，美国等西方国家由于产业空心化导致生产陷入困境，其教训极其深刻。幸好中国向境外的产业转移才刚刚起步，国内尚有着完整的工业体系才不至受困，在很短的时间内，国家能够有效地组织起口罩和相关医疗装备的生产、建设，使理论界认识到，一国或一地区拥有完整的工农业体系以及高、中、低端产业合理结构的重要性。为此，既有的产业结构调整理论需要改进，经济法应当有所回应。

5. 经济结构调整不应建立在失业基础之上

中国是人口大国，目前的劳动力有 7 亿 ~ 8 亿。按照国际标准失业率控制在 5% 以内的话，从绝对数来看，高达 3500 万 ~ 4000 万人处于失业状态。其绝对数超过一个中等国家的人口数，相当于国内一个省的人口。如此大量的劳动者处于失业状态，社会如何安定？这种现象，如果按照市场经济的标准似乎很正常，也能通过失业救济金的发放，以及其他社会保障措施解决失业者的基本生活问题。但是，有关失业的问题，已经超出了“经济问题”的范畴。特别是对于大学生群体而言，作为社会主义国家，中国不能让大学生毕业即面临着失业。经济结构和产业结构调整下必须妥善安置职工的去路，在此方面，党和国家的政策十分明确。但从宏观调控角度考虑，在“经济新常态”下，能否最大限度地减少失业，甚至消灭失业？是对国家治理能力的考验。中国要引领世界经济，就要像消灭绝对贫困一样，在消灭失业率上做文章，国家的劳动政策应当作出重大调整，要在技术进步和保持一定比例的劳动密集型产业发展之间寻求平衡点。对此，经济法应当有所回应。

CHAPTER 04 >>

第四题

创新驱动的经济法回应研究

技术要素是生产力增长的重要因素。重视技术创新对生产力增长的影响，国家的政策一以贯之。但是，从要素驱动、投资驱动转向通过体制创新、科技创新的“双轮驱动”实现创新驱动则是“经济新常态”的重要标志之一。国家实施创新驱动战略和政策，必将产生许多新的经济和社会关系，需要经济法予以调整或回应，为此，本书对创新驱动的经济法回应进行专题研究。

一、对创新驱动的基本认识

（一）对创新的基本认识

“创新”作为动词，其基本含义是指“抛开旧的，创造新的”[1]。因此，谈及创新总是和人的行为相联系。创新是人类的一项行动。创新意味着新与

---

[1] 中国社会科学院语言研究所词典编辑室编：《现代汉语词典》，商务印书馆2007年版，第214页。

旧的对立。没有旧的事物存在，就没有新事物的诞生。因此，创新具有相对性、阶段性特征。但创新并不意味着对旧事物的完全否定，在旧事物基础上进一步完善之创新为改良性创新；而完全抛开旧有的事物之创新则为革命性的，或被科技界称为“颠覆性”的创新。

从人类发展史看，人类的创新行为，可包括两条基本主线；一是属于政治、经济和社会领域的创新。可简称为社会变革创新；二是属于自然科学领域的创新。可简称为科技创新。两者是辩证的和互为影响的。其中，社会变革的创新，可以为科技创新提供相应的环境和条件，或有利，或不利。例如，邪教和封建势力盛行的社会对科技创新是不利的；而中国的科技创新，与百年前社科领域兴起的以提倡“科学民主”精神为基础的“五四运动”有着极大的关系。反过来，科技创新，又为社会变革的创新提供了技术平台，以及经济和社会发展的新的增长点。例如，正是因为有蒸汽机、电能等的发明和应用，人类才进入工业文明时代。没有计算机及其网络技术的发明和应用，人类也不可能进入现在的智能化及大数据时代。

中国改革开放以来的实践证明，在坚持“四项基本原则”基础上，把“科学技术视为第一生产力”，通过体制机制的不断改革，为科技创新提供了发展条件，迎来了“科学的春天”。而科学技术的不断创新，又为经济和社会发展提供了有力的技术支撑。截至 2015 年，中国全社会研究与试验发展经费支出达 14 220 亿元；国际科技论文数稳居世界第 2 位，被引用数升至第 4 位；技术合同成交金额达到 9 835 亿元；国家综合创新能力跻身世界第 18 位。经济增长的科技含量不断提升，科技进步贡献率从 2010 年的

50.9%提高到2015年的55.3%。[1]

然而，人类的创新行为是否应当是常规性的行为？本书认为，其答案是否定的。这是因为，人类的创新行为受到一系列因素的影响。

首先，就人的创新能力而言，不是每个人均具有创新愿望和能力。对于普通人来讲，接受既有的教育，继承传统，安于现状，并随大流的稳定生活是常态。只有具有创新思维和能力的人，才会不甘于现状，积极参与到创新活动之中。尤其在自然科学领域，只有具有"奇思妙想"的思维，敢于挑战旧的知识体系，敢于探索自然奥秘和科学领域的人，才会创造出具有"颠覆意义"的科技成果，并影响人类的生产和生活。对此，人类社会每一次工业革命均离不开科学技术领域个别人的重大创新成果的应用。由此，人类的创新行为，在一般社会条件下，不应是一种大众行为，它是一种具有创新愿望和能力的个别的或特殊人群的行为。否则，就会造成经济和社会秩序的混乱。

其次，从整体社会发展来看，在一定历史条件下，经济和社会发展的基本面，始终应当求稳，而不是求变。但经济和社会发展的基本规律是，当既有稳定制度下经济发展受阻，社会发展不能进步，各种社会矛盾尖锐冲突的情况下，社会发展必然迎来重大的变革期，或改良，或革命。因此，在社会处于重大变革期时，创新成为必然。既包括社会制度的创新，也包括自然科学与技术的创新。解放思想、制度变革，技术革新成为时代的主题。与此同时，科学技术领域的创新不一定和社会变革同步。人类一直存在着自然科学领域技术的创新，只不过在社会变革的大环境下，

[1] 国务院《"十三五"国家科技创新规划》（2016年7月28日）。

更有利于科技创新。由此，人类大范围的创新行为是特定历史发展阶段的产物，具有明显的阶段性特点。

再次，人类的创新行为，需要具备一定的条件，并受到基本制度、法律和公共道德的约束，也会受到资金、技术、环境等条件的限制。否则，只能成为一种创新的愿望而无法实现。在此方面，社会科学领域的创新，往往受到既有基本制度、基本法律和公共道德的约束，除非社会处于急需改革甚至革命的时期。而在自然科学领域，除法律和公共道德约束外，主要限制性因素来源于资金、技术、环境等因素，其社会价值和影响力也受到来自法律和技术标准的影响。例如，获得专利的技术，大体上均可以归类于发明创新（创造）行为结果的范畴。但是有发明、实用新型和外观设计之分。其中，发明，是指对产品、方法或者其改进所提出的新的技术方案。实用新型，是指对产品的形状、构造或者其结合所提出的适于实用的新的技术方案。外观设计，是指对产品的整体或者局部的形状、图案或者其结合以及色彩与形状、图案的结合所作出的富有美感并适于工业应用的新设计。[1] 它们各自所包含的创新程度是不同的。专利法上讲的“发明”，俗称“大发明”，其创新程度较高，往往具有“颠覆性”特点或属性，一旦在社会上应用，意义重大，价值较高；而实用新型和外观设计则俗称“小发明”，其创新程度相对较低，一旦在社会上应用，虽然在商业价值上很快得到收益，但对于科技水平的提升而言，则价值较低。

最后，就人类创新行为的目的而言，无论是怎样的创新，基本上是围绕着人类的经济和社会的现实需求展开的。在任何社会

---

[1] 2020 年《专利法》第 2 条。

制度条件下，创新围绕人类的经济和社会需求展开才具有实际意义。在社会主义市场经济条件下，围绕市场消费需求的创新具有现实性。但在国家战略计划指导下的重大创新，可能会更多地涉及国家与人民长远利益的实现。全面深化改革的根本目的是要发展生产力，推进经济和社会全面发展，提高人民的生活水平，满足人民日益提高的精神需求，就是以人为本，解放人，让人民幸福，更有尊严。因此，任何科技创新，也必须服务于这一根本目的。

值得注意的是，在人类的创新行为实施中，自由的创新具有基础性意义。这是因为，给创新者创造自由的环境，才能激发创新者的积极性，但这种自由必须限制在对人类有益的创新方面。凡是对人类有害的创新，均在法律和科技伦理道德约束之列而被禁止，如制毒技术、人的克隆技术等的发明。为此，当代社会的科技创新，必须在宪法、法律框架下，在国家组织下有序进行。只有在国家组织下，才能保障创新事业的健康发展。有些还需要国际公约的制约，如对核技术及其大规模杀伤性武器发明应用的国际性限制等。

总之，对于“创新”的基本认识，既要认识到它是人类社会的一项或一类行为，又要认识到“创新”行为的辩证性、有限性和有序性。应有所为，有所不为，不是无边界的。

（二）对中国创新驱动战略的基本认识

“驱动”作为动词，其含义是“施加外力，使动起来”[1]。由此，“驱动”意味着通过外力对事物发展的影响。结合以上分析，

---

[1] 中国社会科学院语言研究所词典编辑室编：《现代汉语词典》，商务印书馆 2007 年版，第 1125 页。

将“创新”一词与“驱动”一词连接，意味着“创新驱动”就是在外力的干预下促进创新行为的开展。按照“经济新常态”政策的要求，国家提出“创新驱动”，其意图就是要通过“创新驱动”政策的实施，调动全社会创新的积极性，以解决国民经济和社会发展的动力不足问题。并且将其与要素驱动、投资驱动相联系。这就需要分析要素驱动、投资驱动与创新驱动的关联性。

所谓要素驱动，就是指通过社会生产中的自然资源要素、资本要素、劳动力要素、既有的技术和管理要素等促进国民经济和社会发展。其中，自然资源要素的存在是社会生产的基础性要素。没有“自然资源”的存在，社会生产便会处于“无米之炊”的状态。在此方面，经过改革开放 40 多年的快速发展，中国的经济面貌得以彻底改变，成为仅次于美国的经济体。但也付出了较大的代价，许多自然资源已经处于枯竭的状态。此外，还存在全球性环境保护问题的制约。发展至今，自然资源和环境保护已经成为制约经济发展的第一要素，并同时制约着其他经济要素作用的发挥，使“经济新常态”下的自然资源要素驱动力有所下降或遭遇限制。

所谓投资驱动，是指把投资作为经济增长的第一要素，驱动国民经济和社会发展。对此，本书研究发现，中国 40 多年的投资增长，确实为 GDP 增长作出了重大贡献。但市场经济条件下，投资增长的结果也导致了生产过剩，存在着潜在的经济危机，使其成为“经济新常态”下必须减速的理由和改革对象。截至 2015 年，为保持国民经济的稳定和可持续发展，在国家发展由注重规模到注重质量提升的历史背景下，除非特殊时期，否则投资增长应重在配合经济结构的调整和改革，国家对于投资加强调控，特别是对于地方政府的投资冲动予以规制。

在以上要素驱动、投资驱动受限的情况下，立足于创新驱动战略的实施，提升国民经济和社会发展的质量，具有重大现实意义。一是通过科技创新，首要的是保护既有资源，减少污染物排放，保护环境，实施绿色生产、消费，提升新型农业、工业的现代化水平；二是在投资结构调整上，更多地支持科技创新，并带动新型产业、业态及技术与经济平台的发展，使其成为国民经济新的增长点。

综上所述，由要素驱动、投资驱动向创新驱动的转变，并不是对要素驱动和投资驱动的否定，而是通过促进创新，带动要素驱动、投资驱动由数量向质量转变，使科技创新程度成为国民经济发展质量提升的评判依据。这种转变符合各国经济增长的发展规律及趋势，是中国经济和社会发展市场化、国际化、法治化的重要路径。

还需要注意的是，对于技术创新，中国的发展从未停止。古代有“四大发明”，清末民初学习西方的先进技术，中华人民共和国成立后引进苏联的 156 个项目，奠定了煤炭、钢铁等重工业基础。改革开放前，“两弹一星”的研发、科技人员与生产结合推行技术革新等，体现出中国科技工作者对于先进技术的学习、消化、吸收、引进、改造及创新。改革开放以来，更是倡导“科学技术是第一生产力”，极大地调动了广大科技人员的积极性，使发明创造日新月异。从 1999 年起，国家把科技创新确定为国家发展战略，中共中央、国务院颁发《关于加强技术创新，发展高科技、实现产业化的决定》（中发〔1999〕14 号）。2006 年编制了《国家中长期科学和技术发展规划纲要（2006—2020 年）》提出“增强自主创新能力，努力建设创新型国家”的战略规划。2007 年贯彻科学发展观，修改《中华人民共和国科技进步法》，确立以企业为主导的产业性新型科研体制，强调科技与经济的结合。但是，将科技创新作为国民经济发展的主要驱动力，则是进入“经济新常态”以来的战略决策。创新驱动战略的实施，与之前的“技术创新”不同，它是围绕国民经济发展由重视数量转变为重视质量提升，将科技创新与经济和社会发展更紧密地联系起来的重大决策，因而，其不仅仅涉及科技领域，而且还涉及大众创新领域，且把万众创新与大众创业相结合（简称“双创”），与社会主义市场经济的深入发展相结合，这在中国发展历史上，前所未有。因此可以说，这种创新驱动战略的实施，本身就是一个“创新”，即“制度创新”，是社会主义制度的完善。

（三）创新驱动战略下党政机关与市场的关系

创新驱动是外部力量推动下实施的一种创新行动。这就涉及由谁来驱动，驱动什么以及怎样驱动等基本问题。结合相关国家政策法律规定，简要地说，创新驱动的驱动主体为各级党政机关及相关职能部门，被驱动的主体，既包括科研院所、高等院校、企业及其专业科研人员，也包括参与创新活动的任何单位和个人。其中，创新驱动的重点对象为围绕国家科技项目研究规划实施，由有关单位和个人开展的各项、各类创新活动。而在怎样驱动问题上，就存在一个党政机关和市场关系的处理问题。

首先，从市场角度分析，基于将科技创新更紧密地和经济结合的目标导向，首先要将科技创新的着眼点立足于市场的消费需求，而这种消费需求，既包括居民个人的消费需求，也包括公共消费需求和生产消费需求。在此情况下，科技方面的创新，不能以发表论文、获奖、取得专利等为标志，只有将科技创新与产业发展相衔接，将科技创新成果转化为生产力并获取相应的经济效益才算成功。由此，必须改变以往以科研院所和高等院校为主体的科研体制，建立起能够适应市场需求，以企业为主导，产、学、研相结合的科研管理和研发新体制。这是因为，只有企业才最了解市场需要什么样的科技创新。由此，各级党政机关及相关职能部门，必须破除一切不利于企业科技创新的体制机制，为以企业为主导的新科研体制运行创造良好的工作环境和市场竞争条件。

其次，就各级党政机关及相关职能部门的驱动而言，也不能仅仅满足于市场需求的创新选择。必须从国家战略角度出发，以国际、国内最前沿的科技创新需求出发，制定好科研项目规划，并组织科研攻关队伍，集中全国力量办大事，攻坚克难，开展重大项目的科技创新，并通过财政、税收、金融、价格、投资等优惠政策的有力支持，努力完成既定的科研创新任务。

最后，在市场决定的逻辑前提下，市场调节和宏观调控各自有不同的领域，有所为，有所不为。但宏观调控需要把握大的发展方向，需要分层次地有序驱动，有些创新活动需要通过试点，总结经验后在全国逐步推进。要尊重科研创新的基本规律，实施科研创新的去行政化措施、容错措施、个性化措施、知识产权保护措施、重奖措施等，才能调动起每一个科技创新者的创新积极性，并最终实现国家创新驱动的战略目标。

（四）创新驱动的法律调整及回应

在创新驱动活动中，形成相应的经济和社会关系，为此，法律必然会有相应的调整和回应。但法律的调整和回应是全方位的，涉及社会主义法律体系下各层级法律和各部门法的调整和回应问题。其中，有关科技创新成果的知识产权保护以及通过契约合同方式的转化，属于民商法的调整范畴；涉及科技管理体制的改革及部门职责权限的确定和行政处罚等属于科技行政法的调整范畴；涉及创新活动中的科技类犯罪问题的界定属于刑法的调整。但围绕科技创新如何服务于经济的法律调整和回应，主要还是来自部门经济法的调整和回应。这是因为，在中国，部门经济法就是党政机关及其职能部门管理、协调经济的法。当主要围绕科技创新与国民经济发展相结合时，部门经济法实际上涉及党政机关管理经济职能的转变问题，把科技创新与产业结构调整相结合、放宽市场准入条件、完善规划法、产业政策法、投资法、财税法、金融法、反不正当竞争法、反垄断法，为创新主体创造良好的市场生产经营和科研环境，通过统计、标准、规划、产业指导、财税、金融、自然资源保护、环境法律保护等制度和政策法律支持，保障国家创新驱动战略的实施，既是党政机关应有的职责，也属于经济法的基本范畴。特别是经济法作用的发挥，不仅体现于《立法法》所确定的相关法律形式层面，更多地需要大量的基于经济和科技的不确定性，由相关职能部门制定相应政策予以调整和回应，体现了经济法的政策法属性。而在其他部门法领域，法律和政策则有着严格的区分。与此同时，经济法对于创新驱动关系的调整和回应，不仅体现于秩序的建立和保障，其功能的发挥在于对创新驱动行为的鼓励与促进。

二、经济新常态下经济法对创新驱动的回应

有关资料显示，早在 20 世纪 90 年代，中国即实施科技创新战略，设立高科技开发区，集中力量促进科技创新。到 2006 年确定了建设创新型国家的发展目标。到 2015 年进入“经济新常态”阶段，国家才提出了创新驱动战略。2015 ~ 2020 年，甚至在较早时期，创新及创新驱动成为相关经济法律和政策回应的一项基本内容。有些回应则延至 2021 年。以下，予以梳理分析。

（一）创新驱动战略的政策起点

2015 年，中共中央、国务院发布《关于深化体制机制改革加快实施创新驱动发展战略的若干意见》（以下简称《若干意见》）。《若干意见》是党和国家对实施创新驱动战略的全面部署和政策起点。

关于国家实施创新驱动战略的政策背景，《若干意见》认为，创新是推动一个国家和民族向前发展的重要力量，也是推动整个人类社会向前发展的重要力量。面对全球新一轮科技革命与产业变革的重大机遇和挑战，面对经济发展新常态下的趋势变化和特点，面对实现“两个一百年”奋斗目标的历史任务和要求，必须深化体制机制改革，加快实施创新驱动发展战略。

关于总体思路和主要目标，《若干意见》提出，加快实施创新驱动发展战略，就是要使市场在资源配置中起决定性作用和更好发挥政府作用，破除一切制约创新的思想障碍和制度藩篱，激发全社会创新活力和创造潜能，提升劳动、信息、知识、技术、管理、资本的效率和效益，强化科技同经济对接、创新成果同产业对接、创新项目同现实生产力对接、研发人员创新劳动同其利益收入对接，增强科技进步对经济发展的贡献度，营造大众创业、万众创新的政策环境和制度环境。为此，要坚持需求导向；坚持人才为先；坚持遵循规律；坚持全面创新的基本原则。到 2020 年，基本形成适应创新驱动发展要求的制度环境和政策法律体系，为进入创新型国家行列提供有力保障。人才、资本、技术、知识自由流动，企业、科研院所、高等学校协同创新，创新活力竞相迸发，创新成果得到充分保护，创新价值得到更大体现，创新资源配置效率大幅提高，创新人才合理分享创新收益，使创新驱动发展战略真正落地，进而打造促进经济增长和就业创业的新引擎，构筑参与国际竞争合作的新优势，推动形成可持续发展的新格局，促进经济发展方式的转变。

在政策举措方面，《若干意见》提出了8大方面，30个改革指导意见。

其一，在营造激励创新的公平竞争环境方面，包括实行严格的知识产权保护制度；打破制约创新的行业垄断和市场分割；改进新技术新产品新商业模式的准入管理；健全产业技术政策和管理制度；形成要素价格倒逼创新机制等内容。

其二，在建立技术创新市场导向机制方面，包括扩大企业在国家创新决策中话语权；完善企业为主体的产业技术创新机制；提高普惠性财税政策支持力度；健全优先使用创新产品的采购政策等内容。

其三，在强化金融创新的功能方面，包括壮大创业投资规模；强化资本市场对技术创新的支持；拓宽技术创新的间接融资渠道等内容。

其四，在完善成果转化激励政策方面，包括加快下放科技成果使用、处置和收益权；提高科研人员成果转化收益比例；加大科研人员股权激励力度等内容。

其五，在构建更加高效的科研体系方面，包括优化对基础研究的支持方式；加大对科研工作的绩效激励力度；改革高等学校和科研院所科研评价制度；深化转制科研院所改革；建立高等学校和科研院所技术转移机制等内容。

其六，在创新培养、用好和吸引人才机制方面，包括构建创新型人才培养模式；建立健全科研人才双向流动机制；实行更具竞争力的人才吸引制度等内容。

其七，在推动形成深度融合的开放创新局面方面，包括鼓励创新要素跨境流动；优化境外创新投资管理制度；扩大科技计划对外开放等内容。

其八，在加强创新政策统筹协调方面，包括加强创新政策的统筹；完善创新驱动导向评价体系；改革科技管理体制；推进全面创新改革试验等内容。[1]

在《若干意见》的基础上，2016 年，中共中央、国务院出台《国家创新驱动发展战略纲要》（以下简称《战略纲要》）。《战略纲要》的核心是提出了三步走的战略目标：第一步，到 2020 年进入创新型国家行列，基本建成中国特色国家创新体系，有力支撑全面建成小康社会目标的实现。创新型经济格局初步形成。若干重点产业进入全球价值链中高端，成长起一批具有国际竞争力的创新型企业和产业集群。科技进步贡献率提高到 60% 以上，知识密集型服务业增加值占国内生产总值的 20% 。自主创新能力大幅提升，创新体系协同高效；创新环境更加优化。第二步，到 2030 年跻身创新型国家前列，发展驱动力实现根本转换，经济社会发展水平和国际竞争力大幅提升，为建成经济强国和共同富裕社会奠定坚实基础。主要产业进入全球价值链中高端。不断创造新技术和新产品、新模式和新业态、新需求和新市场，实现更可持续的发展、更高质量的就业、更高水平的收入、更高品质的生活。总体上扭转科技创新以跟踪为主的局面。第三步，到 2050 年建成世界科技创新强国，成为世界主要科学中心和创新高地，为我国建成富强民主文明和谐的社会主义现代化国家、实现中华民族伟大复兴的中国梦提供强大支撑。科技和人才成为国力强盛最重要的战略资源，创新成为政策制定和制度安排的核心因素。劳动生产率、社会生产力提高主要依靠科技进步和全面创新，经济发展质量高、能源资源消耗低、产业核心竞争力强。国防科技达到世

[1] 2015 年《关于深化体制机制改革加快实施创新驱动发展战略的若干意见》（中发〔2015〕8 号）。

界领先水平。

在战略部署方面，要按照“坚持双轮驱动、构建一个体系、推动六大转变”进行布局，构建新的发展动力系统。双轮驱动就是科技创新和体制机制创新两个轮子相互协调、持续发力。一个体系就是建设国家创新体系。要建设各类创新主体协同互动和创新要素顺畅流动、高效配置的生态系统，形成创新驱动发展的实践载体、制度安排和环境保障。明确企业、科研院所、高校、社会组织等各类创新主体功能定位，构建开放高效的创新网络，建设军民融合的国防科技协同创新平台；改进创新治理，进一步明确政府和市场分工，构建统筹配置创新资源的机制；完善激励创新的政策体系、保护创新的法律制度，构建鼓励创新的社会环境，激发全社会创新活力。六大转变就是发展方式从以规模扩张为主导的粗放式增长向以质量效益为主导的可持续发展转变；发展要素从传统要素主导发展向创新要素主导发展转变；产业分工从价值链中低端向价值链中高端转变；创新能力从“跟踪、并行、领跑”并存、“跟踪”为主向“并行”、“领跑”为主转变；资源配置从以研发环节为主向产业链、创新链、资金链统筹配置转变；创新群体从以科技人员的小众为主向小众与大众创新创业互动转变。

在战略任务方面，《战略纲要》从八个基本方面进行了安排。一是从推动产业技术体系创新，创造发展新优势；二是强化原始创新，增强源头供给；三是优化区域创新布局，打造区域经济增长极；四是深化军民融合，促进创新互动；五是壮大创新主体，引领创新发展；六是实施重大科技项目和工程，实现重点跨越；七是建设高水平人才队伍，筑牢创新根基；八是推动创新创业，激发全社会创造活力。[1]

---

[1] 2016 年中共中央 国务院印发的《国家创新驱动发展战略纲要》。

本书认为，上述两个重要文件是中国进入创新驱动发展阶段的政策起点，对中国今后的经济和社会发展影响深远。最远可至2050年，法律及经济法的回应，也将围绕着创新驱动战略的实施逐步深入。

（二）既有相关法律的规定

2015～2020年，在国家法律层面，并没有专门就创新驱动问题予以立法，反映了国家立法的相对滞后性和审慎态度。但在既有的立法实践中，有关创新的规定，主要散见于科学技术方面的法律之中。一些法律的修改延至2021年。

1. 科学技术进步法的规定

1993年制定，2007年第一次修订，2021年第二次修订的《中华人民共和国科学技术进步法》总则规定了以下13个方面的基本内容。

一是坚持中国共产党对科学技术事业的全面领导。国家坚持新发展理念，坚持科技创新在国家现代化建设全局中的核心地位，把科技自立自强作为国家发展的战略支撑，实施科教兴国战略、人才强国战略和创新驱动发展战略，走中国特色自主创新道路，建设科技强国。

二是科学技术进步工作应当面向世界科技前沿、面向经济主战场、面向国家重大需求、面向人民生命健康，为促进经济社会发展、维护国家安全和推动人类可持续发展服务。国家鼓励科学技术研究开发，推动应用科学技术改造提升传统产业、发展高新技术产业和社会事业，支撑实现碳达峰碳中和目标，催生新发展动能，实现高质量发展。

三是国家完善高效、协同、开放的国家创新体系，统筹科技创新与制度创新，健全社会主义市场经济条件下新型举国体制，充分发挥市场配置创新资源的决定性作用，更好发挥政府作用，优化科技资源配置，提高资源利用效率，促进各类创新主体紧密合作、创新要素有序流动、创新生态持续优化，提升体系化能力和重点突破能力，增强创新体系整体效能。国家构建和强化以国家实验室、国家科学技术研究开发机构、高水平研究型大学、科技领军企业为重要组成部分的国家战略科技力量，在关键领域和重点方向上发挥战略支撑引领作用和重大原始创新效能，服务国家重大战略需要。

四是国家统筹发展和安全，提高科技安全治理能力，健全预防和化解科技安全风险的制度机制，加强科学技术研究、开发与应用活动的安全管理，支持国家安全领域科技创新，增强科技创新支撑国家安全的能力和水平。

五是国家鼓励科学技术研究开发与高等教育、产业发展相结合，鼓励学科交叉融合和相互促进。国家加强跨地区、跨行业和跨领域的科学技术合作，扶持革命老区、民族地区、边远地区、欠发达地区的科学技术进步。国家加强军用与民用科学技术协调发展，促进军用与民用科学技术资源、技术开发需求的互通交流和技术双向转移，发展军民两用技术。

六是国家遵循科学技术活动服务国家目标与鼓励自由探索相结合的原则，超前部署重大基础研究、有重大产业应用前景的前沿技术研究和社会公益性技术研究，支持基础研究、前沿技术研究和社会公益性技术研究持续、稳定发展，加强原始创新和关键核心技术攻关，加快实现高水平科技自立自强。

七是国家保障开展科学技术研究开发的自由，鼓励科学探索和技术创新，保护科学技术人员自由探索等合法权益。科学技术研究开发机构、高等学校、企业事业单位和公民有权自主选择课题，探索未知科学领域，从事基础研究、前沿技术研究和社会公益性技术研究。

八是学校及其他教育机构应当坚持理论联系实际，注重培养受教育者的独立思考能力、实践能力、创新能力和批判性思维，以及追求真理、崇尚创新、实事求是的科学精神。国家发挥高等学校在科学技术研究中的重要作用，鼓励高等学校开展科学研究、技术开发和社会服务，培养具有社会责任感、创新精神和实践能力的高级专门人才。

九是科学技术人员是社会主义现代化建设事业的重要人才力量，应当受到全社会的尊重。国家坚持人才引领发展的战略地位，深化人才发展体制机制改革，全方位培养、引进、用好人才，营造符合科技创新规律和人才成长规律的环境，充分发挥人才第一资源作用。

十是国家营造有利于科技创新的社会环境，鼓励机关、群团组织、企业事业单位、社会组织和公民参与和支持科学技术进步活动。全社会都应当尊重劳动、尊重知识、尊重人才、尊重创造，形成崇尚科学的风尚。

十一是国家发展科学技术普及事业，普及科学技术知识，加强科学技术普及基础设施和能力建设，提高全体公民特别是青少年的科学文化素质。科学技术普及是全社会的共同责任。国家建立健全科学技术普及激励机制，鼓励科学技术研究开发机构、高等学校、企业事业单位、社会组织、科学技术人员等积极参与和支持科学技术普及活动。

十二是国家制定和实施知识产权战略，建立和完善知识产权制度，营造尊重知识产权的社会环境，保护知识产权，激励自主创新。企业事业单位、社会组织和科学技术人员应当增强知识产权意识，增强自主创新能力，提高创造、运用、保护、管理和服务知识产权的能力，提高知识产权质量。

十三是国家建立和完善有利于创新的科学技术评价制度。科学技术评价应当坚持公开、公平、公正的原则，以科技创新质量、贡献、绩效为导向，根据不同科学技术活动的特点，实行分类评价。

与此同时，在管理体制机制上，《科技进步法》规定，国务院领导全国科学技术进步工作，制定中长期科学和技术发展规划、科技创新规划，确定国家科学技术重大项目、与科学技术密切相关的重大项目。中长期科学和技术发展规划、科技创新规划应当明确指导方针，发挥战略导向作用，引导和统筹科技发展布局、资源配置和政策制定。县级以上人民政府应当将科学技术进步工作纳入国民经济和社会发展规划，保障科学技术进步与经济建设和社会发展相协调。地方各级人民政府应当采取有效措施，加强对科学技术进步工作的组织和管理，优化科学技术发展环境，推进科学技术进步。国务院科学技术行政部门负责全国科学技术进步工作的宏观管理、统筹协调、服务保障和监督实施；国务院其他有关部门在各自的职责范围内，负责有关的科学技术进步工作。县级以上地方人民政府科学技术行政部门负责本行政区域的科学技术进步工作；县级以上地方人民政府其他有关部门在各自的职责范围内，负责有关的科学技术进步工作。国家建立科学技术进步工作协调机制，研究科学技术进步工作中的重大问题，协调国家科学技术计划项目的设立及相互衔接，协调科学技术资源配置、科学技术研究开发机构的整合以及科学技术研究开发与高等教育、产业发展相结合等重大事项。❶

在以上规定基础上，《科技进步法》就基础研究、应用研究与成果转化、企业科技创新、科学技术研究开发机构、科学技术人员、区域科技创新、国际科学技术合作、保障措施、监督管理、

❶ 2021 年《科技进步法》第 2～17 条。

法律责任等方面的基本问题进行了规定。从经济法的回应角度分析，主要涉及规划、产业指导、财政税收、金融、政府采购等经济法措施对科技创新的支持。

2. 促进科技成果转化法的规定

2015 年修正的《中华人民共和国促进科技成果转化法》规定，本法所称科技成果转化，是指为提高生产力水平而对科技成果所进行的后续试验、开发、应用、推广直至形成新技术、新工艺、新材料、新产品，发展新产业等活动。科技成果转化活动应当有利于加快实施创新驱动发展战略，促进科技与经济的结合，有利于提高经济效益、社会效益和保护环境、合理利用资源，有利于促进经济建设、社会发展和维护国家安全。科技成果转化活动应当尊重市场规律，发挥企业的主体作用，遵循自愿、互利、公平、诚实信用的原则，依照法律法规规定和合同约定，享有权益，承担风险。科技成果转化活动中的知识产权受法律保护。科技成果转化活动应当遵守法律法规，维护国家利益，不得损害社会公共利益和他人合法权益。国家对科技成果转化合理安排财政资金投入，引导社会资金投入，推动科技成果转化资金投入的多元化。国务院和地方各级人民政府应当加强科技、财政、投资、税收、人才、产业、金融、政府采购、军民融合等政策协同，为科技成果转化创造良好环境。地方各级人民政府根据本法规定的原则，结合本地实际，可以采取更加有利于促进科技成果转化的措施。[1]该法第三条规定，科技成果转化活动应当有利于加快实施创新驱动发展战略，这是第一次将国家创新驱动战略入法。

3. 专利法的规定

2020 年修正的《中华人民共和国专利法》规定，为了保护专利

---

[1] 2015 年《促进科技成果转化法》第 2～5 条。

权人的合法权益，鼓励发明创造，推动发明创造的应用，提高创新能力，促进科学技术进步和经济社会发展，制定本法。本法所称的发明创造是指发明、实用新型和外观设计。对违反法律、社会公德或者妨害公共利益的发明创造，不授予专利权。对违反法律、行政法规的规定获取或者利用遗传资源，并依赖该遗传资源完成的发明创造，不授予专利权。对发明人或者设计人的非职务发明创造专利申请，任何单位或者个人不得压制。被授予专利权的单位应当对职务发明创造的发明人或者设计人给予奖励；发明创造专利实施后，根据其推广应用的范围和取得的经济效益，对发明人或者设计人给予合理的报酬。国家鼓励被授予专利权的单位实行产权激励，采取股权、期权、分红等方式，使发明人或者设计人合理分享创新收益。申请专利和行使专利权应当遵循诚实信用原则。不得滥用专利权损害公共利益或者他人合法权益。滥用专利权，排除或者限制竞争，构成垄断行为的，依照《中华人民共和国反垄断法》处理。[1] 据此，《专利法》从专利保护角度，对于技术创新的类别、条件、推广应用及限制与禁止方面进行了明确规定。

（三）行政法规的回应

截至目前，国务院还没有制定关于“创新”及“创新驱动”的行政法规，主要是政策性指导意见。相关规定亦散见于有关科技方面的规定，例如，2020 年修订的《国家科学技术奖励条例》规定，为了奖励在科学技术进步活动中做出突出贡献的个人、组织，调动科学技术工作者的积极性和创造性，建设创新型国家和世界科技强国，根据《中华人民共和国科学技术进步法》，制定本条例。国家科学技术奖应当与国家重大战略需要和中长期科技发

---

[1] 2020 年《专利法》第 1 条、第 2 条、第 5 条、第 7 条、第 15 条、第 20 条。

展规划紧密结合。国家加大对自然科学基础研究和应用基础研究的奖励。国家自然科学奖应当注重前瞻性、理论性，国家技术发明奖应当注重原创性、实用性，国家科学技术进步奖应当注重创新性、效益性。国家科学技术奖励工作坚持中国共产党领导，实施创新驱动发展战略，贯彻尊重劳动、尊重知识、尊重人才、尊重创造的方针，培育和践行社会主义核心价值观。国家自然科学奖授予在基础研究和应用基础研究中阐明自然现象、特征和规律，作出重大科学发现的个人。❶

（四）部门规章的回应

2015年以来，为贯彻国家创新驱动战略的实施，国务院相关部门主要围绕科研平台建设和相关专项资金的管理等出台了一些规章文件。代表性规章如表4.1所示。

表4.1 国务院部门有关创新驱动规章及核心内容列表（2015—2020）

立法情况	立法结构	核心内容
国家标准委关于发布《国家技术标准创新基地管理办法（试行）》的公告（国家标准委公告2016年第2号）2016年3月28日公布，自2016年4月1日起施行	第一章 总则 第二章 管理机构与职责 第三章 建设 第四章 运行 第五章 考核与评估 第六章 附则 共计54条	创新基地总体上分为区域和领域两大类。区域创新基地主要服务国家重大区域发展战略和重大改革创新举措的实施，领域创新基地主要服务国家重大产业政策的落实。创新基地的建设、运行和管理遵循市场驱动、政策引导、协作联动、长期运行、动态调整的原则。创新基地主要依托企事业单位建设，实行“开放、合作、创新、共享”的运行机制。

❶ 2020年《国家科学技术奖励条例》第1条、第3条、第4条、第9条、第10条、第11条。

续表

立法情况	立法结构	核心内容
		创新基地日常管理的支撑工作由中国标准化研究院负责。创新基地应当创新发展模式，强化产学研用协作，加强技术标准创新资源共建共享，建立健全市场化的运行机制
工业和信息化部关于印发《国家小型微型企业创业创新示范基地建设管理办法》的通知 （工信部企业〔2016〕194号） 2016年6月2日，自2016年7月1日起施行	第一章 总则 第二章 申报条件 第三章 申报程序 第四章 示范基地管理 第五章 附则 共计23条	国家小型微型企业创业创新示范基地（以下简称示范基地）是经工业和信息化部公告的小型微型企业创业创新示范基地，是由法人单位建设或运营，聚集各类创业创新服务资源，为小微企业提供有效服务支撑的载体和场所。示范基地具有基础设施完备、运营管理规范、商业模式清晰、创新链完整、产业链协同、服务功能齐全、服务业绩突出、社会公信度高、示范带动作用强等特点。各类符合条件的服务小微企业创业创新的创业基地、创业园、孵化器；产业集群、中小企业国际合作区、经济技术开发区、高新技术产业开发区、新型工业化产业示范基地等产业集聚区中面向小微企业的园中园；依托高校和科研院所的大学科技园；行业龙头骨干企业设立的面向小微企业、创业团队、创客的

续表

立法情况	立法结构	核心内容
		创业创新基地均可申报示范基地。工业和信息化部负责示范基地的公告和管理。各省（自治区、直辖市及计划单列市、新疆生产建设兵团）中小企业主管部门（以下统称省级中小企业主管部门）协助工业和信息化部对辖区内示范基地进行管理。示范基地申报遵从自愿原则。工业和信息化部对示范基地予以重点扶持
教育部、国家外国专家局关于印发《高等学校学科创新引智计划实施与管理办法》的通知（教技〔2016〕4号）2016年11月3日发布，自发布之日起施行，《高等学校学科创新引智基地管理办法》（教技〔2006〕4号）同时废止	第一章　总则 第二章　组织机构与职能职责 第三章支持范围与条件 第四章　申报、评审及立项 第五章　组织管理与验收评估 第六章　建设经费与使用管理 第七章　附则 共计34条	“111计划”的总体目标是瞄准国际学科发展前沿，围绕国家需求，结合高等学校具有国际前沿水平或国家重点发展的学科领域，以优势特色学科为基础，以国家、省、部级重点科研基地为平台，从世界排名前100位的大学、研究机构或世界一流学科队伍中，引进、汇聚1000名海外顶级学术大师以及一大批学术骨干，与国内优秀学科带头人和创新团队相互融合，形成高水平的研究队伍，重点建设100个世界一流的学科创新基地，努力取得具有重大国际影响的科研成果，提高高等学校的整体水平和国际地位。“111计划”以学科创新引智基地（以下简称“111基地”）

续表

立法情况	立法结构	核心内容
		建设项目的形式实施，按照“统筹规划、服务需求、科教融合、择优建设、动态管理”的原则进行。教育部、国家外国专家局联合成立“111 计划”领导小组，负责计划的宏观指导和决策。 “111 计划”遴选范围包括中央高校和地方高等学校。具体申报资格与申报数量由年度实施方案确定。“111 基地”建设期间可获得专项经费支持，专项经费由教育部、国家外国专家局、高等学校主管部门、依托单位共同筹措
科技部、国家统计局关于印发《国家创新调查制度实施办法》的通知（国科发创〔2017〕96 号）2017 年 4 月 19 日发布，自发布之日起实施	共 20 条	实施国家创新调查制度的目的是全面反映创新活动的现状，客观监测和评价我国创新能力，为制定创新规划和政策、实施创新驱动发展战略、推进创新型国家和世界科技强国建设提供支撑与服务。 国家统计局牵头会同相关部门负责创新活动统计调查工作，制定统计调查工作方案，研究建立统计调查数据的共享机制，对全国创新活动统计调查进行统一规范管理。科技部牵头会同相关部门负责创新能力监测和评价工作。统筹设计创新能力监测和评价报

续表

立法情况	立法结构	核心内容
		告体系，形成创新能力监测和评价的标准与规范，组织开展创新能力监测和评价活动，定期协调组织发布监测或评价报告，建立成果共享机制。创新活动统计调查数据由国家统计局牵头发布。创新能力监测和评价报告的发布由科技部牵头组织
财政部关于印发《小微企业创业创新基地城市示范工作绩效管理暂行办法》的通知（财建〔2017〕746号） 2017年11月16日印发，自印发之日起施行	第一章　总则 第二章　绩效目标管理 第三章　绩效目标执行监控管理 第四章　绩效评价 第五章　绩效信息反馈和应用管理 第六章　附则 共计24条	绩效管理，是指财政部门会同工业和信息化、科技、商务、工商等部门对小微企业创业创新基地城市示范工作（下称“双创示范”）开展绩效目标管理、绩效目标执行监控、绩效评价、绩效信息反馈和应用等全过程管理。绩效管理对象是中央财政中小企业发展专项资金（简称专项资金）支持的“双创示范”城市。专项资金支持的其他城市参照本办法执行。绩效管理工作由财政部会同工业和信息化部、科技部、商务部、工商总局等部门（下称有关部门）负责指导和监督，并委托有关单位负责日常工作。省级财政部门会同同级工业和信息化、科技、商务、工商等部门（下称同级有关部门）负责具体组织实施。“双创示范”城市

续表

立法情况	立法结构	核心内容
		是绩效责任主体。绩效管理工作遵循公开、公平、公正的原则。绩效目标分为创业、就业、创新三类，目标设置遵循指向明确、量化可行、示范引导的原则。 绩效评价根据“双创示范”工作进展情况组织实施，对“双创示范”工作实施以来预算资金的产出、效果以及“双创示范”整体工作的经济性、效率性、效益性进行综合评价。绩效信息主要包括绩效目标设置及审核情况、绩效执行监控信息、绩效评价信息等，财政部会同有关部门通过信息公开、通报、约谈、与预算安排挂钩、授牌或责令退出等方式对绩效信息进行反馈与应用。建立绩效评价责任追究机制
农业部关于印发《农业组织创新与产业融合发展项目资金管理办法》的通知（农财发〔2018〕5号）2018年1月4日发布，自发布之日起施行	第一章 总则 第二章 资金使用方向和开支范围 第三章 项目组织实施和资金使用管理 第四章 监督检查和绩效评价 第五章 附则 共计22条	农业组织创新与产业融合发展项目，是指中央财政在农业部部门预算中设立的，履行农业部职责所必需的，用于支持家庭农场、农村改革试验区、海峡两岸农业合作示范区、台湾农民创业园等新型农业组织，和农民合作社发展、农村集体产权制度改革、农业产业化经营、一村一品、农产品营销促销等农村产业融合发展

续表

立法情况	立法结构	核心内容
		的项目支出。农业部办公厅、产业政策与法规司、农村经济体制与经营管理司、市场与经济信息司、国际合作司等项目主管司局和有关部属单位是农业组织创新与产业融合发展项目的实施主体，对项目资金的管理和使用承担主体责任，负责归口管理和直接承担项目的组织实施和监督检查。农业部财务司是农业组织创新与产业融合发展项目的监督主体，对项目资金的管理和使用承担监督责任，负责项目资金的预算管理和监督检查
国家发展改革委关于印发《国家产业创新中心建设工作指引（试行）》的通知 （发改高技规〔2018〕68 号） 2018 年 1 月 11 日发布，自发布之日起施行	第一章　总则 第二章　体制机制 第三章　布局组建 第四章　运行管理 第五章　支持政策 第六章　附则 共计 26 条	国家产业创新中心的主要任务是：（一）推动产业链、创新链、资金链和政策链深度融合，打造“政产学研资”紧密合作的创新生态；（二）深化与国内外创新主体合作，整合联合国家和地方创新平台，构建长期稳定的协同创新网络；（三）开展实验室技术熟化、产业前沿技术研发和竞争前商品试制，创制产业技术标准，推动产业技术变革；（四）开展知识产权集中运营，整合利用高校、科研院所和企业等的专利技术，综合集成为系统解决方案；（五）推动技术创新成果转移转化，扩散新技术、新模式，

续表

立法情况	立法结构	核心内容
		培育新业态、新产业，促进区域产业集群发展、创新发展;(六)深化创新体制机制改革，先行先试成果转化、人才激励、科技金融等改革举措；（七）开展军民科技协同创新，推动军民融合产业前沿技术、共性技术联合攻关，促进科技成果双向转移转化
国家粮食和物资储备局关于印发《国家粮食技术创新中心管理办法（试行）》的通知 (国粮发〔2018〕103 号)，2018 年 5 月 14 日颁布，自颁布之日起施行	第一章　总则 第二章　建设任务 第三章　建设条件 第四章　建设步骤 第六章　附则 总计 22 条	创新中心建设的总体要求是统筹规划，各有侧重，分步实施，突出重点，注重实效。依托粮食行业具有优势的科研机构、高等院校和大型企业，建设对行业技术进步具有重要带动作用的创新中心。在国家级科研机构、高等院校建设创新中心其主要任务是重大科研成果工程化、系统化，共性技术的研究开发与成果转化，开发新产品等；在省（市、区）建设创新中心，其主要任务是对某些重要技术专项进行试验、示范、推广；在企业建设创新中心，其主要任务是集合企业特长和优势，进行专项技术研究与开发，使其成为专项技术的孵化器。 建设创新中心的重点领域主要包括：粮食储藏、粮食现代物流、

续表

立法情况	立法结构	核心内容
		粮食（稻谷、小麦、玉米、大豆、油料、杂粮）精深加工与综合利用、粮食质量安全和检测、粮食信息化技术和粮食机械装备开发等。国家粮食和物资储备局负责组织创新中心的命名授牌和验收考评，指导创新中心运行和管理。推荐优秀创新中心申报国家级平台。 创新中心实行“动态管理，优胜劣汰”的原则
工业和信息化部办公厅关于印发《国家制造业创新中心考核评估办法(暂行)》的通知（工信厅科〔2018〕37号）2018年5月24日发布，自2018年7月1日起施行	第一章　总则 第二章　考评内容 第三章　考评材料 第四章　考评程序 第五章　考评结果 附则 共计26条	考评对象是已运行满一年的创新中心。考评分为年度考核与定期评估，年度考核每年进行一次，定期评估一般三年进行一次，评估当年不进行考核。 工业和信息化部科技司会同有关司局负责考评工作的组织实施，包括：确定参评创新中心名单、选择和委托第三方机构开展评估工作、确定专家组人员、对考评结果的处理等。第三方机构应具备组织实施考评工作的条件，能够按照本办法客观公正地开展工作

续表

立法情况	立法结构	核心内容
教育部关于印发《国家级大学生创新创业训练计划管理办法》的通知（教高函〔2019〕13 号），2019 年 7 月 10 日公布，自公布之日起施行	第一章　总则 第二章　管理职责 第三章　项目发布与立项 第四章　项目过程管理 第五章　项目结题与公布 第六章　项目后期管理 第七章　附则 共计 26 条	国创计划是大学生创新创业训练计划中的优秀项目，是培养大学生创新创业能力的重要举措，是高校创新创业教育体系的重要组成部分，是深化创新创业教育改革的重要载体。国创计划坚持以学生为中心的理念，遵循“兴趣驱动、自主实践、重在过程”原则，旨在通过资助大学生参加项目式训练，推动高校创新创业教育教学改革，促进高校转变教育思想观念、改革人才培养模式、强化学生创新创业实践，培养大学生独立思考、善于质疑、勇于创新的探索精神和敢闯会创的意志品格，提升大学生创新创业能力，培养适应创新型国家建设需要的高水平创新创业人才。 国创计划围绕经济社会发展和国家战略需求，重点支持直接面向大学生的内容新颖、目标明确、具有一定创造性和探索性、技术或商业模式有所创新的训练和实践项目。国创计划实行项目式管理，分为创新训练项目、创业训练项目和创业实践项目三类。教育部是国创计划的宏观管理部门

续表

立法情况	立法结构	核心内容
国家知识产权局办公室关于印发《技术与创新支持中心（TISC）建设实施办法》的通知（国知办发服字〔2019〕27号），2019年8月23日发布，自发布之日起实施	第一章 总则 第二章 推荐、遴选和认定 第三章 运行 第四章 管理 第五章 服务和保障 第六章 附则 共计24条	技术与创新支持中心（以下简称“TISC”）是世界知识产权组织（以下简称“WIPO”）发展议程框架下的项目，在华TISC由WIPO和国家知识产权局共同推广，旨在帮助中国知识产权和创新用户提升技术信息检索能力，更快地掌握行业动态和新技术信息，促进其增强创新能力。 国家知识产权局负责在华TISC建设的组织协调和实施工作。在华TISC由省级知识产权局（知识产权管理部门）推荐，国家知识产权局和WIPO共同评估认定。各级知识产权信息服务机构、科技园区生产力促进机构、公共图书馆、高校和研究院所图书信息机构以及承担知识产权信息服务的市场化机构等各类型法人单位均可申报建设成为TISC机构
市场监管总局关于印发《国家市场监管重点实验室管理暂行办法》《国家市场监管技术创新中心管理暂行办法》的通知	第一章 总则 第二章 职责 第三章 建设 第四章 运行 第五章 考核评估 第六章 变更调整 第七章 附则 共计36条	重点实验室的主要任务是围绕国家市场监管战略目标，面向市场监管业务领域工作需求，开展前瞻性基础研究、应用基础研究、重大关键技术及相关公益性技术研究，提升市场监管科技创新能力，引领和支撑市场监管事业发展。重点实验室主要依托市场监管系统技术机构建设，或可根据

续表

立法情况	立法结构	核心内容
(国市监科财〔2020〕7号),2020年1月8日公布,自公布之日起施行		需要,依托科研院所、高等院校和其他具有行业优势的企事业单位建设,实行人财物相对独立的管理机制和“开放、流动、联合、竞争”运行机制。鼓励重点实验室在建设中探索更符合本领域发展的管理模式
国家市场监管技术创新中心管理暂行办法(国市监科财〔2020〕7号),2020年1月8日公布,自公布之日起施行	第一章　总则 第二章　职责 第三章　建设 第四章　运行 第五章　考核评估 第六章　变更调整 第七章　附则 总计36条	技术创新中心主要任务是围绕国家市场监管战略需求,开展引领前沿、颠覆性创新和共性关键技术研究,培育和提高自主创新能力;进行技术试验、孵化、示范、推广,加快科技成果的工程化、标准化、市场化、产业化;为中小企业提供公共技术服务,解决产业和企业技术难题,提高核心竞争力。技术创新中心主要依托市场监管系统技术机构建设,或可根据需要,依托科研院所、高等院校和其他具有行业优势的企事业单位建设,实行人财物相对独立的管理机制和“开放、共享、合作、竞争”的运行机制。鼓励技术创新中心在建设中探索更符合本领域发展的管理模式

续表

立法情况	立法结构	核心内容
市场监管总局关于修订《中国标准创新贡献奖管理办法》的公告（国家市场监督管理总局公告〔2020〕第9号），2022年4月1日发布，自发布之日起施行。2020年4月14日发布的《中国标准创新贡献奖管理办法》同时废止	第一章　总则 第二章　组织机构 第三章　表彰范围和评审标准 第四章　提名和受理 第五章　评审 第六章　异议处理 第七章　批准和授奖 第八章　监督及处罚 第九章　附则 共计60条	中国标准创新贡献奖是国家市场监督管理总局（国家标准化委员会）［以下简称市场监督总局（标准委）］设立，并经中央批准的奖项。中国标准创新贡献奖分为标准项目奖、组织奖和个人奖，每2年评选1次。 中国标准创新贡献奖评选表彰面向基层和工作一线。中国标准创新贡献奖的提名、评审和授奖，遵循公开、公平、公正的原则，坚持突出先进性、代表性、时代性，坚持以德为先、依法守规、注重实绩、群众公认，不收取任何费用。 市场监管总局（标准委）负责中国标准创新贡献奖评选表彰的组织工作，并设立中国标准创新贡献奖领导小组、评审委员会及监督委员会
国家能源局关于印发《国家能源研发创新平台管理办法》的通知（国能发科技〔2020〕49号）2020年9月2日发布，自发布之日起施行，有效期10年。原《国家能源研	第一章　总则 第二章　认定 第三章　运行管理 第四章　考核和评价 第五章　激励与监督 第六章　附则 总计31条	能源创新平台是国家能源技术创新体系的重要组成部分，主要依托能源领域具有较强应用基础研究、前沿技术开发、重大装备研制及工程化、能源科技战略研究等能力的骨干企业、科研院所、高校等主体建设。依托单位可以是单一主体，也可以由一个主体牵头，多个主体联合建设。能源创新平台的主要任务是聚焦国家能源安全、能源可持续发展以及能源重大工程建设对技术创新的

续表

立法情况	立法结构	核心内容
发（实验）中心管理办法》（国能科技〔2010〕198号）同时废止		需求，通过建立健全产学研用协同创新机制，推动关键核心技术攻关、装备研制和试验示范，形成重大技术装备体系，加快科技成果转移转化，开展国际交流合作，带动行业技术进步。 国家能源局负责指导协调能源创新平台建设和管理相关工作。各省（区、市）能源主管部门，国务院有关部门和中央管理企业负责本地区或所属单位能源创新平台的组织申报，参与指导能源创新平台的建设运行和管理考核，支持能源创新平台组织推进技术研发、成果转化和工程示范等工作。 能源创新平台定期向国家能源局报送研发成果快报，当有重大科技突破时，应及时报送
自然资源部办公厅关于印发《自然资源部科技创新平台管理办法（试行）》的通知（自然资办发〔2020〕49号），2020年11月12日发布，自发布之日起施行	第一章　总则 第二章　管理职责 第三章　建设与运行 第四章　评估与监督 第五章　附则 总计26条	创新平台是自然资源创新体系的重要组成部分，是围绕自然资源科技前沿和事业发展需求，凝聚创新资源、实施重大创新任务的重要载体。按照基础研究、关键技术研发、科技成果转化、科技资源共享服务等科技创新活动特点，在自然资源部具备竞争优势的学科领域，有序布局建设一批部重点实验室、工程技术创新中心和野外科学观测研究站，为自

续表

立法情况	立法结构	核心内容
		然资源治理理论创新、技术创新和转化应用打造科技支撑力量。根据不同功能定位，创新平台按重点实验室（以下简称“实验室”）、工程技术创新中心（以下简称“创新中心”）和野外科学观测研究站（以下简称“野外站”）三类建设运行。 创新平台建设坚持“需求引领、协同创新、夯实基础、滚动发展”的原则。自然资源部负责创新平台的宏观管理，部科技主管部门具体组织实施。依托科研管理基础较好的支撑单位设立创新平台办公室，承办和支撑有关日常工作。自然资源部相关业务司局加强对创新平台的业务指导，对创新平台建设提出需求建议，利用创新平台开展重大业务攻关，推进创新成果在相关领域业务工作中的转化应用。各有关省（自治区、直辖市）自然资源主管部门、中国地质调查局、派出机构是相关创新平台的主管单位。依托单位负责创新平台建设和运行管理

续表

立法情况	立法结构	核心内容
科技部 财政部印发《国家技术创新中心建设运行管理办法（暂行）》的通知 （国科发区〔2021〕17号） 2021年2月10日发布，自发布之日起施行	第一章　总则 第二章　管理职责 第三章　组建程序和条件 第四章　运行管理 第五章　绩效评估 第六章　附则 共计34条	创新中心分为综合类和领域类。 1. 综合类创新中心围绕落实国家重大区域发展战略和推动重点区域创新发展，开展跨区域、跨领域、跨学科协同创新与开放合作，成为国家技术创新体系的战略节点、高质量发展重大动力源，形成支撑创新型国家建设、提升国家创新能力和核心竞争力的重要增长极。 2. 领域类创新中心围绕落实国家科技创新重大战略任务部署，开展关键技术攻关，为行业内企业特别是科技型中小企业提供技术创新与成果转化服务，提升我国重点产业领域创新能力与核心竞争力。 科技部负责创新中心规划布局和宏观管理，财政部根据创新驱动发展和区域科技创新需求，结合绩效评估结果安排创新中心后补助经费，根据工作需要，对政策实施情况开展绩效评价。国务院有关部门和各省（自治区、直辖市、计划单列市、新疆生产建设兵团，以下简称地方政府）科技管理部门负责创新中心的培育、推荐和监督管理。 科技部委托相关专业化机构负责创新中心日常管理与服务等相关支撑工作

表4.1说明，为促进创新驱动，国务院相关部委积极筹划国家级科技平台，意图通过这些平台的建立，为促进创新驱动提供条件。

（五）地方立法的先行先试

经过网上查询发现，涉及“创新”方面的立法回应，在地方立法层面则有着较完整的专门法律调整。其中，在2015年进入经济新常态之前，一些省、自治区、直辖市即出台了专针对“创新”活动的地方性法规和规章。具体情况如表4.2所示。

表4.2 地方有关创新立法一览表（2015年之前）

制定实施时间	制定机关	法规规章名称	备注
2000年1月25日制定，2000年3月1日起施行	上海市人大常委会	上海市鼓励引进技术的吸收与创新规定	该规定先后于2002年、2010年修正。1987年的《上海市鼓励引进技术消化吸收暂行规定》同时废止
2004年11月30日制定，自2005年1月1日起施行	四川省人大常委会	四川省企业技术创新条例	
2009年7月24日制定，2009年9月1日起施行	重庆市人大常委会	重庆市科技创新促进条例	2021年修订。2022年3月1日起施行。 1998年3月通过的《重庆市科学技术投入条例》同时废止。

续表

制定实施时间	制定机关	法规规章名称	备注
2011 年 11 月 30 日制定，自 2012 年 3 月 1 日起施行	广东省人大常委会	广东省自主创新促进条例	该条例于 2012 年、2016 年修正。2019 年修订，修订后于 2019 年 12 月 1 日起施行
2013 年 9 月 26 日制定，自 2013 年 11 月 1 日起施行	江西省人大常委会	江西省科技创新促进条例	该条例于 2018 年、2020 年修正
2014 年 1 月 9 日制定，自 2014 年 3 月 1 日起施行	辽宁省人大常委会	辽宁省自主创新促进条例	现已失效
2006 年 3 月 14 日制定，自 2006 年 7 月 1 日起施行	深圳市人大常委会	深圳经济特区改革创新促进条例	2019 年修正
2008 年 1 月 30 日制定，自 2008 年 6 月 1 日起施行	西安市人大常委会	西安市改革创新促进条例	该条例于 2017 年、2020 年修正
2008 年 10 月 10 日制定，自 2009 年 1 月 1 日起施行	昆明市人大常委会	昆明市科学技术进步与创新条例	2019 年修正
2010 年 9 月 17 日制定，自 2011 年 1 月 1 日起施行	珠海市人大常委会	珠海经济特区科技创新促进条例	该条例于 2016 年、2021 年修订，修订后于 2021 年 8 月 1 日起施行

续表

制定实施时间	制定机关	法规规章名称	备注
2010 年 12 月 23 日制定，自公布之日起施行	北京市人大常委会	中关村国家自主创新示范区条例	2000 年《中关村科技园区条例》同时废止
2010 年 12 月 30 日制定，自 2011 年 6 月 1 日起施行	贵阳市人大常委会	贵阳市科技创新促进条例	该条例于 2020 年修正、1994 年《贵阳市科学技术进步条例》同时废止
2010 年 12 月 24 日制定，自 2011 年 5 月 1 日起施行	宁波市人大常委会	宁波市科技创新促进条例	
2011 年 7 月 29 日制定，自 2011 年 10 月 1 日起施行	青岛市人大常委会	青岛市科技创新促进条例	
2011 年 11 月 29 日制定，自 2012 年 6 月 1 日起施行	武汉市人大常委会	武汉市科技创新促进条例	2020 年修正。1995 年《武汉市科学技术进步条例》同时废止
2012 年 12 月 26 日制定，自 2013 年 7 月 1 日起施行	广州市人大常委会	广州市科技创新促进条例	2015 年修正，现已失效
2012 年 5 月 9 日制定，自 2012 年 6 月 15 日起施行	银川市人民政府	银川市科学技术创新奖励办法	1991 年《银川市科学技术进步奖励办法》同时废止。现已失效

表4.2表明，2015年之前出台的相关地方性法规，有的进行了修正，有的进行了修订，且凡修订的，施行日期以新的施行日期为准。有的则予以废除，反映了立法实践的“立、改、废”规律。

2015年进入经济新常态，有关“创新”方面的立法，在继承原有立法思路基础上，有所进步。典型的立法成果如表4.3所示。

表4.3　地方典型创新立法一览表（2015年至2020年）

立法情况	立法结构	核心内容
《湖北省自主创新促进条例》由湖北省第十二届人民代表大会常务委员会第二十三次会议于2016年7月28日通过，自2016年10月1日起施行	第一章　总则 第二章　研究开发与技术创新 第三章　科技成果转化 第四章　人才建设与服务 第五章　金融支持 第六章　创新创业环境 第七章　法律责任 第八章　附则 总共48条	一、立法目的：为了提高自主创新能力，加快实施创新驱动发展战略，营造良好创新创业环境，建设创新强省。 二、自主创新定位：指公民、法人或者其他组织通过开展科学研究和技术创新，形成自主知识产权或者专有技术，运用机制创新、管理创新、金融创新、商业模式创新、业态创新等方式，向市场提供新技术、新产品、新工艺、新服务的活动。 三、体制机制创新：以企业为主体、市场为导向，以高等院校、科研机构为支撑，坚持人才优先、产学研相结合，强化知识产权战略运用，推进创新成果与产业、创新项目与现实生产力、创新劳动与利益收入的对接。 四、政府职责：省人民政府应当优化区域创新发展布局，推动区域间共同开展自主创新、共享创新要素和创新成果，统筹推进区域一体化发展，提升创新能力和竞争力。县级以上人民政府应当加强对本行政区域内自主创新促进工作的组织领导，编制自主创新规划和年度计划；建立自主创新促进工作联席会议制度，完善创新驱动

续表

立法情况	立法结构	核心内容
		考核评价体系，协调推动自主创新战略、政策措施的实施。县级以上人民政府科学技术主管部门负责本行政区域内自主创新促进工作的管理和协调；其他相关部门按照各自职责，负责促进自主创新的相关工作。县级以上人民政府应当建立完善自主创新奖励制度，对在自主创新工作中作出突出贡献的单位和个人给予表彰和奖励。 五、社会责任：促进自主创新是全社会的共同责任。国家机关、企业事业单位、社会团体和新闻媒体应当加强对创新文化的宣传和引导，形成尊重知识、崇尚创新、保护产权、宽容失败的社会氛围。 六、研究开发与技术创新 1. 设立基础研究基金和科技创新基金，支持创造原创性成果，提高自主创新能力。 2. 制定创新发展规划、计划，引导创新要素向企业聚集。 3. 推动自主创新成果形成相关技术标准。 4. 建设高水平智库和软科学研究基地。加强创新决策咨询体系建设，推进重大创新决策制度化。 5. 采用财政后补助、间接投入等方式，支持创新活动的开展。 6. 推动军用与民用科学技术有效集成、资源共享。 7. 支持和引导社会资本参与建设技术创新公共服务平台。

续表

立法情况	立法结构	核心内容
		8. 支持中小微企业具有自主知识产权的创新产品和服务的首购、订购。 9. 保障企业享受研发费用加计扣除、高新技术企业所得税优惠、技术开发和转让等税收优惠政策。 10. 完善产学研协同创新机制，研发团队和科技人员获得的科研劳务收入，不纳入单位绩效工资总量调节指标。利用本省财政性资金设立的自主创新项目，承担项目人员的绩效支出，比例可达项目经费扣除设备购置费后的 40%；软科学研究项目、软件开发类和咨询服务类项目，绩效支出比例可达 60%。对参与项目的无工资性收入人员、临时聘用人员等可以开支劳务费，不设比例限制。 11. 对以财政性资金或者国有资本为主资助的探索性强、风险性高的自主创新项目，承担项目的单位和科技人员经第三方评估已经履行了勤勉尽责义务仍不能完成的，可以允许该项目结题。 七、科技成果转化创新 1. 定期发布自主创新成果产业化重点领域指南。 2. 建立统一规范、开放共享的技术交易平台，进行科技成果与企业技术需求信息的收集、整理与发布。 3. 通过贷款贴息、补助资金、创业风险投资资助等方式，引导企业加大自主创新成果转化与产业化投入。

续表

立法情况	立法结构	核心内容
		4. 采取科技成果入股、科技成果收益分成、股权奖励、股票期权等方式对科技人员和经营管理人员进行股权和分红激励，促进自主创新成果转化与产业化。 5. 加强科技创新服务体系建设。 6. 完善科技成果转化的绩效考核评价体系。 7. 国家和省设立的高等院校、科研机构将科技成果以技术转让或者许可方式实施转化所得净收入，其研发团队可以按照不低于70% 的比例取得；以作价投资实施转化形成的股份或者出资比例，其研发团队可以按照不低于70% 的比例取得。 八、人才建设与服务创新 1. 编制地区、行业的创新型人才发展规划和人才目录。 2. 建立境外高层次人才创新创业基地。 3. 创新技术技能人才教育培训模式，支持企业与院校合作，共建实习实训基地，培养企业适用的技术人才。 4. 健全科技特派员制度。 5. 支持企业与高等院校、科研机构通过委托项目、合作研究以及创新创业人才双向兼职、任职等方式，引进和使用科技人才。 6. 支持高等院校、科研机构设立流动岗位，吸引企业家和企业科技人才兼职。 7. 高等院校、科研机构科技人员在履行岗位职责且不损害本单位利益的前提下，可以兼职从事技术开发、技术咨询、技术

续表

立法情况	立法结构	核心内容
		服务、新产品研制和科技成果转化等活动，所得报酬按照规定计缴个人所得税后归个人所有。 8. 规范以不同特点为导向的科技人才分类评价标准和专业技术职务、职称评审。对符合条件的高层次留学人才以及科技创新业绩突出、成果显著的人才，开辟高级职称评审绿色通道。对在研究开发、科技成果转化和技术转移中作出突出贡献的科技人员，可以破格评定相应的专业技术职称。 九、金融支持创新 1. 完善创新创业投资、融资制度，培育发展天使投资群体和风险投资机构，建立市场化长效运行机制，引导社会资本支持创新创业和新兴产业发展。 2. 省创业投资引导基金通过阶段参股、跟进投资、风险共担等方式扶持创业投资企业，引导社会资本进入创业投资领域，支持种子期、初创期、早中期创新型企业发展。 3. 省创业投资引导基金对天使投资基金参股比例可达 30%，其中省、市（州）引导基金与社会资本联合设立的天使投资基金参股比例可达 50%。 4. 建立完善集专利信息、质押融资、评估、担保、出资入股及交易于一体的专利投融资综合服务平台。 5. 加强中小微企业信用体系建设，搭建中小微企业信贷网络服务平台，为中小微企业与金融机构的对接提供信息服务。支

续表

立法情况	立法结构	核心内容
		持符合条件的发行主体发行中小微企业集合债券等企业债券品种。 6. 设立专项资金，建立中小微企业融资风险担保补偿机制。 7. 加强区域性股权交易市场建设，拓宽中小微企业融资渠道，促进中小微企业股权流转。 十、创新创业环境构建 1. 制定科技资源开放共享管理和使用办法，建立科技资源普查制度和开放共享评价制度，编制、更新和发布开放共享目录，定期组织对共享服务情况进行评价考核，并向社会公布评价考核结果。 2. 制定和实施知识产权战略、知识产权服务业发展规划，加强知识产权公共服务体系建设，完善知识产权利益分享机制，引导支持企业和个人创造、运用知识产权，促进创新成果知识产权化。 3. 将重点科研基础设施、重大科技创新工程等建设项目用地，纳入土地利用总体规划、城乡规划和政府投资计划。 4. 支持国家自主创新示范区、高新技术产业开发区、大学科技园和科技企业孵化器等，建立健全大学生创业指导服务机制，制定大学生创业政策措施，扶持大学生以创业实现就业

续表

立法情况	立法结构	核心内容
《山西省科技创新促进条例》由山西省第十二届人民代表大会常务委员会第四十一次会议于2017年9月29日通过，自2017年12月1日起施行	第一章　总则 第二章　科技创新人才 第三章　科技创新平台 第四章　科技项目管理 第五章　科技成果转化 第六章　科技创新保障 第七章　法律责任 第八章　附则 总共37条	除与湖北规定基本一致外，体现本省特色的规定如下： 1. 立法目的：实施创新驱动发展战略，提高科技创新能力。 2. 科技创新促进活动定位：包括科技创新人才培养和引进、科技创新平台建设、科技项目管理、科技成果转化、科技创新保障等。 3. 政府职责：完善创新驱动考核评价体系和表彰奖励制度。为科技创新人才在企业设立、项目申报、科研条件保障、岗位聘用、职称晋升以及出入境、户口或者居住证办理、住房、配偶安置、子女入学等方面提供优惠或者便利条件。 4. 评价机制改革：基础研究人才评价以同行学术评价为主，应用研究和技术开发人才评价以市场或者社会评价为主。 5. 高校离岗规定：高等学校和研究开发机构的科研人员，经本人申请并由所在单位批准，可以离岗或者到企业兼职开展科技创新活动。离岗开展科技创新活动的科研人员应当与单位签订离岗协议，约定离岗期限、基本待遇、保密、成果归属等内容，明确双方权利义务。约定的职称晋升、档案工资、社会保险、住房公积金等基本待遇不得低于国家和省有关规定。离岗开展科技创新活动的科研人员终止创新活动的，自离岗之日起3年内应当允许其返回原单位工作；离岗开展科技创新活动的科研人员辞职的，原单位应当按照在岗

续表

立法情况	立法结构	核心内容
		人员辞职的有关规定办理。科研人员在企业兼职的工作业绩可以作为职称评审、岗位竞聘、考核等的依据。 6. 科研经费支配改革：在保障项目实施的前提下，项目组成员、参与科技项目研究的研究生、博士后、访问学者以及聘用的研究人员、辅助人员的劳务费不设比例限制，由项目承担单位和科研人员据实编制。国家另有规定的除外。项目组成员的绩效奖励按照有关规定支出。 7. 科研财务助理制度：科技项目承担单位可以建立科研财务助理制度，为科研人员在项目预算编制和调剂、经费支出、财务决算和验收等方面提供专业化服务，所需费用可以从科技项目资金支出。 8. 成果转让奖励规定：高等学校、研究开发机构未规定、也未与科研人员约定奖励和报酬的方式和数额的，按照下列标准对完成、转化职务科技成果作出重要贡献的人员给予奖励或者报酬：（一）以技术转让或者许可方式转化职务科技成果的，应当从技术转让或者许可所取得的净收入中提取不低于 70% 的比例；（二）以科技成果作价投资实施转化的，应当从作价投资取得的股份或者出资比例中提取不低于 70% 的比例。（三）职务科技成果自行实施或者与他人合作实施的，应当在实施转化成功投产后连续五年，每年从实施该项科技成果的营业利润中提取不低于 10% 的比例；（四）在研究开发和科技成果转

续表

立法情况	立法结构	核心内容
		化中作出主要贡献的人员，获得奖励的份额不低于奖励总额的70%。 9. 研发准备金制度：县级以上人民政府可以采取财政补助方式，引导企业建立研发准备金制度。 10. 科技创新券制度：省、设区的市人民政府每年应当安排一定数额的科技创新券，支持科技型中小企业购买创新服务、开展技术合作等。
《河北省促进企业技术创新条例》经河北省第十三届人民代表大会常务委员会第四次会议于2018年7月27日通过，自2018年9月1日起施行	第一章　总则 第二章　引导与激励 第三章　服务与保障 第四章　法律责任 第五章　附则 总计44条	1. 立法目的：促进企业技术创新，增强企业创新活力，推动产业转型升级，提高经济发展质量和效益。 2. 企业技术创新定义，指企业通过研究开发、成果转化，或者将已有的技术进行应用创新，提供新技术、新工艺、新材料、新产品、新装备、新服务等，并实现其市场价值的活动。 3. 基本原则：坚持创新驱动发展战略，提高企业创新意识和动力，增强企业创新能力和市场竞争力，构建以企业为主体、市场为导向、产学研深度融合的技术创新体系。企业技术创新工作应当坚持以企业为主体、政府引导和扶持、全社会共同参与的原则。 4. 政府职责：该条例主要从政府职责角度，规定了政府在创新驱动战略实施中的职责。 (1) 县级以上人民政府负责指导和协调本行政区域内的企业技术创新工作。县级以上人民政府工业和信息化、发展改革、

续表

立法情况	立法结构	核心内容
		科学技术等主管部门在各自职责范围内做好相关工作。 (2) 将企业技术创新纳入国民经济和社会发展规划，加强对企业技术创新工作的指导，制定并落实相关政策措施。 (3) 通过制定产业、财政、能源、环境保护等政策，引导、促进企业研究开发新技术、新产品、新工艺，进行技术改造和设备更新，淘汰技术落后的设备、工艺，支持绿色技术创新和战略新兴产业发展，加快培育新动能，构筑现代化产业体系。 (4) 完善企业技术创新扶持政策和激励措施，加强信息资源整合，统筹安排各类支持资金，推动企业提升技术创新能力。用于科技进步、创新创业的专项资金，应当确定一定比例用于鼓励、支持企业技术创新活动。省、设区的市人民政府应当设立工业转型升级（技改）专项资金，确定一定比例用于支持企业技术创新活动。可以通过基金、贴息、补助等方式，引导社会资金投向新技术研究开发、中间试验、推广应用等企业技术创新活动。建立健全企业研发投入激励机制，可以对企业上一年度研发经费给予补助。对企业牵头或者参与国家重大科技专项的，省级财政可以按照国家支持金额的一定比例给予奖励。省外企业在本省设立独立法人资格、符合本省产业发展方向的研发机构、研发总部和工业设计机构，当地人民政府可以给予财政支持。对创新平台、研发组织建

续表

立法情况	立法结构	核心内容
		设应当按照国家和本省有关规定给予一定的财政补助资金。省级财政安排专项资金用于支持工业设计发展。设区的市人民政府设立相应的工业设计发展专项资金。 (5) 建立健全符合国际规则、支持采购创新产品和服务的政策体系，试行创新产品与服务远期约定政府购买制度，加强对创新产品研制企业和用户方的双向支持。 (6) 企业获得财政科研项目资金，劳务费不设比例限制，由项目承担单位和科研人员据实编制，间接费用中用于人员激励的绩效支出不设比例限制。赋予学科带头人、重大创新平台负责人、项目负责人等在科研仪器设备采购、基建项目等方面更多的支配权。 (7) 鼓励企业参与军用产品技术创新，支持军民技术双向转移，引导企业创新资源与军工技术开展对接合作，推动军民融合产业发展。 (8) 依法放宽市场准入，提升为企业技术创新服务的效能，健全社会诚信体系，推动服务型政府建设。 (9) 推进制造业与互联网融合发展，促进信息技术在企业技术创新和产业转型升级中的推广应用。 (10) 建立健全促进企业技术创新的社会化服务体系。为企业知识产权维权提供指导、帮助和服务，鼓励企业申请专利和注册商标。建立信息集中发布平台，汇集并无偿提供涉及企业的法律法规、创业、创新、金融、市场、权益保护等各类政府服务信息。

续表

立法情况	立法结构	核心内容
		(11) 完善京津冀企业技术创新交流长效机制，推动京津冀协同创新。完善引进省外高层次人才的政策措施，支持企业建立高层次人才创新创业基地。 (12) 加强对企业技术创新成果的宣传，培育企业技术创新文化，发挥企业家在创新创业中的作用，依法保护企业家创新权益，树立鼓励创新的社会导向。 (13) 对符合用地条件的重大创新项目，优先安排用地。鼓励企业利用原有工业用地发展新兴产业和嫁接改造技术项目。实施人才安居工程，明确人才安居工程的保障对象、标准和方式，将企业技术创新人才列为住房保障对象。企业引进和培养的技术创新人才，可以按照国家和本省有关规定享受项目申报、科研条件保障、户籍、子女入学、配偶安置等方面的优惠政策。 (14) 完善银企对接机制，加强与各担保、评估、法律、交易等机构联系，利用创新券、服务券、专利权质押融资等方式建立多层次、多途径的企业技术创新支持机制。 (15) 省人民政府统计主管部门会同工业和信息化主管部门建立健全企业技术创新统计制度，对全省企业技术创新发展状况进行监测、分析和评价。 (16) 本省应当建立河北省企业技术创新评价指标体系，将研发投入占主营业务收入的比重、规模以上企业研发机构拥有率、创新质量效益以及有关创新政策的落实等评价内容，纳入市、县年度考核指标

续表

立法情况	立法结构	核心内容
广东省自主创新促进条例（2011年11月30日）广东省第十一届人民代表大会常务委员会第三十次会议通过 根据2012年7月26日广东省第十一届人民代表大会常务委员会第三十五次会议《关于修改〈广东省民营科技企业管理条例〉等二十三项法规的决定》第一次修正 根据2016年3月31日广东省第十二届人民代表大会常务委员会第	第一章 总则 第二章 研究开发和成果创造 第三章 成果转化与产业化 第四章 创新型人才建设与服务 第五章 激励与保障 第六章 法律责任 第七章 附则 总计77条	1. 立法目的：贯彻新发展理念，强化创新第一动力，提高自主创新能力，推动产业转型升级，形成以创新为主要引领和支撑的现代化经济体系，促进经济社会高质量发展。 2. 自主创新定义：指公民、法人和其他组织主要依靠自身的努力，为增进知识或者拥有自主知识产权、关键核心技术而开展科学研究和技术创新，运用机制创新、管理创新、金融创新、商业模式创新、品牌创新等手段，实现前瞻性基础研究、引领性原创成果重大突破，或者向市场推出新技术、新产品、新工艺、新服务的活动。 3. 政府职责 （1）省人民政府应当推进粤港澳大湾区建设和支持深圳建设中国特色社会主义先行示范区，建设国际科技创新中心，以深圳为主阵地建设综合性国家科学中心。创新重大项目形成机制和管理方式，强化企业对关键核心技术攻关的主体作用。在重大创新领域统筹规划、布局建设广东省实验室，并支持其开展管理体制和运营机制创新。利用财政性资金或者国有资本建设的广东省实验室、重大科技基础设施和购置的大型科学仪器设备，应当依法履行向社会开放共享义务，为公民、法人和其他组织开展自主创新活动提供服务。建立自主创新考核制度，考核市、县人民政府推动自主创新的工作实绩。 （2）鼓励与港澳台企业、高等学校、科

续表

立法情况	立法结构	核心内容
二十五次会议《关于修改〈广东省自主创新促进条例〉的决定》第二次修正 2019年9月25日广东省第十三届人民代表大会常务委员会第十四次会议修订，自2019年12月1日起施行		学技术研究开发机构、科学技术社会团体，联合开展科学技术攻关、共建科学技术创新平台等自主创新合作，联合发起或者参与国际大科学计划和大科学工程。 （3）面向港澳建立省级财政科研资金跨境使用机制，鼓励港澳高等学校、科学技术研究开发机构承担财政科研资金设立的自主创新项目。 （4）支持开展战略规划、政策法规、项目论证等方面的软科学研究和社会科学研究，促进自然科学与人文社会科学的交叉融合，为科学决策提供理论与方法。 （5）依法保护企业事业组织的商业模式创新活动，制定激励扶持政策，引导企业事业组织采用合同能源管理、重大技术设备融资租赁、电子商务等商业模式提升商业运营能力。 （6）加强粤港澳大湾区知识产权保护合作，推动建立粤港澳大湾区知识产权信息交换机制和信息共享平台。培育发展粤港澳大湾区知识产权市场，建立健全与国际接轨的知识产权运营体系，促进知识产权合理有效流通。 （7）推进粤港澳大湾区创新型人才公共服务衔接，促进人才往来便利化和跨境交流合作。推动粤港澳大湾区联合引进、培养创新型人才，联合开展关键核心技术攻关，促进自主创新和科技成果转化。 （8）将科学技术经费作为财政支出重点予以支持，并逐步提高科学技术经费的财政投入总体水平，确保财政对科技投入力

续表

立法情况	立法结构	核心内容
		度只增不减。各级国有资本经营预算应当安排适当比例的资金用于国有企业自主创新，并逐年增加。 (9) 利用本省财政性资金设立的自主创新项目的主管部门，应当为承担项目的科学技术人员和组织建立科研诚信档案，并建立科研诚信信息共享机制。科研诚信情况应当作为专业技术职务评聘、自主创新项目立项、科研成果奖励等的重要依据。 4. 其他规定 (1) 高等学校、科学技术研究开发机构和企业利用本省财政性资金设立的科研项目所形成的职务创新成果，在不影响国家安全、国家利益、重大社会公共利益的前提下，可以由项目承担单位与科学技术人员依法约定成果使用、处置、收益分配等事项。利用本省财政性资金设立的高等学校、科学技术研究开发机构对于企业、其他社会组织委托的科研项目，可以根据合同约定成果归属、使用、处置和收益分配等事项，给予科学技术人员奖励和报酬。 (2) 科学技术中介服务业应当建立行业自律制度。科学技术中介服务机构及其从业人员，应当遵守相关法律法规，按照公平竞争、平等互利和诚实信用的原则开展业务活动。 (3) 利用本省财政性资金设立的自主创新项目，承担项目人员的人力资源成本费可以从项目经费中支出且比例不受限制，但是不得违反国家和省有关事业单位和国有企业绩效工资管理等规定。人力资源成

续表

立法情况	立法结构	核心内容
		本费包括项目承担单位的项目组成员、项目组临时聘用人员的人力资源成本费，以及为提高科研工作绩效而安排的相关支出。 （4）公民、法人或者其他组织从事自主创新活动，应当遵循公认的科研伦理规范。设立自主创新项目的单位对涉及生命科学、医学、人工智能等前沿领域和对社会、环境具有潜在威胁的科研活动，应当要求项目负责人在立项前签订科研伦理承诺书；未签订科研伦理承诺书的，不予立项。从事涉及人的生物医学科研和实验动物生产、使用的单位，应当按照国家相关规定设立伦理委员会开展伦理审查，履行科研伦理管理责任
山西省创新驱动高质量发展条例（2020年5月15日山西省第十三届人民代表大会常务委员会第十八次会议通过），自2020年7月1日起施行	第一章　总则 第二章　科技创新 第三章　产业创新 第四章　人才支撑 第五章　环境优化 第六章　体系建设 第七章　附则 总计53条	1. 立法目的：实施创新驱动发展战略，推动经济社会高质量发展。 2. 方针原则：实施创新驱动，坚持以新发展理念为指导，以改革为动力，以科技创新为核心，以产业创新为重点，以人才制度创新和环境优化为保障，以体系建设为支撑，稳步推进高质量发展。 3. 体制机制：各级政府建立议事协调机制，统筹协调创新驱动高质量发展工作中的重大问题。根据不同科技创新主体的功能定位提供相应政策支持，突出关键共性技术、现代工程技术等技术创新，提升区域科技支撑能力。 4. 省实验室建设：在重点优势领域建设省实验室。省实验室自主设立的科技项目

续表

立法情况	立法结构	核心内容
		视同省科技计划项目，重点引进的人才团队纳入省重大人才工程。符合事业单位法人条件的省实验室，可依法申请事业单位法人登记。 5. 自主科研支持：省属高等院校、研究开发机构可以先行自主融资开展科研活动，省人民政府财政部门按照银行同期贷款利率对自主融资科研项目给予全额贴息。因科研失败或者科研成果收益不足以偿还融资的，经认定后，给予一定补偿；对融资成功并用科研成果收益足额还贷的，给予奖励。 6. 平台建设：省人民政府应当组织有关部门建设科技创新公共服务平台，提供政策法规、标准技术文件、专家咨询、资信服务、投融资信息、技术成果信息等服务，开展科技成果和专利技术展示、交易等活动，提升科技创新公共服务平台的质量和水平。支持在煤炭清洁高效开发利用等优势领域组建国家产业创新中心等国家级创新平台，在战略性新兴产业领域建设制造业创新中心。企业技术中心、工程技术研究中心、产业技术创新战略联盟等创新平台 7. 技术经理人：健全技术经理人全程参与科技成果转化的工作机制。 8. 产业创新方向与差异化：发展新一代信息技术、高端装备制造、新材料、生物、新能源汽车、新能源、数字创意、通用航空等战略性新兴产业。战略性新兴产业生产力布局，坚持产业差异化发展原则

续表

立法情况	立法结构	核心内容
		推动能源供给和能源消费革命，推进煤炭清洁高效开发利用和非常规天然气、清洁电力等新能源的发展，构建绿色多元能源供给体系。 9. 技术专项资金：省、设区的市人民政府应当设立技术改造专项资金，支持工业和信息化领域的企业、社会组织加快数字化、网络化、智能化、绿色化的技术改造和技术创新。 10. 商业模式创新：引导企业事业单位采用合同能源管理、重大技术设备融资租赁、电子商务等商业模式提升商业运营能力。发展数字消费。促进技术创新和商业模式创新融合。 11. 设立人才专项资金、基金：“一人一策”“一事一议”的方式引进高精尖缺人才及其团队。 12. 智创城建设：省人民政府及有关部门应当完善以智创城为载体的双创体系，加强对省级创业孵化示范基地、创业示范园区的评选认定工作，对认定的创业孵化示范基地、创业示范园区按照规定给予税收优惠和财政支持。 13. 体系建设：省人民政府应当制定和完善创新驱动高质量发展的指标体系、政策体系、标准体系、统计体系和考核评价体系，推动经济发展质量变革、效率变革、动力变革

续表

立法情况	立法结构	核心内容
《深圳经济特区科技创新条例》经深圳市第六届人民代表大会常务委员会第四十四次会议于 2020 年 8 月 26 日通过，现予公布，自 2020 年 11 月 1 日起施行。 《深圳经济特区科技创新促进条例》同时废止	第一章　总则 第二章　基础研究和应用基础研究 第三章　技术创新 第四章　成果转化 第五章　科技金融 第六章　知识产权 第七章　空间保障 第八章　创新环境 第九章　附则 共计 101 条	1. 立法目的：深入贯彻实施创新驱动发展战略，加快建设现代化国际化创新型城市和具有全球影响力的创新创业创意之都，推进粤港澳大湾区建设和建设深圳中国特色社会主义先行示范区。 2. 发展方向原则：坚持把创新驱动作为城市发展主导战略，以科技创新为核心推进全面创新，完善科技创新体制机制；加强基础研究和应用基础研究，强化关键核心技术攻关，促进科技成果转化和产业化，深化科技金融创新，充分发挥人才支撑作用，构建以“基础研究和应用基础研究”“技术攻关”“成果产业化”“科技金融”“人才支撑”为重点的全过程创新生态链。 3. 规划保障：将高新技术产业发展、科技基础设施建设、科技创新体制改革、重大科技项目攻关、科技人才保障等科技创新工作纳入国民经济和社会发展规划。制定、修订市、区国土空间规划应当充分保障科技创新发展的基本要求。 4. 财政投入保障：加大科技创新财政投入，建立稳定支持与竞争性经费相结合的科技创新投入机制，引导企业及其他社会力量投入科技创新活动，推动全社会科技创新经费持续稳步增长。市、区人民政府及其相关部门应当综合运用财政后补助、间接投入等方式，通过资助、贷款贴息、奖励、基金等多种形式支持高等院校、科研机构、企业以及科技人员开展科技创新活动。改革科技项目立项和组织方式，建

续表

立法情况	立法结构	核心内容
		立主要由市场决定的科技项目遴选、经费分配、成果评价机制。 5. 科技安全协调工作机制：建立科技安全协调工作机制，加强科技安全制度建设，强化重点产业供应链安全保障，防范化解科技领域重大风险，提高科技安全治理水平。 6. 平台建设：加快建设深圳综合性国家科学中心，作为国家创新体系建设的重要基础平台，开展重大科技基础设施项目预先研究，集中布局建设重大科技基础设施集群；建设一批跨领域、跨学科的前沿交叉研究平台，与重大科技基础设施形成交叉融合、紧密协作、相互支撑的创新内核，强化原始创新能力，发挥其在粤港澳大湾区国际科技创新中心建设中的关键作用。 7. 基础和应用研发支持：市人民政府投入基础研究和应用基础研究的资金应当不低于市级科技研发资金的30%。 8. 深港合作：加快建设深港科技创新合作区，以制度创新为核心，建立与香港及国际接轨的科研体制机制，聚集国际创新资源，推进深港协同开发，促进人员、资金、物资、技术、信息等创新要素高效便捷流动，打造适应科技创新发展的国际规则对接区和开放创新先导区。 9. 建设光明科学城：加快建设光明科学城，作为综合性国家科学中心的核心承载区，重点围绕信息、材料、生命科学与技术领域，布局前沿交叉研究平台、高水平

续表

立法情况	立法结构	核心内容
		研究型大学和科研机构等重大科技创新载体，形成布局合理、功能水平全球领先的重大科技基础设施集群以及引领未来发展的新兴产业集群。 10. 建设西丽湖国际科教城：加快建设西丽湖国际科教城，作为产学研用深度融合示范区，探索高等教育体制机制改革，开放共享科技资源，促进科技成果转化，引导科研机构、平台载体、企业和高端人才集聚，推动教育、科研、产业协同发展。 11. 建设实验室：加快建设国家实验室、广东省实验室等高水平基础研究平台，支持其开展管理体制和运营机制创新，开展战略性、前瞻性、系统性基础研究和关键核心技术攻关，推动学科理论与技术前沿的突破和创新，发挥创新支撑作用。 智能发现 12. 科研方向：围绕集成电路、人工智能、生物医药、新材料等产业链的核心环节和前沿领域，针对制约产业发展的短板和瓶颈，推进关键技术平台建设和重大项目攻关，重点培育科技创新团队，引进全球一流核心团队、关键设备和先进技术等，促进科技创新水平不断提升。 13. 指令性任务：对于涉及国家利益和社会公共利益的重大技术攻关项目，市人民政府可以通过下达指令性任务等方式，组织关键核心技术攻关。 14. 境外机构：鼓励高等院校、科研机构、企业单独或者合作在境外建立研发机构、离岸实验室和技术合作平台，利用全

续表

立法情况	立法结构	核心内容
		球科技创新资源，提升科技创新能力。 15. 支持颠覆性技术研发：建立完善支持颠覆性技术创新的制度，支持高等院校、科研机构、企业等开展颠覆性技术研发、成果转化和产业化。 16. 产权创新：赋予科技成果完成人或者团队科技成果所有权的，单位与科技成果完成人或者团队可以约定共同共有或者按份共有。约定按份共有的，科技成果完成人或者团队持有的份额不低于 70%；赋予科技成果完成人或者团队科技成果长期使用权的，许可使用期限不少于 10 年。 17. 免责：高等院校、科研机构有关负责人履行勤勉尽职义务，严格执行决策、公示等管理制度，没有牟取非法利益或者恶意串通的，可以免予追究其在科技成果定价、自主决定资产评估以及职务科技成果赋权中的决策失误责任。 18. 深圳证券交易所：深圳证券交易所设立的知识产权和科技成果产权交易平台，可以开展业务，由相关主管部门依法实施监督管理 19. 技术经理人制度：引入技术经理人全程参与发明披露、价值评估、专利申请与维护、技术推广、对接谈判等科技成果转化活动。 20. 金融支持：积极推动科技创新基金体系建设，通过政府引导、市场培育等方式，建立覆盖种子期投资、天使投资、风险投资、并购重组投资的基金体系。市、区人民政府可以发起设立投资母基金，引

续表

立法情况	立法结构	核心内容
		导社会资本投资高新技术产业、战略性新兴产业、未来产业等科技创新类产业项目；可以通过持有科技成果使用权、收益权、处置权或者科技成果转化形成的股权等方式，促进科技成果转化。支持投资科技型中小微企业和早期科技项目。投资科技型中小微企业或者早期科技项目的企业和个人，按照有关规定享受税收优惠待遇及专项资金补贴。推动建立科技创新基金及其管理机构登记备案绿色通道，提升市场准入、资金募集等便利化程度，构建便捷公平、监管规范透明的发展环境。 21. 知识产权补偿机制：市、区人民政府可以建立知识产权质押融资风险补偿机制，设立知识产权质押融资坏账补偿和贴息专项资金，支持金融机构开展知识产权质押融资业务。企业以知识产权开展质押融资，符合条件的，可以由财政性资金给予贴息贴保。推动知识产权证券化，推进以知识产权运营未来收益权为底层资产发行知识产权证券化产品。企业成功发行知识产权证券化产品的，市、区人民政府可以给予适当补贴。证券化产品中的知识产权许可在税收管理中视为融资行为。 22. 用地弹性制度：市、区人民政府可以实行用地弹性年期供应制度，根据科技创新相关政策和产业发展情况、用地单位经营情况，在法定最高出让年期内合理确定出让年期。市、区人民政府可以按照规定采用长期租赁、先租后让等方式供应土地，保障科技创新类产业的用地需求。

续表

立法情况	立法结构	核心内容
		23. 创新型产业用房的租金指导价格：市、区住房建设部门应当发布关于创新型产业用房的租金指导价格。建设的产业用房用于出租的，出租价格不得高于规定的租金指导价格。出租价格高于前款规定的租金指导价格的，高出部分由区人民政府有关部门责令退还承租人。 24. 交流合作支持：市、区人民政府应当支持开展国际科技创新交流合作，加强创新要素便捷流动和国际创新资源高效聚集；在商务考察、出国参展、贸易洽谈、离岸创新创业、技术贸易、出入境管理、外汇管理等方面为创新主体提供服务和便利。加强与粤港澳大湾区其他城市的科技创新合作，支持开展跨行政区科学技术攻关、共建科技创新平台、知识产权保护等工作，支持发起或者参与国际大科学计划和大科学工程建设。 支持香港、澳门高等院校、科研机构承接深圳市财政性资金设立的科技项目，建立和完善财政科技资金跨港澳使用机制。 25. 科研资金托管：市科技创新主管部门应当建立和完善科技研发资金托管制度，优化申请流程，提高经费使用效益；可以使用科技研发资金委托开展立项、过程管理、绩效评估等专业服务。科技研发资金应当专款专用，不得用于偿还项目单位的债务。 26. 特殊股权制度：在本市依照《公司法》登记的科技企业可以设置特殊股权结构，在公司章程中约定表决权差异安

续表

立法情况	立法结构	核心内容
		排，在普通股份之外，设置拥有大于普通股份表决权数量的特别表决权股份。有特别表决权股份的股东，可以包括公司的创始股东和其他对公司技术进步、业务发展有重大贡献并且在公司的后续发展中持续发挥重要作用的股东，以及上述人员实际控制的持股主体。设置特殊股权结构的公司，其他方面符合有关上市规则的，可以通过证券交易机构上市交易
西安市改革创新促进条例（2008 年 1 月 30 日），西安市第十四届人民代表大会第三次会议通过 2008 年 4 月 2 日陕西省第十一届人民代表大会常务委员会第一次会议批准 根据 2016 年 12 月 22 日西安市第十五届人民代表大会常务委员会第	共 28 条	1. 立法目的：为了全面促进改革创新工作，实现西安率先发展。 2. 条例适用：本条例适用于本市以下方面的改革创新：（一）经济体制、行政管理体制、文化体制和社会管理体制的改革；（二）司法工作的创新；（三）开发区体制机制的改革和管理服务方式、方法的创新；（四）公立非营利机构和人民团体管理与服务的工作方式、方法的创新。本条例所称改革创新是指本市范围内体制机制的变革和工作方式方法的首创活动。 3. 基本原则：改革创新应当遵循法律、法规的规定，坚持公开、公平、公正、科学民主的原则。 鼓励支持有利于科学发展、快速发展的体制机制改革和工作创新。鼓励支持企业、社会团体以及其他组织和个人开展自由探索，勇于承担风险，参与改革创新工作，提高自主创新能力。 4. 责任主体：国家机关、开发区管理委员会、公立非营利机构和人民团体，负有改革创新的工作职责。

续表

立法情况	立法结构	核心内容
三十六次会议通过，2017年3月30日陕西省第十二届人民代表大会常务委员会第三十三次会议批准的《西安市人民代表大会常务委员会关于修改〈西安市保护消费者合法权益条例〉等49部地方性法规的决定》第一次修正根据2020年10月21日西安市第十六届人民代表大会常务委员会第三十七次会议通过，2020年11月26日陕西省第十三		5. 管理体制：市、区县人民政府负责经济体制、行政管理体制、文化体制和社会管理体制方面的改革创新。市、区县审判机关、检察机关负责审判、检察工作方面的改革创新。开发区管理委员会负责有利于服务企业、适应市场经济需要的管理体制和运行机制方面的改革创新。公立非营利机构和人民团体根据履行职责的需要，负责管理、服务等方面的改革创新。市人民政府负责体制改革工作的部门，承担统筹、指导、协调和监督本市政府职责内的改革创新工作。 6. 社会公开：改革创新工作计划及方案可以向社会公开征集，也可以委托专门机构起草。制定涉及公众利益的重大改革创新工作计划及方案，应当进行调查研究，并组织专家论证、技术咨询和预期效果评估。涉及公众利益的重大改革创新，应当通过论证会、座谈会、研讨会、听证会等形式，组织公众及社会组织参与研究和讨论。改革创新方案通过后，有关单位应当向社会公布并及时组织实施；对涉及面广的，也可以先行试点，待条件成熟再行推广。其他有关方面的改革创新，有关单位在论证、研究决定后，即可组织实施。改革创新工作完成后，有关单位应当组织效果评估。涉及公众利益的重大改革创新，市人民政府负责体制改革工作的部门或者上级单位，应当委托无利害关系的第三方进行效果评估。效果评估报告应当向社会公开。公众普遍关注并要求改革创新的事

续表

立法情况	立法结构	核心内容
届人民代表人会常务委员会第二十三次会议批准的《西安市人民代表大会常务委员会关于修改〈西安市保护消费者合法权益条例〉等65部地方性法规的决定》第二次修正		项，有下列情形之一的，有关单位负责人应当向公众作出解释和说明。（一）未列入改革创新计划的；（二）未及时制定改革创新方案的；（三）改革创新方案未得到有效实施的。 7. 免责：改革创新工作虽未达到预期效果，但同时符合以下情形的，免予追究有关人员的责任。 （一）改革创新方案制定和实施符合有关规定的； （二）个人和所在单位未非法牟取私利的； （三）未与其他单位或者个人恶意串通损害公共利益的； （四）原始记录能够证明相关人员已经履行了勤勉尽责义务的。法律、法规另有规定的，从其规定

表4.3表明，在创新立法方面，地方立法走在了国家立法的前面。尤其是山西省的立法比较突出，先后就科技创新和创新驱动作出规定。广东省的立法最为全面，体现了地方推进国家创新驱动战略的法治决心，具有先行先试的属性。但在立法的出发点方面各地有所区别。有的立足于技术领域的全面创新，有的立足于企业创新，有的则立足于经济、社会和技术的全面创新。

（六）实施政策的积极回应

研究发现，在创新驱动方面，与立法回应相对不足不同，党中央、国务院以及国务院各部委密集性地出台了一系列指导性的实施政策、规划及其方案是经济法回应的积极表现。简要总结概述于表4.4。表4.4所列政策，按照中共中央、国务院及职能部门党组文件；国务院文件；国务院相关部门文件的序列予以总结归类。从中可以看出为落实国家“创新驱动战略”的政策发展脉络。

表4.4 创新驱动战略的政策回应

时间	政策文件名称	制定机关	简要内容
2019年10月20日	关于促进中医药传承创新发展的意见	中共中央、国务院	大力发展中医诊所、门诊部和特色专科医院，鼓励连锁经营。提供中医养生保健服务的企业登记经营范围使用“中医养生保健服务（非医疗）”规范表述。到2022年，基本实现县办中医医疗机构全覆盖，力争实现全部社区卫生服务中心和乡镇卫生院设置中医馆、配备中医医师
2015年9月7日	关于在部分区域系统推进全面创新改革试验的总体方案（中办发〔2015〕48号）	中共中央办公厅、国务院办公厅	结合东部、中部、西部和东北等区域发展重点，围绕推动京津冀协同发展、加快长三角核心区域率先创新转型、深化粤港澳创新合作、促进产业承东启西转移和调整、加速军民深度融合发展、推进新型工业化进程，选择1个跨省级行政区域（京津冀）、4个省级行政区域（上海、广东、安徽、四川）和3个省级行政区域的核心区（武汉、西安、沈阳）进行系统部署，重点促进经济社会和科技等领域改革的相互衔接和协调，探索系统改革的有效机制、模式和经验。其中河北依托石家庄、保定、廊坊，广东依托珠江三角洲地区，安徽依托合（肥）芜（湖）蚌（埠）地区，四川依托成（都）德（阳）绵（阳）地区，开展先行先试

续表

时间	政策文件名称	制定机关	简要内容
2016年1月8日	关于贯彻落实党的十八届五中全会精神 深入实施创新驱动发展战略的意见（国科党组发〔2016〕1号）	中共科学技术部党组	重点是制定发布“十三五”科技创新规划，明确未来五年创新驱动发展战略的具体部署。全面完成科技计划优化整合和制度建设。加快推进五大类科技计划的分类整合，纳入国家科技管理平台统一协调，制定重点研发计划等的管理办法和配套实施细则，实现新旧计划体系的有序衔接，确保如期完成改革目标任务。制定《促进科技成果转化法》配套制度。研究制定科技人员兼职或离岗创业、高校和科研机构科技成果入股国有股转持豁免、股权激励、科技成果公示等相关政策措施。指导和推动各部门、地方结合行业、区域特色，修订完善科技成果转化法的配套政策法规
2017年1月11日	关于创新政府配置资源方式的指导意见	中共中央办公厅、国务院办公厅	创新政府配置资源方式，自然资源方面要以建立产权制度为基础，实现资源有偿获得和使用；经济资源方面（主要指金融类和非金融类经营性国有资产）要突出国有资本的内在要求，明确委托代理关系的制度安排，建立健全国有资本形态转换机制；社会事业资源方面（主要指非经营性国有资产）要引入市场化手段和方法，实现更有效率的公平性和均等化，促进公共资源配置更高效、更公平、更可持续

续表

时间	政策文件名称	制定机关	简要内容
2017年5月8日	“十三五”国家科普与创新文化建设规划（国科发政〔2017〕136号）	科技部、中央宣传部	到2020年，科学精神进一步弘扬，创新创业文化氛围更加浓厚，以青少年、农民、城镇劳动者、领导干部和公务员、部队官兵等为重点人群，按照中国公民科学素质基准，以到2020年我国公民具备科学素质比例超过10%为目标，广泛开展科技教育、传播与普及，提升全民科学素质整体水平。国家科普研发、创作能力和科学传播水平显著提高，科普基础设施体系基本形成，科普基地布局更加合理，科普体制机制进一步优化，公益性科普事业和经营性科普产业统筹协调发展，关注创新、服务创新、支持创新、参与创新的良好社会氛围基本形成
2017年6月1日	关于加快推进地震科技创新的意见（中震局党发〔2017〕69号）	中共中国地震局党组	到2020年，使中国地震科技总体水平达到发达国家同期水平：形成具有我国地域特色的若干优势领域，取得一批突破性成果；创新科技成果转化机制，丰富地震科技产品；打造一支结构合理、攻坚克难的地震科技人才队伍；构建开放合作、充满活力的国家地震科技创新体系。争取到2030年，我国步入世界地震科技强国之列。实施“透明地壳”等4项科学计划

续表

时间	政策文件名称	制定机关	简要内容
2017年7月13日	关于推进公证体制改革机制创新工作的意见（司发〔2017〕8号）	司法部、中央编办财政部、人力资源社会保障部	现有行政体制公证机构2017年底前全部改为事业体制；事业体制公证机构的编制管理、人事管理、收入分配机制不断健全完善；合作制公证机构试点工作稳步推进。扶持保障公证机构发展的配套政策逐步建立健全，公证事业发展的制度和政策环境日益优化，公证机构人员积极性进一步调动，发展活力进一步增强
2017年9月30日	关于创新体制机制推进农业绿色发展的意见（中办发〔2017〕56号）	中共中央办公厅、国务院办公厅	资源利用更加节约高效。到2020年，严守18.65亿亩耕地红线，全国耕地质量平均比2015年提高0.5个等级，农田灌溉水有效利用系数提高到0.55以上。到2030年，全国耕地质量水平和农业用水效率进一步提高。 产地环境更加清洁。到2020年，主要农作物化肥、农药使用量实现零增长，化肥、农药利用率达到40%；秸秆综合利用率达到85%，养殖废弃物综合利用率达到75%，农膜回收率达到80%。到2030年，化肥、农药利用率进一步提升，农业废弃物全面实现资源化利用。 生态系统更加稳定。到2020年，全国森林覆盖率达到23%以上，湿地面积不低于8亿亩，基本农田林网控制率达到95%，草原综合植被盖度达到56%。到2030年，田园、草原、森林、湿地、水域生态系统进一步改善。 绿色供给能力明显提升。到2020年，全国粮食（谷物）综合生产能力稳定在

续表

时间	政策文件名称	制定机关	简要内容
			5.5 亿吨以上，农产品质量安全水平和品牌农产品占比明显提升，休闲农业和乡村旅游加快发展。到 2030 年，农产品供给更加优质安全，农业生态服务能力进一步提高
2017 年 10 月 8 日	关于深化审评审批制度改革鼓励药品医疗器械创新的意见	中共中央办公厅、国务院办公厅	改革临床试验管理；加快上市审评审批；促进药品创新和仿制药发展；加强药品医疗器械全生命周期管理；提升技术支撑能力
2018 年 2 月 27 日	关于加强知识产权审判领域改革创新若干问题的意见	中共中央办公厅、国务院办公厅	以完善知识产权诉讼制度为基础，以加强知识产权法院体系建设为重点，以加强知识产权审判队伍建设为保障，不断提高知识产权审判质量效率，加大知识产权司法保护力度，有效遏制侵犯知识产权行为，进一步提升知识产权领域司法公信力和国际影响力，加快推进知识产权审判体系和审判能力向现代化迈进
2018 年 5 月 16 日	关于坚持以习近平新时代中国特色社会主义思想为指导	中共科学技术部党组	当前和今后一个时期的科技工作，要紧紧围绕以下六条主线开展。一是围绕推动高质量发展要求，强化高水平科技供给，构建具有国际竞争力的现代产业技术体系，为建设现代化经济体系提供战

续表

时间	政策文件名称	制定机关	简要内容
	推进科技创新重大任务落实深化机构改革加快建设创新型国家的意见（国科党组发〔2018〕1号）		略支撑。二是围绕增强国家核心竞争力要求，加强技术、装备和系统集成攻关，强化战略高技术领域的系统化部署，为国家安全提供有力支撑。三是围绕落实打赢三大攻坚战要求，强化技术支撑，促进科技资源和创新要素向农村基层扩散，加大资源环境、人口健康、新型城镇化、公共安全等民生科技领域的技术攻关和转化应用。四是围绕建设世界科技强国要求，瞄准世界科技前沿，加强基础研究和应用基础研究，促进国家目标导向和科研人员自由探索相结合，建立稳定支持和竞争性支持相协调的投入机制，提升原始创新能力，营造科研人员长期潜心从事基础研究的良好环境。五是围绕实施人才强国战略的要求，积极践行聚天下英才而用之战略思想，统筹国内国际两种人才资源，实施更加积极、更加开放、更加有效的人才政策，完善人才引进体制机制，让有志于来华发展的外国人来得了、待得住、用得好、流得动。六是围绕促进区域协调创新发展，打造区域创新高地，带动更多地区加快走创新驱动发展之路，支撑国家重大区域发展战略实施

续表

时间	政策文件名称	制定机关	简要内容
2018年8月7日	关于创新驱动乡村振兴发展的意见（国科党组发〔2018〕36号）	中共科学技术部党组	到2020年，创新驱动乡村振兴发展取得重要进展，科技支撑乡村振兴的制度框架和政策体系基本形成。农业科技进步贡献率达到60%以上，农业科技创新有力支撑全面建成小康社会和进入创新型国家行列的目标实现。农业科技创新能力和技术发展水平显著提升，农业科技型企业快速发展，农业综合效益和产业竞争力显著增强，创新平台基地和人才队伍建设成效明显，农业农村科技创新体系更加健全，农业农村创新创业生态更加优化。 到2035年，创新驱动乡村振兴发展取得决定性进展，科技支撑农业农村现代化基本实现。农业农村科技创新体系更加完善，农业农村科技创新供给能力大幅提升，农业科技实力大幅跃升。农业科技型企业发展壮大，农业高新技术产业竞争力进一步增强，农业新技术、新产品、新模式和新业态不断涌现，促进农民就业创业取得显著成效。科技支撑农业高质量发展，农村人居环境明显改善。 到2050年，建成世界农业科技强国，支撑引领乡村全面振兴，全面实现农业强、农村美、农民富。编制《乡村振兴科技创新专项规划（2018—2022年）》

续表

时间	政策文件名称	制定机关	简要内容
2018 年 11 月 1 日	关于深化科技体制改革提升科技创新效能的实施意见（自然资党发〔2018〕31 号）	中共自然资源部党组	确立面向 2030 的自然资源创新战略。夯实地球系统科学理论基础。以地球系统科学观，认知山水林田湖草生命共同体，加强自然科学与社会科学交叉融合，拓展自然资源科学理论支撑。突破深地、深海科学前沿。采用集中攻关机制，突破深地、深海资源发现、精准探测等“卡脖子”技术，构建 2000 米到 10000 米多层次资源能源探测技术体系、深海能源矿产开发共性核心技术装备及试采技术体系，创新水平跻身先进国家行列，部分优势领域实现并跑、领跑。发展调查、保护、利用技术体系
2019 年 1 月 8 日	关于以习近平新时代中国特色社会主义思想为指导凝心聚力决胜进入创新型国家行列的意见（国科党组发〔2019〕1 号）	中共科学技术部党组	2019 年科技工作思路是：以习近平新时代中国特色社会主义思想为指导，全面贯彻党的十九大和十九届二中、三中全会及中央经济工作会议精神，统筹推进“五位一体”总体布局，协调推进“四个全面”战略布局，坚持稳中求进工作总基调，大力实施创新驱动发展战略，坚持以全面提升创新能力为主线，把握主动，保持战略定力，以更强的紧迫感攻坚克难，狠抓关键核心技术攻关，狠抓改革任务和政策落实，着力加强基础研究，着力优化人才发展机制，着力提高成果转化能力，着力扩大开放创新，着力营造优良创新环境，全面提升国家创新体系整体效能，加快迈入创新型国家行列，为实现高质量发展、全

续表

时间	政策文件名称	制定机关	简要内容
			面建成小康社会收官提供强有力支撑，以优异科技创新成绩庆祝中华人民共和国成立 70 周年。启动中长期科技发展规划研究编制。做好《国家中长期科学和技术发展规划纲要（2006—2020 年）》评估和总结。以建设现代化强国的重大需求为牵引，启动面向 2035 年的国家中长期科技发展规划研究编制工作。同步推进第六次国家技术预测和《“十四五”国家科技创新规划》前期研究工作
2015 年 1 月 30 日	关于促进云计算创新发展培育信息产业新业态的意见（国发〔2015〕5 号）	国务院	以企业为主体，加强产学研用合作，强化云计算关键技术和服务模式创新，提升自主创新能力。积极探索加强国际合作，推动云计算开放式创新和国际化发展。加强管理创新，鼓励新业态发展。到 2020 年，云计算应用基本普及，云计算服务能力达到国际先进水平，掌握云计算关键技术，形成若干具有较强国际竞争力的云计算骨干企业。云计算信息安全监管体系和法规体系健全。大数据挖掘分析能力显著提升。云计算成为我国信息化重要形态和建设网络强国的重要支撑，推动经济社会各领域信息化水平大幅提高

续表

时间	政策文件名称	制定机关	简要内容
2015年3月19日	关于创新投资管理方式建立协同监管机制的若干意见（国办发〔2015〕12号）	国务院办公厅	创新投资管理方式。依托互联网和大数据技术，建设信息共享、覆盖全国的在线审批监管平台，建立透明、规范、高效的投资项目纵横联动协同监管机制，实现“制度 + 技术”的有效监管，确保既放权到位、接住管好，又服务到位、监管有效，促进市场秩序更加规范，市场活力充分释放
2015年5月4日	关于深化高等学校创新创业教育改革的实施意见（国办发〔2015〕36号）	国务院办公厅	2015年起全面深化高校创新创业教育改革。2017年取得重要进展，形成科学先进、广泛认同、具有中国特色的创新创业教育理念，形成一批可复制可推广的制度成果，普及创新创业教育，实现新一轮大学生创业引领计划预期目标。到2020年建立健全课堂教学、自主学习、结合实践、指导帮扶、文化引领融为一体的高校创新创业教育体系，人才培养质量显著提升，学生的创新精神、创业意识和创新创业能力明显增强，投身创业实践的学生显著增加
2015年6月11日	关于大力推进大众创业万众创新若干政策措施的意见（国发〔2015〕32号）	国务院	按照“四个全面”战略布局，坚持改革推动，加快实施创新驱动发展战略，充分发挥市场在资源配置中的决定性作用和更好发挥政府作用，加大简政放权力度，放宽政策、放开市场、放活主体，形成有利于创业创新的良好氛围，让千千万万创业者活跃起来，汇聚成经济社会发展的巨大动能。不断完善体制

续表

时间	政策文件名称	制定机关	简要内容
			机制、健全普惠性政策措施，加强统筹协调，构建有利于大众创业、万众创新蓬勃发展的政策环境、制度环境和公共服务体系，以创业带动就业、创新促进发展。提出 30 项政策措施，重点支持科技人员、大学生、境外人才，农村返乡人员创业、创新
2015 年 9 月 29 日	关于推进线上线下互动加快商贸流通创新发展转型升级的意见（国办发〔2015〕72 号）	国务院办公厅	移动互联网等新一代信息技术加速发展，技术驱动下的商业模式创新层出不穷，线上线下互动成为最具活力的经济形态之一，成为促进消费的新途径和商贸流通创新发展的新亮点。大力发展线上线下互动，对推动实体店转型，促进商业模式创新，增强经济发展新动力，服务大众创业、万众创新具有重要意义。提出 18 项意见
2015 年 9 月 23 日	关于加快构建大众创业万众创新支撑平台的指导意见（国发〔2015〕53 号）	国务院	界定四众概念： 众创，汇众智搞创新，通过创业创新服务平台聚集全社会各类创新资源，大幅降低创业创新成本，使每一个具有科学思维和创新能力的人都可参与创新，形成大众创造、释放众智的新局面。 众包，汇众力增就业，借助互联网等手段，将传统由特定企业和机构完成的任务向自愿参与的所有企业和个人进行分工，最大限度利用大众力量，以更高的效率、更低的成本满足生产及生活服务需求，促进生产方式变革，开拓集智创

续表

时间	政策文件名称	制定机关	简要内容
			新、便捷创业、灵活就业的新途径。 众扶，汇众能助创业，通过政府和公益机构支持、企业帮扶援助、个人互助互扶等多种方式，共助小微企业和创业者成长，构建创业创新发展的良好生态。 众筹，汇众资促发展，通过互联网平台向社会募集资金，更灵活高效满足产品开发、企业成长和个人创业的融资需求，有效增加传统金融体系服务小微企业和创业者的新功能，拓展创业创新投融资新渠道。 政策措施：全面推进众创，释放创业创新能量。积极推广众包，激发创业创新活力。立体实施众扶，集聚创业创新合力。稳健发展众筹，拓展创业创新融资。推进放管结合，营造宽松发展空间。完善市场环境，夯实健康发展基础强化内部治理。塑造自律发展机制优化政策扶持，构建持续发展环境
2016年1月18日	关于促进加工贸易创新发展的若干意见（国发〔2016〕4号）	国务院	到2020年，加工贸易创新发展取得积极成果，进一步向全球价值链高端跃升。 一是产品技术含量和附加值提升，由低端向高端发展。 二是产业链延长，向生产制造与服务贸易融合发展转变。 三是经营主体实力增强，由加工组装企业向技术、品牌、营销型企业转变。 四是区域布局优化，逐步实现东中西部协调发展和境内外合理布局。 五是增长动力转换，由要素驱动为主向要素驱动和创新驱动相结合转变

续表

时间	政策文件名称	制定机关	简要内容
2016 年 3 月 16 日	关于完善国家级经济技术开发区考核制度促进创新驱动发展的指导意见（国办发〔2016〕14 号）	国务院办公厅	通过对国家级经开区进行考核评价，加大政策支持力度，提高政策精准度，充分调动国家级经开区加快转型升级、实现创新驱动发展的积极性，继续把国家级经开区建设成为带动地区经济发展和实施区域发展战略的重要载体，成为构建开放型经济新体制和培育吸引外资新优势的排头兵，成为科技创新驱动和绿色集约发展的示范区，成为大众创业万众创新的落脚地
2016 年 5 月 8 日	关于建设大众创业万众创新示范基地的实施意见（国办发〔2016〕35 号）	国务院办公厅	力争通过 3 年时间，围绕打造双创新引擎，统筹产业链、创新链、资金链和政策链，推动双创组织模式和服务模式创新，加强双创文化建设，到 2018 年底前建设一批高水平的双创示范基地，培育一批具有市场活力的双创支撑平台，突破一批阻碍双创发展的政策障碍，推广一批适应不同区域特点、组织形式和发展阶段的双创模式和典型经验，加快推动创新型企业成长壮大，努力营造鼓励创新、宽容失败的社会氛围，带动高质量的就业，促进新技术、新产品、新业态、新模式发展，为培育发展新动能提供支撑。统筹区域布局

续表

时间	政策文件名称	制定机关	简要内容
2016年7月28日	关于印发“十三五”国家科技创新规划的通知“十三五”国家科技创新规划（国发〔2016〕43号）	国务院	“十三五”科技创新的总体目标是：国家科技实力和创新能力大幅跃升，创新驱动发展成效显著，国家综合创新能力世界排名进入前15位，迈进创新型国家行列，有力支撑全面建成小康社会目标实现。 ——自主创新能力全面提升。基础研究和战略高技术取得重大突破，原始创新能力和国际竞争力显著提升，整体水平由跟跑为主向并行、领跑为主转变。研究与试验发展经费投入强度达到2.5%，基础研究占全社会研发投入比例大幅提高，规模以上工业企业研发经费支出与主营业务收入之比达到1.1%；国际科技论文被引次数达到世界第二；每万人口发明专利拥有量达到12件，通过《专利合作条约》（PCT）途径提交的专利申请量比2015年翻一番。 ——科技创新支撑引领作用显著增强。科技创新作为经济工作的重要方面，在促进经济平衡性、包容性和可持续性发展中的作用更加突出，科技进步贡献率达到60%。高新技术企业营业收入达到34万亿元，知识密集型服务业增加值占国内生产总值（GDP）的比例达到20%，全国技术合同成交金额达到2万亿元；成长起一批世界领先的创新型企业、品牌和标准，若干企业进入世界创新百强，形成一批具有强大辐射带动作用的区域创新增长极，新产业、新经济成为创造国民财富和高质量就业的新动力，创新成果更多为人民共享。

续表

时间	政策文件名称	制定机关	简要内容
			——创新型人才规模质量同步提升。规模宏大、结构合理、素质优良的创新型科技人才队伍初步形成，涌现一批战略科技人才、科技领军人才、创新型企业家和高技能人才，青年科技人才队伍进一步壮大，人力资源结构和就业结构显著改善，每万名就业人员中研发人员达到60人年。人才评价、流动、激励机制更加完善，各类人才创新活力充分激发。 ——有利于创新的体制机制更加成熟定型。科技创新基础制度和政策体系基本形成，科技创新管理的法治化水平明显提高，创新治理能力建设取得重大进展。以企业为主体、市场为导向的技术创新体系更加健全，高等学校、科研院所治理结构和发展机制更加科学，军民融合创新机制更加完善，国家创新体系整体效能显著提升。 ——创新创业生态更加优化。科技创新政策法规不断完善，知识产权得到有效保护。科技与金融结合更加紧密，创新创业服务更加高效便捷。人才、技术、资本等创新要素流动更加顺畅，科技创新全方位开放格局初步形成。科学精神进一步弘扬，创新创业文化氛围更加浓厚，全社会科学文化素质明显提高，公民具备科学素质的比例超过10%。 面向2030年再部署一批重大项目与国家科技重大专项。 共计8篇27章内容，详尽地规划了未来五年的科技发展

续表

时间	政策文件名称	制定机关	简要内容
2016年11月2日	关于推动实体零售创新转型的意见（国办发〔2016〕78号）	国务院办公厅	适应经济发展新常态，推动实体零售创新转型，释放发展活力，增强发展动力。创新是实体零售转型的直接动力，要抢抓大众创业、万众创新战略机遇，加强互联网、大数据等新一代信息技术应用，大力发展新业态、新模式，进一步提高流通效率和服务水平。加快建立健全连锁经营、电子商务、商贸物流、供应链服务等领域标准体系，从标准贯彻实施入手，开展实体零售提质增效专项行动，进一步提高竞争能力和服务水平
2016年11月29日	关于支持返乡下乡人员创业创新促进农村一二三产业融合发展的意见（国办发〔2016〕84号）	国务院办公厅	（一）突出重点领域。重点发展规模种养业、特色农业、设施农业、林下经济、庭院经济等农业生产经营模式，烘干、贮藏、保鲜、净化、分等分级、包装等农产品加工业，农资配送、耕地修复治理、病虫害防治、农机作业服务、农产品流通、农业废弃物处理、农业信息咨询等生产性服务业，休闲农业和乡村旅游、民族风情旅游、传统手工艺、文化创意、养生养老、中央厨房、农村绿化美化、农村物业管理等生活性服务业，以及其他新产业新业态新模式。 （二）丰富创业创新方式。鼓励和引导返乡下乡人员按照法律法规和政策规定，通过承包、租赁、入股、合作等多种形式，创办领办家庭农场林场、农民合作社、农业企业、农业社会化服务组

续表

时间	政策文件名称	制定机关	简要内容
			织等新型农业经营主体。通过聘用管理技术人才组建创业团队，与其他经营主体合作组建现代企业、企业集团或产业联盟，共同开辟创业空间。通过发展农村电商平台，利用互联网思维和技术，实施“互联网+”现代农业行动，开展网上创业。通过发展合作制、股份合作制、股份制等形式，培育产权清晰、利益共享、机制灵活的创业创新共同体。（三）推进农村产业融合。鼓励和引导返乡下乡人员按照全产业链、全价值链的现代产业组织方式开展创业创新，建立合理稳定的利益联结机制，推进农村一二三产业融合发展，让农民分享二、三产业增值收益
2017年1月20日	关于创新管理优化服务培育壮大经济发展新动能加快新旧动能接续转换的意见（国办发〔2017〕4号）	国务院办公厅	通过一段时间努力，以分享经济、信息经济、生物经济、绿色经济、创意经济、智能制造经济为阶段性重点的新兴经济业态逐步成为新的增长引擎。制造业新模式、农业新业态、服务业新领域得到拓展深化，产品和服务价值链大幅提升，传统动能焕发新活力。新旧动能实现平稳接续、协同发力，资源配置效率和全要素生产率大幅提升，实体经济发展质量和核心竞争力显著提高，支撑经济保持中高速增长、迈向中高端水平，在全球范围内优化配置创新资源，在更高水平上开展对外合作，新的经济发展动力得到强化，新的经济结构和增长格局逐步形成。推进法规制度适应性变革。强化“立改废”协调，抓紧修改、废止阻碍新产业新业态发展的规定

续表

时间	政策文件名称	制定机关	简要内容
2017年2月6日	关于促进开发区改革和创新发展的若干意见（国办发〔2017〕7号）	国务院办公厅	坚持改革创新。强化开发区精简高效的管理特色，创新开发区运营模式，以改革创新激发新时期开发区发展的动力和活力。坚持规划引领。完善开发区空间布局和数量规模，形成布局合理、错位发展、功能协调的全国开发区发展格局，切实提高经济发展质量和效益。坚持集聚集约。完善公共设施和服务体系，引导工业项目向开发区集中，促进产业集聚、资源集约、绿色发展，切实发挥开发区规模经济效应。坚持发展导向。构建促进开发区发展的长效机制，以规范促发展，正确把握发展和规范的关系，不断探索开发区发展新路径、新经验
2017年2月17日	关于创新农村基础设施投融资体制机制的指导意见（国办发〔2017〕17号）	国务院办公厅	到2020年，主体多元、充满活力的投融资体制基本形成，市场运作、专业高效的建管机制逐步建立，城乡基础设施建设管理一体化水平明显提高，农村基础设施条件明显改善，美丽宜居乡村建设取得明显进展，广大农民共享改革发展成果的获得感进一步增强。构建多元化投融资新格局，健全投入长效机制。完善建设管护机制，保障工程长期发挥效益。健全定价机制，激发投资动力和活力。推动公路法、村庄和集镇规划建设管理条例等相关法律法规修订工作，为创新农村基础设施投融资体制机制创造条件。加快修订相关规定，适当放宽对农村小型基础设施投资项目管理“四制”要求

续表

时间	政策文件名称	制定机关	简要内容
2017年5月11日	关于县域创新驱动发展的若干意见（国办发〔2017〕43号）	国务院办公厅	到2020年，县域创新驱动发展环境显著改善，创新驱动发展能力明显增强，全社会科技投入进一步提高，公民科学素质整体提升，大众创业、万众创新的氛围更加浓厚，形成经济社会协调发展的新格局，为中国建成创新型国家奠定基础。 到2030年，县域创新驱动发展环境进一步优化，创新驱动发展能力大幅提升，创新创业活力有效释放，产业竞争力明显增强，城乡居民收入显著提高，生态环境更加友好，为跻身创新型国家前列提供有力支撑
2017年7月27日	关于强化实施创新驱动发展战略进一步推进大众创业万众创新深入发展的意见（国发〔2017〕37号）	国务院	进一步系统性优化创新创业生态环境，强化政策供给，突破发展瓶颈，充分释放全社会创新创业潜能，在更大范围、更高层次、更深程度上推进大众创业、万众创新。必须坚持“融合、协同、共享”，推进大众创业、万众创新深入发展。加快科技成果转化。拓展企业融资渠道。促进实体经济转型升级。完善人才流动激励机制。创新政府管理方式。办好全国“双创”活动周，营造创新创业良好氛围。组织实施好“创响中国”系列活动，开展创业投资企业、院士专家、新闻媒体地方行。高质量办好创新创业赛事，推动创新创业理念更加深入人心

续表

时间	政策文件名称	制定机关	简要内容
2017 年 10 月 5 日	关于积极推进供应链创新与应用的指导意见（国办发〔2017〕84 号）	国务院办公厅	到 2020 年，形成一批适合中国国情的供应链发展新技术和新模式，基本形成覆盖中国重点产业的智慧供应链体系。供应链在促进降本增效、供需匹配和产业升级中的作用显著增强，成为供给侧结构性改革的重要支撑。培育 100 家左右的全球供应链领先企业，重点产业的供应链竞争力进入世界前列，中国成为全球供应链创新与应用的重要中心
2018 年 3 月 22 日	转发证监会关于开展创新企业境内发行股票或存托凭证试点若干意见的通知（国办发〔2018〕21 号）	国务院办公厅	（一）服务国家战略。以服务创新驱动发展为引领，坚持创新与发展有机结合，改革与开放并行并重，助力大众创业万众创新，推动经济结构调整和产业转型升级。 （二）坚持依法合规。在法律法规框架下，做好与相关政策的衔接配合，稳妥适度开展制度创新，确保试点依法依规、高效可行。 （三）稳步有序推进。统筹谋划，循序渐进，探索通过试点解决创新企业境内上市问题，为进一步深化改革、完善制度积累经验、创造条件。 （四）切实防控风险。充分保护中小投资者合法权益，处理好试点与风险防控的关系，把防控风险放到更加重要的位置。强化监管，维护金融市场稳定，坚决守住不发生系统性风险的底线

续表

时间	政策文件名称	制定机关	简要内容
2018 年 9 月 18 日	关于推动创新创业高质量发展打造“双创”升级版的意见（国发〔2018〕32 号）	国务院	——创新创业服务全面升级。 ——创业带动就业能力明显提升。 ——科技成果转化应用能力显著增强。 ——高质量创新创业集聚区不断涌现。 ——大中小企业创新创业价值链有机融合。 ——国际国内创新创业资源深度融汇
2019 年 5 月 18 日	关于推进国家级经济技术开发区创新提升打造改革开放新高地的意见（国发〔2019〕11 号）	国务院	以供给侧结构性改革为主线，以高质量发展为核心目标，以激发对外经济活力为突破口，着力推进国家级经开区开放创新、科技创新、制度创新，提升对外合作水平、提升经济发展质量，打造改革开放新高地
2019 年 12 月 31 日	关于支持国家级新区深化改革创新加快推动高质量发展的指导意见（国办发〔2019〕58 号）	国务院办公厅	深入实施创新驱动发展战略，促进科技与经济深度融合，重大科技创新和大众创业万众创新相互推动。高水平建设上海张江综合性国家科学中心、天津国家自主创新示范区，进一步释放天津滨海－中关村科技园、成都科学城等创新平台活力。鼓励高校、科研院所优先在新区设立科研中心、研发机构等，国家重大战略项目、科技创新－2030 重大项

续表

时间	政策文件名称	制定机关	简要内容
			目等优先在有条件的新区布局，鼓励建设主导产业协同创新公共服务平台和工程数据中心，建设国家大科学装置和国家科技创新基地。鼓励由优秀创新型企业牵头，与高校、科研院所和产业链上下游企业联合组建创新共同体，建设制造业创新中心，围绕优势产业、主导产业，瞄准国际前沿技术强化攻关，力争在重大“卡脖子”技术和产品上取得突破
2020年7月23日	关于提升大众创业万众创新示范基地带动作用进一步促改革稳就业强动能的实施意见（国办发〔2020〕26号）	国务院办公厅	以新动能支撑保就业保市场主体，尤其是支持高校毕业生、返乡农民工等重点群体创业就业，努力把双创示范基地打造成为创业就业的重要载体、融通创新的引领标杆、精益创业的集聚平台、全球化创业的重要节点、全面创新改革的示范样本，推动中国创新创业高质量发展。 积极应对疫情影响，巩固壮大创新创业内生活力
2020年9月17日	关于加快医学教育创新发展的指导意见（国办发〔2020〕34号）	国务院办公厅	到2025年，医学教育学科专业结构更加优化，管理体制机制更加科学高效；医科与多学科深度交叉融合、高水平的医学人才培养体系基本建立，培养质量进一步提升；医学人才使用激励机制更加健全。到2030年，建成具有中国特色、更高水平的医学人才培养体系，医学科研创新能力显著提高，服务卫生健康事业的能力显著增强

续表

时间	政策文件名称	制定机关	简要内容
2020年10月25日	关于推进对外贸易创新发展的实施意见（国办发〔2020〕40号）	国务院办公厅	坚持以供给侧结构性改革为主线，坚定不移扩大对外开放，稳住外贸外资基本盘，稳定产业链供应链，进一步深化科技创新、制度创新、模式和业态创新。围绕构建以国内大循环为主体、国内国际双循环相互促进的新发展格局，加快推进国际市场布局、国内区域布局、经营主体、商品结构、贸易方式等“五个优化”和外贸转型升级基地、贸易促进平台、国际营销体系等“三项建设”，培育新形势下参与国际合作和竞争新优势，实现外贸创新发展
2015年1月10日	关于进一步推动科技型中小企业创新发展的若干意见（国科发高〔2015〕3号）	科学技术部	全面落实《中共中央国务院关于深化科技体制改革加快国家创新体系建设的意见》（中发〔2012〕6号），实施创新驱动发展战略，深化科技体制改革，充分发挥市场在资源配置中的决定性作用和更好发挥政府作用，激发科技型中小企业技术创新活力，促进科技型中小企业健康发展。提出20条意见
2015年1月12日	关于推动移动金融技术创新健康发展的指导意见（银发〔2015〕11号）	中国人民银行	第一，推动移动金融技术创新健康发展的原则（遵循安全可控原则、秉承便民利民理念、坚持继承式创新发展、注重服务融合发展。） 第二，推动移动金融技术创新健康发展的保障措施

续表

时间	政策文件名称	制定机关	简要内容
2015年3月31日	关于促进邮政服务创新发展的若干意见	国家邮政局	邮政服务是融合通信、物流、金融等服务形式的复合型服务。鼓励服务创新，推动小包业务发展、发挥平台作用，做好农村电商服务、强科技兴邮，提升邮政服务能力，要积极创新智能信包箱等新型邮政设施的建设运营机制，推广智能化、自主式服务设施的应用
2015年3月30日	关于加强农民创新创业服务工作促进农民就业增收的意见（农办加〔2015〕9号）	农业部办公厅	建立一批"农民创新创业环境和成本监测点"，发布"农民创新创业环境和成本监测分析报告"。联合大专院校探索实行"理论学习＋实践教学"的分段培养模式，争取为农民创新创业制定专门培养计划。依托现有的乡镇企业（中小企业）服务中心、创业服务中心等服务机构，通过政府购买服务、项目招投标等方式健全服务功能，整合社会资源，为农民创新创业提供包括政务、事务等专业和综合类的服务。探索由各级农产品加工业、休闲农业、乡镇企业协会和中介组织牵头，吸引相关的投资机构、金融机构、企业和其他社会资金建立农民创新创业发展基金
2015年4月30日	关于深化粮食科技体制改革和加快创新体系建设的指导	国家粮食局	总体目标。粮食科技体制机制改革取得新突破，紧扣行业发展，使粮食科技创新更加聚焦国家目标、重大任务和行业需求；改革科技创新组织方式，确保粮食科研项目和资金配置更加规范合理高效；健全粮食科技创新激励机制，集聚

续表

时间	政策文件名称	制定机关	简要内容
	意见（国粮展〔2015〕74号）		创新人才和团队，科研人员创新活力得到激发；加快推进科研、设计和产业一体化发展，促进粮食科技成果推广应用，科技支撑粮食经济发展方式转变的作用更加突出。加快推进粮食领域国家工程实验室和工程技术中心、国家粮食局工程技术中心（重点实验室）、科研院所、高等院校、质检中心面向企业等社会用户开放。坚持以“先进性、适用性、可靠性、安全性、节约性、有效性”为标准，遴选成熟科研成果。实施“人才兴粮”工程。科学研究制定《粮食科技创新发展“十三五”规划》，制订《粮食科技项目督导评估管理试行办法》等相关管理制度
2015年6月26日	关于促进东北老工业基地创新创业发展打造竞争新优势的实施意见（发改振兴〔2015〕1488号）	国家发展改革委、科技部、人力资源社会保障部、中科院	打造东北创新创业发展新高地。在沈阳开展全面创新改革试验，授权其在知识产权、科研院所、高等教育、人才流动、国际合作、金融创新、激励机制、市场准入等方面进行改革试验，研究提出一批适合东北特点和实际的创新政策，及时总结推广经验，发挥示范带动作用。东北地区高校和科研院所科技成果转化所获收益用于奖励科研负责人、骨干技术人员等重要贡献人员和团队的比例，可以提高到不低于50%

续表

时间	政策文件名称	制定机关	简要内容
2015 年 8 月 24 日	关于深化农业科技体制机制改革加快实施创新驱动发展战略的意见（农科教发〔2015〕3 号）	农业部	深入实施创新驱动发展战略，以保障国家粮食安全为首要任务，以转变农业发展方式为主线，以提高土地产出率、资源利用率、劳动生产率为主要目标，以增产增效并重、良种良法配套、农机农艺结合、生产生态协调为基本要求，强化顶层设计，优化科技资源布局、拓展科技创新领域、壮大农业科技力量、完善农业科技管理，构建适应产出高效、产品安全、资源节约、环境友好农业发展要求的技术体系，提升农业科技创新能力，为中国特色农业现代化建设提供强有力的科技支撑
2015 年 8 月 25 日	关于支持自由贸易试验区创新发展的意见（商资发〔2015〕313 号）	商务部	天津市、上海市、福建省、广东省商务主管部门要坚决贯彻简政放权、放管结合、优化服务的要求，支持自贸试验区以市场为导向，先行先试，大胆创新，扎实推进商务领域各项试点任务的实施，及时总结评估试点成效
2015 年 9 月 7 日	关于进一步加强知识产权运用和保护助力创新创业的意见（国知发管字〔2015〕56 号）	国家知识产权局、财政部、人力资源社会保障部、中华全国总工会、共青团中央	充分发挥和落实各项财税扶持政策作用，支持在校大学生和高校毕业生、退役军人、登记失业人员、残疾人等重点群体运用专利创新创业。实施一批微观专利导航项目，引导有条件的创业活动向高端产业发展

续表

时间	政策文件名称	制定机关	简要内容
2015年10月19日	关于加快居民生活服务业线上线下融合创新发展的实施意见（商服贸函〔2015〕865号）	商务部	工作目标：通过加快推进居民生活服务业线上线下融合创新发展，形成一批有效满足居民生活服务需求、具有较强专业化服务能力的本地生活服务平台；培育一批创新型生活服务企业，并从中成长出引领未来居民生活服务业发展的骨干企业，形成新的业态和经济增长点；培养一支引领互联网时代发展的从业人员队伍，能为居民提供良好的用户体验，满足人民群众对多样性、便利化的生活服务需求。鼓励居民生活服务企业创新商业模式，采用团购式、体验式、上门式、配送式等线上到线下融合发展模式，实现企业多元化发展。整合各类公用设施和社会资源，统筹建设和改造餐饮、住宿、家政、洗染、维修、美发美容等居民生活服务网点，完善一站式便民综合服务体系
2015年11月20日	关于加快石墨烯产业创新发展的若干意见（工信部联原〔2015〕435号）	工业和信息化部、发展改革委、科技部	到2018年，石墨烯材料制备、应用开发、终端应用等关键环节良性互动的产业体系基本建立，产品标准和技术规范基本完善，开发出百余项实用技术和样品，推动一批产业示范项目，实现石墨烯材料稳定生产，在部分工业产品和民生消费品上的产业化应用。 到2020年，形成完善的石墨烯产业体系，实现石墨烯材料标准化、系列化和低成本化，建立若干具有石墨烯特色的创新平台，掌握一批核心应用技术，在多领域实现规模化应用。形成若干家具有核心竞争力的石墨烯企业，建成以石墨烯为特色的新型工业化产业示范基地

续表

时间	政策文件名称	制定机关	简要内容
2015 年 12 月 24 日	关于共同推动大众创业万众创新工作的意见（发改高技〔2015〕3065 号）	国家发展改革委、中国科协	国家发展改革委、中国科协以活动周网站为基础，共同建设双创服务互联网平台，打造永不落幕的活动周。中国科协充分发挥全国学会、企业科协力量，结合创新驱动助力工程、院士专家工作站、“讲、比”活动等工作机制，依托现有的科技信息服务平台，建设创新创业综合数据资源库和专家库，为双创提供专业支撑。各地发展改革委、科协和学会要持续跟踪、选拔和推荐一批优秀项目和人才，努力拓展双创工作资源，协助推进现有工作平台和互联网平台无障碍对接。国家发展改革委组织开展新兴产业发展、双创战略、双创评价体系研究，发布年度《中国大众创业万众创新发展报告》、季度《创新创业形势分析报告》，建立和完善双创评价体系。中国科协支持学会开展科技成果评价、科技型企业信用评估、技术标准、检验检测等第三方评估和服务
2015 年 12 月 22 日	关于加强测绘地理信息科技创新的意见（国测科发〔2015〕4 号）	国家测绘地理信息局	到 2020 年，在测绘地理信息科技体制改革的关键环节取得突破性成果，基本形成适应创新驱动发展要求的制度环境和体制机制，自主创新能力显著增强，技术创新的市场导向机制更加健全，人才、资本、技术、知识自由流动，企业、科研院所、高校协同创新，军民融合深度发展，科技创新资源配置更加优化，创新效率显著提升，率先建成符合创新型国家要求的测绘地理信息科技创新体系。到 2030 年，测绘地理信息科技创新整体实力进入世界前列

续表

时间	政策文件名称	制定机关	简要内容
2016年3月29日	关于助推大众创业万众创新的意见（国质检办〔2016〕155号）	质检总局	全国质检系统要深入贯彻《国务院关于大力推进大众创业万众创新若干政策措施的意见》，坚持简政放权、放管结合、优化服务，面向五大发展，发挥质检作用，着力打好“技术牌”，念好“服务经”，构建有利于大众创业、万众创新的质检政策环境和质量技术服务体系
2016年6月7日	关于创新农业社会化服务加快农垦现代农业建设的指导意见（农办垦〔2016〕16号）	农业部办公厅	力争到2020年，基本建成覆盖全程、综合配套、机制灵活、保障有力、运转高效、竞争力强的农垦农业社会化服务体系。形成上下贯通、层次清晰、纵横交错的网络化服务格局
2016年6月3日	关于审计工作更好地服务于创新型国家和世界科技强国建设的意见（审政研发〔2016〕61号）	审计署	审计中要关注各级政府科技经费预算安排、资金拨付和使用情况，重点揭示财政科技投入不足、资金分配“小、散”、资金拨付不及时造成大量沉淀，以及科技资金“管得过死”等影响科研项目实施进度和效果的问题，促进加大财政科技投入、提高资金使用效益。关注国家财政、税收、金融等各项科技创新相关优惠政策执行情况，是否真正起到引导企业、单位、社会团体增加科技研发投入的作用。关注科技资金的安

续表

时间	政策文件名称	制定机关	简要内容
			全，重点揭示相关部门和单位借科技项目之名，以权谋私、截留侵占、贪污私分、挥霍浪费科技资金，以及有关主管部门和人员在科技资金分配管理中利用职权违法违纪向特定关系人输送利益等问题
2016年7月26日	关于引导企业创新管理提质增效的指导意见（工信部联产业〔2016〕245号）	工业和信息化部、国家发展和改革委员会、财政部、人力资源和社会保障部、环境保护部、中国人民银行、国务院国有资产监督管理委员会、国家税务总局、国家质量监督检验检疫总局、中国银行业监督管理	以企业为主体，以市场为导向，通过示范引领和政策引导，鼓励企业加强管理，内部挖潜、降本增效、开源节流、苦练内功，创新生产经营模式和质量管理方法，实现管理增效和创新增效，提升发展质量，增强企业竞争力，有力支撑产业转型升级和经济提质增效。 加快推动创业创新。积极引入互联网思维和技术，推进企业资源平台化、开放化，整合全球创业创新资源，推动员工、创客及消费者全程深度参与价值创造过程。积极培育内部创新管理体系和创客文化，推进员工创客化，激发每个员工的创业创新精神，实现企业与员工的双赢。搭建创业创新平台，通过创业辅导培训、创意优化、产品快速试制验证、创业资金扶持、营销服务扶持等，全流程帮助内部创业者创业。有条件的企业可建设基于互联网的开放式平台，通过生产协作、共享资源、开放标准、组建联盟、投资合作等方式，为产业链上下游小微企业和创业者提供服务，实现产业链协同创新、共同发展。突破创

续表

时间	政策文件名称	制定机关	简要内容
		委员会、中国证券监督管理委员会	业创新的管理瓶颈，完善内部创业创新激励机制，健全股权激励及薪酬分配制度，形成持续的创业创新动力。鼓励和引导企业建立和运行创新管理体系。对企业的研发、创新项目管理、创新成果转化、知识产权保护进行全面系统和可持续的管理，培养和保持组织的创新能力，保护创新成果，实现创新成果的转化，形成有效的生产力
2016年9月28日	关于深化科技体制改革落实创新驱动发展战略的意见（交科技发〔2016〕173号）	交通运输部	聚焦“四个交通”发展实际，着力解决交通运输科技创新存在的前瞻布局不够、创新动力不足、基础研究偏弱、人才结构不合理等突出问题，以深化科技体制改革为根本动力，以激发创新活力为主要目的，促进政府职能转变，增强科研单位科技供给能力，强化企业创新主体地位，为促进交通运输转型升级提质增效提供支撑引领作用。总体目标：到2020年，科技体制机制改革全面深化，突破一批重大共性关键技术，基本建成适应现代交通运输业发展需要、具有引领性的科技创新体系
2016年9月1日	关于加快推进科技创新的若干意见（国土资发〔2016〕106号）	国土资源部	到2020年，在“三深一土”若干领域创新能力跻身先进国家行列，取得一批基础理论、技术方法、仪器装备等创新成果。土地数量、质量、生态三位一体综合监管体系基本建成；深部能源资源勘查开发、地下空间利用关键技术取得

续表

时间	政策文件名称	制定机关	简要内容
			突破。创新资源有效集聚，在特色领域建成国家（重点）实验室、工程技术中心等国家创新平台。高层次领军人才、优秀青年人才脱颖而出，产学研用协同、调查与研究融合的创新格局基本建立。国土资源技术标准和质量检测体系更加完善，国土资源知识普及和认知度显著提高。科技创新活力竞相进发，成为引领国土资源事业发展的重要驱动力。 到2030年，在“三深一土”领域创新能力进入先进国家前列，部分优势领域由“并行”成为“领跑”。土地数量、质量、生态三位一体综合监管体系高效运行，深地空间及资源勘查利用达到国际先进水平。创新平台体系完整，创新资源高效集聚，创新能力全面提升。到2050年，在“三深一土”领域进入世界领先行列，为建设世界科技强国做出贡献
2016年9月21日	关于推动安全生产科技创新的若干意见（安监总科技〔2016〕100号）	国家安全监管总局	力争到2020年，一批国家、区域重点实验室和研发试验基地建成运行，安全生产基础理论研究取得新的进展，重大事故致灾机理研究取得重大突破，原创性科技成果数量、质量稳步提升，灾害事故和职业病危害预防与风险控制技术日趋成熟，安全监管监察执法和应急救援科技含量明显提高，事故调查处理的科学性和时效性进一步提高，科技创新人才队伍结构更加合理，安全产业进一步发展壮大，基本建成与经济社会发展相适应的安全生产科技创新体系，科技创新对经济社会安全发展保障能力显著增强

续表

时间	政策文件名称	制定机关	简要内容
2016年9月14日	关于加快实施创新驱动发展战略支撑林业现代化建设的意见（林科发〔2016〕132号）	国家林业局	到2020年，基本建成适应林业现代化发展的科技创新体系，重点研究领域跨入世界先进行列，为林业改革发展提供强劲动力。 紧密结合国家“两屏三带”、大江大河源头生态保护修复等重大生态工程，着力突破森林、湿地、荒漠生态系统保护与修复，生物多样性保育等关键技术，提升资源总量和质量，增强生态系统服务功能和生态产品供给能力。 加强森林资源定向培育、木竹高效加工、非木质资源增值利用、林业生物质能源与材料、林业智能装备、碳汇林业、森林旅游与休闲康养等关键技术研究，构建从资源培育、原料收储、制造加工到产品服务一体化的产业技术创新链。 围绕经济林、竹藤花卉、珍贵用材林、林下经济等资源高效培育与开发利用，突破优质高产新品种培育、高效经营、种植养殖、精深加工等实用技术，通过技术集成、组装配套和试验示范，培育不同区域的特色主导产业
2016年11月7日	关于促进邮政行业科技创新工作的指导意见（国邮发〔2016〕101号）	国家邮政局	到2020年，邮政行业科技创新能力大幅跃升，科技创新驱动行业发展成效显著，有力支撑全面建成与小康社会相适应的现代邮政业目标实现。 ——科技创新体制机制进一步完善。企业更多参与重大科技计划项目和技术标准研制，科技专家决策咨询作用充分发挥，科技管理工作体系和沟通协调机制不断健

续表

时间	政策文件名称	制定机关	简要内容
			全，科技成果交流平台运转顺畅，促进科技成果转化法在行业内深入实施。 ——科技创新能力进一步增强。研发投入明显加大，R&D 经费总额比 2015 年翻一番；行业创新能力布局进一步优化，建成一批工程技术中心和 3－5 个行业科研基地；创新型人才队伍不断发展壮大，科技创新整体效能大幅提高。 ——科技应用水平进一步提升。行业主要企业基本实现内部生产自动化、服务设施设备智能化；客户服务、企业运营和行业管理的信息化水平基本达到国际先进水平；邮件快件包装规范化、绿色化水平显著提升，包装材料循环利用率稳步提高。 ——科技进步贡献率进一步提高。科技创新步伐明显加快，在与行业发展关联度大和带动性强的关键技术领域取得重大突破，科技创新成为行业发展的主要支撑和引领力量，行业科技进步贡献率提高 5 个百分点
2016 年 12 月 21 日	关于鼓励支持运输企业创新发展的指导意见（交运发〔2016〕227 号）	交通运输部、财政部、国家铁路局、中国民用航空局、国家邮政局、中国	到 2020 年，形成以企业为主体、市场为导向、政产学研用相结合的协同创新格局，运输企业创新活力不断增强；培育一批具有国际竞争力的创新型运输企业，服务国家“三大战略”实施和经济社会发展。

续表

时间	政策文件名称	制定机关	简要内容
		铁路总公司	全面清理和修改阻碍运输企业创新发展的有关法律法规，修订和废止设置行政壁垒、妨碍公平竞争的各种制度规定。完善运输行业法律法规体系，推进《快递条例》出台，推动《铁路法》《港口法》《民用航空法》《道路运输条例》《国际海运条例》修订，加快《综合交通运输促进法》《道路运输法》《多式联运法》立法前期研究。落实国家深化标准化工作改革方案，统筹推进国家标准、行业标准、地方标准、团体标准及企业标准的协调发展，发挥标准对运输企业创新发展的技术支撑作用
2016 年 12 月 22 日	关于加快中医药科技创新体系建设的若干意见（国中医药科技发〔2016〕38 号）	国家中医药管理局	到 2030 年，建成符合中医药自身发展规律和特点、适应中国经济社会发展和中医药事业发展需求、科技创新关键要素完备、运行协调高效的中医药科技创新体系。中医药科技创新体制机制更加完善，创新环境更加优化，科技资源配置更加合理，自主创新能力显著增强，符合中医药特点的方法学体系基本完备，在关键领域建成一批具有辐射能力的科技创新平台，培养一批高素质的科技领军人才团队，取得一批具有国际领先水平的重大科技成果，推动中医药现代化与国际化，科技支撑引领作用显著增强

续表

时间	政策文件名称	制定机关	简要内容
2016年12月27日	关于“十三五”期间支持科技创新进口税收政策的通知。本通知自2016年1月1日起实施，2020年12月31日截止。自实施之日起，《财政部 科技部 民政部 海关总署 国家税务总局关于科技类民办非企业单位适用科学研究和教学用品进口税收政策的通知》（财关税〔2012〕54号）同时废止。（财关税〔2016〕70号）	财政部、海关总署、国家税务总局	为深入实施创新驱动发展战略，发挥科技创新在全面创新中的引领作用，规范科学研究、科技开发和教学用品免税进口行为，经国务院批准，特制定支持科技创新进口税收政策。 对科学研究机构、技术开发机构、学校等单位进口国内不能生产或者性能不能满足需要的科学研究、科技开发和教学用品，免征进口关税和进口环节增值税、消费税；对出版物进口单位为科研院所、学校进口用于科研、教学的图书、资料等，免征进口环节增值税
2017年1月13日	关于促进老字号改革创新发展的指导意见（商流通发〔2017〕13号）	商务部等16部门	2006年商务部启动“振兴老字号工程”。通过促进老字号改革创新发展，使老字号保护、促进体系进一步健全，管理体制更加完善，形成中华老字号、地方老字号多层次共同繁荣发展的局面，从中培育出一批文化特色浓、产品和服务质量优、品牌信誉高、市场竞争力强的老字号。打造“工匠创新工作室”和“工匠教学基地”

续表

时间	政策文件名称	制定机关	简要内容
2017年3月10日	关于支持和鼓励事业单位专业技术人员创新创业的指导意见（人社部规〔2017〕4号）	人力资源社会保障部	一、支持和鼓励事业单位选派专业技术人员到企业挂职或者参与项目合作。 二、支持和鼓励事业单位专业技术人员兼职创新或者在职创办企业。 三、支持和鼓励事业单位专业技术人员离岗创新创业。 四、支持和鼓励事业单位设置创新型岗位
2017年4月21日	“十三五”城镇化与城市发展科技创新专项规划（国科发社〔2017〕100号）	科技部	中国社会发展步入“新常态”，对城市功能和管理体系提出了新需求。一方面，中国正在进入老龄化社会，城市老龄人口规模日益庞大，对城市的功能和设施提出了新的要求。另一方面，城乡、城市之间的人口流动日益复杂，亟须通过科技创新实现城市功能的再造和服务管理技术水平的提高，加快外来人口的市民化，推动就近就地城镇化，优化城乡空间布局和结构。因此，通过科技创新来引领和适应社会发展“新常态”，是科技界的一项新的重大工作。 以节能减排和改善民生为出发点和落脚点，以推进新型城镇化为主要任务，结合科技体制改革契机，进一步整合城镇化与城市发展领域科技资源。以“六个加强”和“六个提升”为抓手，即“加强城市发展规律研究，提升城市及区域规划的前瞻性及科学性；加强关键技术集成研究，提升城市基础设施保障

续表

时间	政策文件名称	制定机关	简要内容
			能力与空间效率；加强新技术应用研究，提升建筑品质及建造水平；加强大数据平台建设，提升城市智慧管理和社会治理能力；加强技术转化平台建设，提升科技成果产业化水平；加强国际合作与人才队伍建设，提升科技创新能力"，通过全创新链设计、系统部署和重点突破，着力提升城镇化领域科技支撑能力，破解城镇化发展难题，释放经济发展新动能，开创中国城镇化与城市发展领域科技创新工作新局面。 至2020年，城镇化与城市发展领域科技创新体系更趋完善，创新能力显著提高，科技进步对城镇化发展贡献率稳步提高，为新型城镇化规划、建设、运行和管理提供更高质高效的技术解决方案，相关产业发展壮大，科技成果更多更好地惠及民生和服务国家节能减排
2017年4月24日	"十三五"公共安全科技创新专项规划（国科发社〔2017〕102号）	科技部	面向公共安全保障的国家重大战略需求，重点围绕公共安全关键科技瓶颈问题开展基础研究、技术攻关和应用示范，使中国社会安全监测预警与控制、生产安全保障与重大事故防控、国家重大基础设施安全保障、城镇公共安全风险防控与治理、公正司法与司法为民、国家公共安全综合保障总体技术水平由跟跑向并跑迈进，大部分技术进入国际先进行列；高通量人车物智能感知与安全风险防控、超深井超大矿山安全开采、

续表

时间	政策文件名称	制定机关	简要内容
			载人用特种设备在线故障预警、多灾种耦合模拟实验等技术达到国际领先水平；自主研发一批重大应急技术装备，填补国内空白，努力将安全与应急产业培育为新的经济增长点；建设一批高水平科研基地和高层次科技人才队伍，为健全中国公共安全科技创新体系、全面提升中国公共安全保障能力、构建安全保障型社会提供强大的科技支撑
2017年4月11日	关于推动数字文化产业创新发展的指导意见（文产发〔2017〕8号）	文化部	到2020年，形成导向正确、技术先进、消费活跃、效益良好的数字文化产业发展格局，在数字文化产业领域处于国际领先地位
2017年5月12日	依托能源工程推进燃气轮机创新发展的若干意见（发改能源〔2017〕920号）	国家发展改革委、国家能源局	到2020年，结合引进技术消化吸收，突破重型燃气轮机设计技术、高温部件制造技术和运行维护技术，解决燃气发电项目设备瓶颈，国内基本形成完整的重型燃气轮机产业体系。各类中小型燃机自主设计制造体系进一步完善，各类中小型燃气轮机装备初步实现系列化，满足各类能源项目需求。燃机运行维护服务基本立足国内，开展先进燃气轮机自主研发。形成燃气轮机自主研发、设计、制造、试验、维修服务和应用结合的高效机制，具备自主持续发展的能力，有效保障能源各领域对燃气轮机需求

续表

时间	政策文件名称	制定机关	简要内容
2017 年 7 月（2019 年修订）	“大众创业万众创新”税收优惠政策指引	国家税务总局	针对创业就业主要环节和关键领域陆续推出了 83 项税收优惠措施，尤其是 2013 年以来，新出台了 73 项税收优惠，覆盖企业整个生命周期
2017 年 7 月 5 日	关于进一步拓展创新公证业务领域更好地服务经济社会发展的意见	司法部	拓展创新金融领域公证服务。 拓展创新知识产权保护公证服务。 拓展创新司法辅助公证服务。 拓展创新产权保护公证业务。 拓展创新“三农”领域公证业务。 拓展创新涉外公证法律服务。 拓展创新公证服务方式
2017 年 7 月 7 日	关于促进工程监理行业转型升级创新发展的意见（建市〔2017〕145 号）	住房城乡建设部	工程监理服务多元化水平显著提升，服务模式得到有效创新，逐步形成以市场化为基础、国际化为方向、信息化为支撑的工程监理服务市场体系。行业组织结构更趋优化，形成以主要从事施工现场监理服务的企业为主体，以提供全过程工程咨询服务的综合性企业为骨干，各类工程监理企业分工合理、竞争有序、协调发展的行业布局。监理行业核心竞争力显著增强，培育一批智力密集型、技术复合型、管理集约型的大型工程建设咨询服务企业

续表

时间	政策文件名称	制定机关	简要内容
2017年8月18日	国家科技创新基地优化整合方案（国科发基〔2017〕250号）	科技部、财政部、国家发展改革委	到2020年初步形成布局合理、定位清晰、管理科学、开放共享、多元投入、动态调整的国家科技创新基地建设发展体系
2017年8月17日	住房城乡建设科技创新“十三五”专项规划（建科〔2017〕166号）	住房城乡建设部	以绿色发展为核心，以资源节约低碳循环、提高城市综合承载能力为目标，强化科技创新和系统集成，统筹技术研发、应用示范、标准制定、规模推广和科技评价的全链条管理，抓好人才、基地、项目、资金、政策五大创新要素，取得一批前瞻性、引领性、实用性科技成果，显著增强行业科技创新的供给和支撑能力，为推动城市绿色发展，促进建筑业向工业化、绿色化、智能化转型升级提供科技支撑
2017年9月8日	关于促进农村创业创新园区（基地）建设的指导意见（农加发〔2017〕3号）	农业部、国家发展改革委、教育部、科技部、民政部、人力资源和社会保障部、国土资源部、中国人民银行、工商总局、国家统计局、共青团中央、中华全国妇女联合会	到2020年，在全国建设一大批标准高、服务优、示范带动作用强的农村创业创新园区（基地），为返乡下乡人员创业创新提供可选择的场所和高效便捷的服务，实现国家政策、各类资源和相关要素的集成整合，推动农村创业创新更快更好发展

续表

时间	政策文件名称	制定机关	简要内容
2017年10月24日	“十三五”国家科技创新基地与条件保障能力建设专项规划（国科发基〔2017〕322号）	科技部、国家发展改革委、财政部	到2020年，形成布局合理、定位清晰、管理科学、运行高效、投入多元、动态调整、开放共享、协同发展的国家科技创新基地与科技基础条件保障能力体系。 ——布局建设若干体现国家意志、实现国家使命、代表国家水平的国家实验室。 ——面向前沿科学、基础科学、工程科学，推动学科发展，在优化调整的基础上，部署建设一批国家重点实验室。统筹推进学科、省部共建、企业、军民共建和港澳伙伴国家重点实验室建设发展。 ——面向国家重大战略任务和重点工程建设需求，在优化整合的基础上建设一批国家工程研究中心。 ——面向国家长远发展的重大产业技术领域需求，建设若干综合性国家技术创新中心。面向经济社会发展和产业转型升级对共性关键技术的需求，建设一批专业性国家技术创新中心。 ——面向重大临床医学需求和产业化需要，建设一批国家临床医学研究中心。 —面向科技创新需求，在优化调整的基础上，择优新建一批有重要影响力的科学数据中心、生物种质和实验材料资源库（馆）。 ——面向国家经济社会发展需求，在生态保护、资源环境、农林业资源、生物

续表

时间	政策文件名称	制定机关	简要内容
			多样性、地球物理、重大自然灾害防御等方面择优遴选建设一批国家野外科学观测研究站。 ——面向为科学研究和创新创业提供高水平服务的需求，推动国家重大科研基础设施布局建设，突破实验动物资源和模型、科研用试剂、计量基标准和标准物质等一批关键技术，组织开展重要领域、区域的科学考察调查，完成一批重要志书典籍编研
2017年11月6日	国土资源科技创新平台建设实施方案（国土资发〔2017〕133号）	国土资源部	——着力创建国家级科技创新平台。按照国家规划布局精心谋划筹建国家实验室，集中优势资源，瞄准国家级平台建设标准，积极争取国家重点实验室、国家技术创新平台建设等有新突破。着力建实建强已有国家级科技创新平台，大力推动优势领域国际科技合作基地、野外科学观测研究基地进入国家级基地，推动国土资源科技创新水平的提升跨越。 ——优化建强部级科技创新平台。按照国土资源重点学科、专业优势和地域特色，合理布局部重点实验室，推动国土资源前沿科学、基础科学、工程科学发展，建设运行70个左右部重点实验室；创建部技术创新平台30家左右；优化整合现有部野外科学观测研究基地，规范运行部野外科学观测研究基地50个左右。控制部级科技创新平台总数不超过150个。

续表

时间	政策文件名称	制定机关	简要内容
			——大力促进科研仪器设施开放共享。持续开展部系统重大科研基础设施、大型科研仪器、科学数据资源现状调查和开放能力评估，建立开放共享平台，大幅提升科技资源利用效率和科学数据共享水平。 ——健全完善科技创新平台运行管理机制。分类制定出台科技创新平台管理办法，推进规范运行，建立健全评价标准，严控规模、严格评估，形成动态调整机制。树立人才是第一资源的理念，创新科技人才队伍建设的体制机制，激发各类人才的创新活力和潜力，增强创新平台对高端人才和创新团队的集聚效应，促进科技创新、成果转化
2017年11月17日	国家技术创新中心建设工作指引（国科发创〔2017〕353号）	科技部	在若干重点领域建设一批国家技术创新中心，形成满足产业创新重大需求、具有国际影响力和竞争力的国家技术创新网络，攻克转化一批产业前沿和共性关键技术，培育具有国际影响力的行业领军企业，带动一批科技型中小企业成长壮大，催生一批发展潜力大、带动作用强的创新型产业集群，推动若干重点产业进入全球价值链中高端，提升中国在全球产业版图和创新格局中的位势。“十三五”期间，布局建设20家左右国家技术创新中心

续表

时间	政策文件名称	制定机关	简要内容
2017年12月17日	关于支持自由贸易试验区进一步创新发展的意见（商资发〔2017〕483号）	商务部	为贯彻落实党的十九大报告新要求新部署，商务部将支持自贸试验区进一步深化改革开放、创新发展，提出28条意见
2018年1月29日	关于粮食产业科技创新联盟建设的指导意见（国粮储〔2018〕17号）	国家粮食局	着眼于建立“以企业为主体、市场为导向、产学研深度融合的技术创新体系”和推进产业链、创新链、价值链“三链”协同，通过引导企业、大学、科研机构和其他组织机构，以共同的发展需求和各方的共同利益为基础，以提升产业科技创新能力为宗旨，以具有法律约束力的契约为保障，形成联合开发、优势互补、利益共享、风险共担的科技创新合作组织，探索粮食产业科技创新组织形式，规范联盟建设工作流程，促进粮食产业科技创新联盟健康发展
2018年4月19日	关于进一步推进中央企业创新发展的意见（国科发资〔2018〕19号）	科技部、国资委	建立特色鲜明、要素集聚、活力迸发的中央企业创新体系；突破一批核心关键技术，在若干重点产业领域形成一批具有国际影响力和竞争力的创新型中央企业；取得一批对国家经济社会发展具有重要作用的创新成果，推动高质量发展，为中国建成创新型国家和现代化经济体系提供强有力的支撑

续表

时间	政策文件名称	制定机关	简要内容
2018年4月2日	高等学校人工智能创新行动计划（教技〔2018〕3号）	教育部	到2020年，基本完成适应新一代人工智能发展的高校科技创新体系和学科体系的优化布局，高校在新一代人工智能基础理论和关键技术研究等方面取得新突破，人才培养和科学研究的优势进一步提升，并推动人工智能技术广泛应用。 到2025年，高校在新一代人工智能领域科技创新能力和人才培养质量显著提升，取得一批具有国际重要影响的原创成果，部分理论研究、创新技术与应用示范达到世界领先水平，有效支撑中国产业升级、经济转型和智能社会建设。 到2030年，高校成为建设世界主要人工智能创新中心的核心力量和引领新一代人工智能发展的人才高地，为中国跻身创新型国家前列提供科技支撑和人才保障
2018年5月18日	关于推动民营企业创新发展的指导意见（国科发资〔2018〕45号）	科技部、全国工商联	发挥科技创新和制度创新对民营企业创新发展的支撑引领作用，通过政策引领、机制创新、项目实施、平台建设、人才培育、科技金融、军民融合、国际合作等加强民营企业科技创新能力，充分支持民营企业创新发展，为建设创新型国家和促进经济社会持续健康发展提供坚强支撑

续表

时间	政策文件名称	制定机关	简要内容
2018 年 12 月 20 日	进一步深化管理改革 激发创新活力 确保完成国家科技重大专项既定目标的十项措施(国科发重〔2018〕315 号)	科技部、发展改革委、财政部	推进科技领域“放管服”改革和《国务院关于优化科研管理提升科研绩效若干措施的通知》（国发〔2018〕25 号）（以下简称 25 号文）的要求，充分激发科研人员创新活力，加快国家科技重大专项（以下简称“专项”）组织实施，突破核心领域关键技术，保障专项总体目标圆满完成，为国家经济社会高质量发展提供科技支撑。 （一）明确课题申报和批复程序要求。 （二）减少实施周期内的各类评估、检查、抽查、审计等活动。 （三）精简课题验收程序。 （四）实现信息互联共享。 （五）赋予重大专项科研人员更大的技术路线决策权。 （六）进一步优化概预算管理方式。 （七）开展基于绩效、诚信和能力的重大专项科研管理改革试点。 （八）完善以增加知识价值为导向的激励措施。 （九）加大特殊人才薪酬激励力度。 （十）弘扬科学精神，转变科研作风。有针对性地治理浮夸浮躁、弄虚作假、拜金主义、“圈子文化”、“学阀现象”等违背科学精神的科研作风问题；严格控制科研人员超额申报或承担著作，防止“囤项目”、“挂名争项目”等问题

续表

时间	政策文件名称	制定机关	简要内容
2019年3月29日	关于促进国家大学科技园创新发展的指导意见（国科发区〔2019〕116号）	科技部、教育部	中国大学科技园从1991年起步探索，经过20多年建设发展，规模日渐扩大、模式不断创新，取得了显著成绩，已经成为中国科技体制改革创新的试验基地、科技人员创新创业的核心载体、校企资源融合共享的枢纽平台，是支撑创新驱动发展的重要力量。新的发展方向：集成高端科技创新资源，推动科技成果转移转化，构建开放融合发展格局。 共26条
2019年4月15日	关于构建市场导向的绿色技术创新体系的指导意见（发改环资〔2019〕689号）	国家发展改革委、科技部	到2022年，基本建成市场导向的绿色技术创新体系。企业绿色技术创新主体地位得到强化，出现一批龙头骨干企业，“产学研金介”深度融合、协同高效；绿色技术创新引导机制更加完善，绿色技术市场繁荣，人才、资金、知识等各类要素资源向绿色技术创新领域有效集聚，高效利用，要素价值得到充分体现；绿色技术创新综合示范区、绿色技术工程研究中心、创新中心等形成系统布局，高效运行，创新成果不断涌现并充分转化应用；绿色技术创新的法治、政策、融资环境充分优化，国际合作务实深入，创新基础能力显著增强。 开展绿色技术创新“十百千”行动，培育10个年产值超过500亿元的绿色技术创新龙头企业，支持100家企业创建国家绿色企业技术中心，认定1000

续表

时间	政策文件名称	制定机关	简要内容
			家绿色技术创新企业。积极支持“十百千”企业承担国家和地方部署的重点绿色技术创新项目。研究制定支持经认定的绿色技术创新企业的政策措施。提出构建市场导向的绿色技术创新体系路线图、时间表
2019年8月5日	关于新时期支持科技型中小企业加快创新发展的若干政策措施（国科发区〔2019〕268号）	科技部	以培育壮大科技型中小企业主体规模、提升科技型中小企业创新能力为主要着力点，完善科技创新政策，加强创新服务供给，激发创新创业活力，引导科技型中小企业加大研发投入，完善技术创新体系，增强以科技创新为核心的企业竞争力，为推动高质量发展、支撑现代化经济体系建设发挥更加重要的作用
2019年11月22日	关于商业银行资本工具创新的指导意见（修订）（银保监发〔2019〕42号）	中国银保监会	（一）多措并举、夯实资本。商业银行应坚持以内源性资本积累为主的资本补充机制，同时结合境内外市场特点，综合运用外源性资本补充渠道提升资本充足水平。 （二）科学发展、统筹规划。商业银行应结合本行实际，切实提升资本管理的自主性，科学制定发展战略和资本规划，强化资本约束，积极转变发展方式，控制风险资产的过快增长。 （三）坚持市场化、法治化原则。商业

续表

时间	政策文件名称	制定机关	简要内容
			银行发行资本工具应依法合规并遵循市场化原则，定价客观反映商业银行的信用水平和资本工具风险特征。通过市场化定价吸引多元化的市场主体参与投资，进一步丰富投资主体类型
2020年2月10日	智能汽车创新发展战略（发改产业〔2020〕202号）	国家发展改革委、中央网信办、科技部、工业和信息化部、公安部、财政部、自然资源部、住房城乡建设部、交通运输部、商务部、市场监管总局	到2025年，中国标准智能汽车的技术创新、产业生态、基础设施、法规标准、产品监管和网络安全体系基本形成。实现有条件自动驾驶的智能汽车达到规模化生产，实现高度自动驾驶的智能汽车在特定环境下市场化应用。智能交通系统和智慧城市相关设施建设取得积极进展，车用无线通信网络（LTE－V2X等）实现区域覆盖，新一代车用无线通信网络（5G－V2X）在部分城市、高速公路逐步开展应用，高精度时空基准服务网络实现全覆盖。 展望2035到2050年，中国标准智能汽车体系全面建成、更加完善。安全、高效、绿色、文明的智能汽车强国愿景逐步实现，智能汽车充分满足人民日益增长的美好生活需要。健全法律法规，完善技术标准
2020年3月21日	关于科技创新支撑复工复产和经济平稳运行的	科技部	启动实施“科技助力经济2020”重点专项。推动重点区域和有条件的地方开展科技创新券跨区域“通用通兑”，根据“双创”服务机构对科技型中小企业的服务绩效予以后补助支持。实施先

续表

时间	政策文件名称	制定机关	简要内容
	若干措施（国科发区〔2020〕67号）		进技术推广应用“百城百园”行动。围绕“一城一主题、一园一产业”，组织遴选100个左右创新型城市（县市）和100个左右国家高新区、国家农业高新技术产业示范区、国家农业科技园区等，结合地方需求及其优势快速推广应用一批先进技术和科技创新产品。力推动关键核心技术攻关，加大5G、人工智能、量子通信、脑科学、工业互联网、重大传染病防治、重大新药、高端医疗器械、新能源、新材料等重大科技项目的实施和支持力度，突破关键核心技术，促进科技成果的转化应用和产业化，培育一批创新型企业和高科技产业，增强经济发展新动能
2020年4月30日	高等学校区块链技术创新行动计划（教科技〔2020〕17号）	教育部	到2025年，在高校布局建设一批区块链技术创新基地，培养汇聚一批区块链技术攻关团队，基本形成全面推进、重点布局、特色发展的总体格局和高水平创新人才不断涌现、高质量科技成果持续产生的良好态势，推动若干高校成为中国区块链技术创新的重要阵地，一大批高校区块链技术成果为产业发展提供动能，有力支撑中国区块链技术的发展、应用和管理

续表

时间	政策文件名称	制定机关	简要内容
2020年6月13日	关于深入实施农村创新创业带头人培育行动的意见（农产发〔2020〕3号）	农业农村部、国家发展改革委、教育部、科技部、财政部、人力资源社会保障部、自然资源部、退役军人部、银保监会	到2025年，农村创新创业环境明显改善，创新创业层次显著提升，创新创业队伍不断壮大，乡村产业发展动能更加强劲。农村创新创业带头人达到100万以上，农业重点县的行政村基本实现全覆盖
2020年6月29日	关于国家农业科技创新联盟建设的指导意见（农办科〔2020〕12号）	农业农村部办公厅	建设一批产业特色明显、发展方式绿色、各类要素集聚、机制创新鲜明、示范带动有力的联盟，基本形成层级分明、布局合理、梯次推进的全国农业科技创新联盟框架。 ——农业产业科技创新能力显著提升。 ——区域农业可持续发展的能力显著增强。 ——农业科技资源共建共享效率显著提升
2020年12月23日	关于加快构建全国一体化大数据中心协同创新体系的指导意见	国家发展改革委、中央网信办、工业和信息化部、国家能源局	到2025年，全国范围内数据中心形成布局合理、绿色集约的基础设施一体化格局。东西部数据中心实现结构性平衡，大型、超大型数据中心运行电能利用效率降到1.3以下。数据中心集约化、规模化、绿色化水平显著提高，使用率明显提升。

续表

时间	政策文件名称	制定机关	简要内容
	（发改高技〔2020〕1922号）		公共云服务体系初步形成，全社会算力获取成本显著降低。政府部门间、政企间数据壁垒进一步打破，数据资源流通活力明显增强。大数据协同应用效果凸显，全国范围内形成一批行业数据大脑、城市数据大脑，全社会算力资源、数据资源向智力资源高效转化的态势基本形成，数据安全保障能力稳步提升
2020年12月26日	关于坚持传统服务方式与智能化服务创新并行优化医疗保障服务工作的实施意见（国保发〔2020〕54号）	国家医疗保障局	坚持以人民为中心的发展思想，坚持传统服务与智能创新相结合，改进传统服务方式，同步促进智能技术在老年人等群众中的普及使用，提高医疗保障服务适老化程度，着力解决参保登记不便捷、老年人等群体线上服务不适用、手工报销不方便、异地就医备案不便利、服务意识和能力有待进一步提升等问题，形成改进提升医疗保障服务的长效机制，切实做好医疗保障服务，不断增强人民群众的获得感、幸福感、安全感
2020年12月2日	海南开放创新合作机制（国科办区〔2020〕105号）	科技部办公厅、海南省人民政府	落实党中央、国务院关于建设自由贸易港的重要指示，加快落实海南科技创新的重大任务部署，坚持按照优势互补、互利互惠的原则，以海南实际需求为牵引，聚焦海南重点产业发展、离岸创新创业、科技成果转化、科技园区合作等需求，推动相关省市、科技园区、科技部相关司局与海南省的合作需求单位建立“一对一、点对点、多对一”的多层次合作模式，加快推进《实施方案》落实，以开放合作促进海南省提升科技创新能力，以科技创新有力支撑海南自由贸易港建设

续表

时间	政策文件名称	制定机关	简要内容
2021 年 2 月 25 日	关于加强科技创新促进新时代西部大开发形成新格局的实施意见（国科发区〔2020〕336 号）	科技部	到 2025 年，西部地区创新环境明显改善，创新能力不断增强，创新产业加快发展。到 2035 年，西部地区创新格局明显优化，形成以科技创新引领大保护、大开放、高质量发展的新格局，有力支撑解决区域发展不平衡不充分问题，推动西部地区成为构建国内大循环为主体、国内国际双循环相互促进新发展格局的战略支撑
2020 年 12 月 21 日	关于促进中药传承创新发展的实施意见（国药监药注〔2020〕27 号）	国家药监局	核心内容：促进中药守正创新 （一）坚持以临床价值为导向。 （二）推动古代经典名方中药复方制剂研制。 （三）促进中药创新发展。 （四）鼓励二次开发。 （五）加强中药安全性研究
2020 年 12 月 22 日	工业互联网创新发展行动计划（2021—2023 年）（工信部信管〔2020〕197 号）	工业互联网专项工作组	到 2023 年，工业互联网新型基础设施建设量质并进，新模式、新业态大范围推广，产业综合实力显著提升。 ——新型基础设施进一步完善。 ——融合应用成效进一步彰显。 ——技术创新能力进一步提升。 ——产业发展生态进一步健全。 ——安全保障能力进一步增强

表4.4说明，在党中央、国务院出台“创新驱动”战略以来，为落实这一战略，中央和各部门又梯次性地出台了一系列落实性政策、规划及实施方案，其目的就是希望使国家决策能够得以实现，最长的预期到2050年。从中也可看出，创新驱动与稳定经济增长速度及经济结构调整之间具有关联性。在保持一定经济增长速度的情况下，创新驱动影响着投资增长的结构。从投资方向来看，无论是政府投资，还是民间投资均更多地投向与创新驱动战略实施有关的领域；而科技成果的有效转化，通过提升产品质量影响着消费力增长。与此同时，也深刻影响着经济结构的调整和对外经济贸易。值得强调的是，2020年公共疫情暴发，中国能够在较短的时期内走出困境，除了中央果断地采取政治、行政手段外，能够迅速调动医疗科技力量联合攻关，实施相应的医疗措施，才避免了大范围的疫情扩散，与科技支撑有极大的关系，尤其是中医药作用的发挥，与近几年党中央从政策层面支持中医药科技创新有着直接的关系。

三、创新驱动战略实施经济法的回应与完善

上述研究表明，在国家推进创新驱动战略的过程中，出台了一系列的政策、规章和措施。在地方立法方面，先行先试，出台了一些地方性法规。其所涵盖的内容十分广泛，涉及的法律问题众多，但不全是经济法的问题。为此，本书认为，经济法的回应应当保持自己的范畴、原则及品格，按照范畴把握、分层次分类应对，实施法律保留，重点从政策应对方面开展研究。

（一）经济法范畴对创新驱动战略的影响

按照经济法的学科标准和部门法范畴，科技法属于领域法学的范畴，有自己独立的学科体系。其所涉及的法学知识是综合性

的，宪法及相关法、民商法、行政法、经济法、社会法、刑法等内容均在其中。有关经济法的调整仅是其中之一。而经济法的作用，主要体现在：一是宏观调控领域创新驱动整体调控战略政策的制定。二是宏观调控政策工具的应用对科技发展的支持或影响。其主要表现包括规划支持、产业支持、财政税收支持、金融支持等。三是对技术市场的适度干预。主要通过反不正当竞争法、反垄断法、消费者权益保护法以及产品质量法制约技术市场领域的不正当竞争行为、技术垄断行为、侵害消费者权益行为，并保障生产消费领域的商品符合国家规定的技术标准等。因而，总体上说，科学技术法有着相对独立的范畴、地位和作用，经济法则处于衔接法的地位。例如，究竟什么属于“颠覆性技术”？它是在科技界充分论证的基础上，经过民主法治程序，由国家科技管理部门所确认的。由此，就科技与经济的关系而言，属于纯科学、纯技术研究的领域及其关系，与经济没有直接的关联性，经济法以规划、财政等手段予以支持，属于辅助性的，且不以经济利益为目标。对此，属于基础研究的部分大多数属于这样的情况，其不能直接产生生产力。

然而，当科学技术成熟，能够通过转化进入市场，对促进生产力发挥作用时，技术的推广应用便有了与经济的密切联系，与经济关系的经济法调整有了直接的关系。在这时，经济及其法治成为促进技术应用于经济和社会领域的重要抓手。此外，即使是成熟技术在经济领域的应用，也有一个投资少、短期见效或投资巨大、见效较慢的区别。例如，在农业领域，培育一个新的种子，不仅需要较大的投资，而且消耗的时间也比较长。因此，在经济法的政策支持上，要根据国民经济和社会发展的阶段性需求，按照轻重缓急原则作出宏观调控的抉择，对重点项目予以重点且持续的支持，切忌“撒胡椒面”式的项目立项。由此，不是所有科技创新都与经济法有着直接的关联性，经济法的调整和研究，要有所为，有所不为。

通过上述研究发现，在新经济常态下，创新驱动战略下的技术创新政策的含义，使技术创新更紧密地与经济发展及经济法相联系。

首先，就创新驱动的动因和目的而言，就是要解决国民经济和社会发展的动力问题。为此，需要通过“双轮驱动”“六个转变”促进科学技术对经济增长的贡献度。不是为技术而技术，而是为经济发展而进行技术创新，使以往相对封闭的科技领域向经济和社会领域开放，使其真正成为促进生产发展的第一生产力。

其次，在体制机制上确立以企业为中心，以市场为导向，就是要改变以往科研、教学与实践脱节的问题，按照市场需求搞科研，使科研成果能够及时地应用于市场，发挥应有的经济效益，而不是满足于发论文、获专利、获得各种奖励。与此同时，技术市场竞争机制的形成，必然促进科技人员在他人科研的基础上，进一步开展发明创造，使得市场商品和服务不断推陈出新，由此，克服技术市场垄断行为成为法治基本要素。然而，辩证地看，以企业为中心进行技术创新的弊端也比较明显，即由于企业以追求利益最大化为目标，因此，以企业为中心搞技术创新容易导致技术创新的“市场功利化”倾向，使科技创新处于低水平状态。所以，对于那些投资大、见效慢的技术创新，以及属于“卡脖子”的技术创新，重大的“颠覆性”的科技创新，以及可能长期看不到经济效益的基础性研究，企业的积极性并不高，还是要由国家组织科研院所、高校和企业科技人员联合攻关，才会见效。

再次，创新驱动战略把“创新”与“创业”相结合，创新是手段，力图解决每年近千万人的就业问题。其将商业模式创新和科技创新相结合，是以往没有的。但本书认为，商业模式创新与科技创新不是一个等级，不能把科技创新与创业及商业模式的创新混为一谈。

最后，在创新驱动战略实施中，离不开经济法政策和措施的有力支持。发展规划与计划、产业指导、财政投资、减税免税、金融支持、价格调节不可缺少。

基于以上理由，使经济法在创新驱动战略实施中的地位和作用凸显出来。然而，经济法的回应是否及时，是否恰当，需要应用经济法原理予以研究、评价和判断，但在这方面，经济法的研究相对不足，需要完善。

（二）经济法回应创新驱动战略的不足

推动经济发展方式转变，实施创新驱动战略，建设创新型国家、创新型社会，必须建立健全与之相适应的法律体系，推进创新驱动战略的法治化。创新驱动作为国家政策导向，需要经济立法的回应，现行法律政策规定涉及创新驱动的各个主要方面，但内容零散化，碎片化，难以满足创新驱动的法治需要。

首先，在技术转化及产业化转移方面的政策性回应多，促进型立法较少，以企业为主体、市场为导向、产学研深度融合的技术创新体系尚未完全形成。需要进一步建构和完善产学研一体化的科技研发和技术转移体制机制，推动政府部门、高等院校、科研院所、金融机构和企业之间沟通和全面合作，促进产学研合作；鼓励企业与高校、科研院所开展联合科技攻关与研发，开展多种形式的产学研合作；鼓励高校、科研院所通过与企业联合开展科技攻关与研发、共同培养人才、科技人才相互交流和共享、联合创办科技创新型企业、科技研发资源共享等方式，进行产学研合作和技术转移。同时，推动建立基础研究与应用研究融通机制。

其次，基础理论研究科技人员激励机制不完善。与建设世界科技强国的要求相比，中国基础科学研究短板依然突出，数学等基础学科仍是最薄弱的环节，重大原创性成果较少，基础研究投入不足、结构不合理，顶尖人才和团队匮乏，评价激励制度亟待完善，企业重视不够，全社会支持基础研究的环境需要进一步优化。需要优化科研经费配置、完善科技计划管理、改进院士制度、下放科技成果处置权，破除影响基础创新的制度藩篱，进一步调动科技人员的积极性。

最后，创新创业与风险容错激励相容的制度存在缺失。相关政策举措未能完全清晰地区分科技创新和商业模式创新，从而将二者混为一谈。对科技创新尤其是基础研究方面的原创性成果应当鼓励支持，建立容错机制，加大财政扶持投入。商业模式创新需要防范经济风险，构建完善相应的监管制度，属于市场自主调节的范畴。对此二者应当分类调控。

（三）完善创新驱动经济法回应的思考

1. 经济法回应创新驱动战略的分层次、分类问题

在创新驱动战略实施中，以市场为导向组织科技创新具有针对性，技术难度较小、投资规模不大的创新，只要政府略微支持一下，既可以由企业独立完成，或通过由企业牵头、高校与科研院所加盟，形成创新联盟即可以应对。但是，如果属于技术难度较高，需要大量投资的科技项目，特别是对中国经济和社会发展属于“卡脖子”的重大项目，就需要党和政府发挥社会主义集中力量办大事的制度优势，通过特定的平台，组织全国的优势力量，施以巨资，予以攻关，才能取得成效。

从高校和科研院所的科研动力来看，因为不是以盈利为目标，

实验室试验成功达标就算取得了成果，可以申请专利、发表论文、获奖、评职称，为单位排名做贡献。但要将科研成果转化为市场产品，往往缺乏“中试阶段”的进一步科学实验，此部分试验，对于高校和科研院所没有动力，也缺乏资金支持。而对于企业而言，往往也不愿意在这方面投资，因为企业希望拿到的技术可以直接应用。这是造成中国高校和科研院所科技成果转化率相对较低的基本原因。而且，高校和科研院所所进行的许多科研项目，特别是属于基础研究的一些科研项目，虽然对于科技进步意义重大，但是不能获得专利，也无法和市场对接。因此，如果仅仅强调以市场为导向，完全由市场决定，也不符合科研规律，不利于国家科研整体水平的提高，无法实现科技强国的目标。

从科研创新的内在规律来看，创新风险是一个重要的因素。创新意味着走前人未走之路，想前人未敢之想，突破传统的知识结构或传统技术才能有“颠覆性技术”成果的出现。但是，这种探索往往也蕴含着各种是非争议和经济风险。上千次、上万次的科学实验，可能成功，也可能失败。所以，对于科研失败的宽容政策很重要。实施宽容政策的力度越大，越能鼓励科技人员大胆创新，两者呈现正比关系。反之，科技人员就会急功近利，挑选对自己有利的项目进行研发。

与此同时，关键性的科技创新，毕竟是少数具有科技创新素养或具有“科技天才”的人的事，从事科技创新，对他们来说就是一种事业，一种兴趣，甚至是一种信仰。行政主导及压力下的“大水漫灌”和限期结项，可能会达到快出成果的目的，但是质量无法保障，还浪费了人力、物力、财力。加大奖励力度虽然具有普适性，在一定程度上会调动科技创新人员的积极性，但是，尊重科技人员的自由选择，支持其事业发展才是根本。而大众创新则与少数科技人员的创新之间不是一个等级或层次的问题，鼓励大众“双创”，就像20世纪80年代鼓励大众、干部“下海经商”一样，可能会失败。而大众创新中应用现代科技网络技术商业模式的改进，更多的是与促进消费便利及消费力增长有关联，是否属于科技创新的范畴，本书持保留态度。

总之，经济法对于创新驱动战略实施的回应，存在着分层次、分类回应的问题。如果按照经济法原理，政府的支持主要应体现在公共领域，即组织关系国民经济和社会发展或国家利益的普适性的或关键领域的科研攻关。其创新的风险成本也应由政府承担。而属于企业为追求利润研发的部分，则交由市场调节，政府的职责在于创造宽松的环境，对于预期可能取得成功的科研创新予以必要的财政、金融支持。而这种支持，必须是适度的，有选择性的。这部分的风险，则由政府和企业共担。另外，大力推行科技创新类商业保险，也可以化解一些风险。

从目前的情况来看，各项政策较好地体现了经济法的基本原则。但各项政策实施的效果，还有待评估，调整。任何政策、规划、方案，仅仅是一种主观的预期和良好的愿望，但要真正实施，还要经过实践的检验。例如，长期以来，产业政策指导下的科技创新所鼓励的是高科技发展，并且专门成立了高科技开发区。但事实上，从经济结构的完整性来看，在符合法律标准的前提下，低端、中端科技能力的保留是必要的，否则，就会出现“产业空心化”现象，于国于民不利。又比如，互联网商业运作模式的推行，虽然极大地推进了商业经营模式的改革，也极大地便利了消费。但其副作用是，大量实体店关闭，引发失业，另外，对老年人的消费形成了不便。

2. 经济法立法回应创新驱动的法律保留问题

通过上述全面总结2015～2020年国家推行创新驱动的立法和

政策情况发现，在正式立法方面，有地方立法的积极回应。但在国家立法层面比较慎重，处于法律保留的状态。大部分为政策性的指导意见、规划、计划或实施方案。从经济法角度分析，这些指导意见、规划、计划或实施方案体现了规划思想、指标及任务的预期与考核，进而影响到具有实践意义的项目确定、财政资金分配、金融支持方向等，具有直接的法律效力和功能。但是，总体来说，具有较强的试验、试点属性。每年也有不同的工作重点。特别是2020年突发的公共疫情事件，对既有的规划、计划或实施方案的执行产生了重大影响，致使各国不得不对既有的规划、计划、实施方案等作出调整，或暂停，或调整研究方向。紧急地调动人力、物力、财力研发公共卫生医疗设施、器材，开发应对药品和疫苗等。并且，这种情况可能会持续几年，中国亦然。由此说明，在中国创新驱动战略实施中，不仅存在经济上的不确定性，也存在科技创新中的不确定性。在此情况下，按照经济法原理，赋予政府相机抉择的自由裁量权十分必要。以具有灵活性的非正式法律方式的经济和科技政策调整创新驱动中的各类经济和社会关系，更符合实际。为此，经济法的回应更多地体现为政策回应，相关的研究也更多地属于政策研究的范畴。从严格意义上讲，属于法律政策交叉领域的研究。也为此，经济法学界应当摆脱传统的法学理论研究范式及模式，紧密联系实际，积极开展涉及创新驱动方面的经济政策的对策性研究，为党和国家创新驱动战略的决策和实施建言献策，使创新驱动战略更科学、更合理地推进。而对于在创新驱动改革实验中证明行之有效的制度，要及时加以总结，使其上升到法律的高度。

简要的结论

本书认为，从一般意义上讲，“经济新常态”是一国或一地区经济发展由一个阶段进入下一个阶段的必然的经济现象。在此情况下，上一个经济发展阶段可称为“经济旧常态”，而新的经济发展阶段则可称为“经济新常态”。新旧之间有一些继承和发展，存在诸如在宪法和基本法律框架下基本制度不变、居民基本生活“刚性”需求保障等常态的因素，但“经济新常态”必然有其新的内容和特征出现。由此，“经济新常态”是一个阶段性的概念，具有相对性，可被经济学家用来概括和描述新的经济现象，也可以被政治力量作为施政决策的依据，并影响整个经济社会领域。

就西方以私有制为基础的资本主义市场经济而言，西方经济学根据200多年市场经济运行所描述的经济周期规律，大致反映了西方资本主义体制下，市场经济的周期性发展阶段，即其经济运行存在一个由经济增长—经济繁荣—经济萧条—经济危机，再到经济增长—经济繁荣—经济萧条—经济危机的周而复始的历史过程。而每一个发展阶段，相比上一个发展阶段而言，即可称为面临经济增长方式与经济结构调整的“经济新常态”。而且，这种阶段性的“新常态”的出现，是既有的资本主义制度所无法克服的。当前，西方资本主义国家所说的“经济新常态”就是指由2008年美国发生“金融海啸危机”所导致的全球性经济危机而言，这场“经济危机”使西方资本主义经济全面衰退，并进入应对经济危机及经济衰退的“经济新常态”。而且，发展至今仍然没有得到根本的好转。基于2020年全球公共疫情的暴发，更加剧了经济负增长、高失业率等问题，使美国等国家陷入了克服公共疫情和经济恢复的纠结当中。

中国实行的是社会主义市场经济。对于市场经济发展所蕴含的经济周期问题是预先有所预判的。虽然基于改革开放、中国“入世”以及对外贸易的大发展，西方经济危机的爆发也会影响中国的经济发展，但依靠社会主义制度的优越性，在党中央的统一领导下，加上全国人民齐心合力谋发展，完全能够避免经济危机的发生。但是，经过改革开放40多年的快速增长，原有的“两高一低”（高投资、高出口、低消费）的经济增长模式不具有可持续性，根据已经出现的经济动力不足及衰退问题，及时主动地予以经济换挡，以提升经济质量为主要内涵的一系列稳增长、调结构和创新驱动的政策措施的实施是必然之举，既有客观的经济基础，也有主观的判断与决策。因此，在学界和实务界研究分析的基础上，党中央果断决策，中国于2015年起进入“经济新常态”，在维护宪法和基本经济制度不变的情况下，实施一系列稳增长、调结构和创新驱动的政策措施，属于社会主义市场经济不断完善的范畴。它与西方资本主义市场经济国家所称的“经济新常态”不仅在本质上是不同的，而且所要解决的主要经济问题也有所不同。与此同时，到2020年，中国的GDP已经高达100多万亿元人民币，稳居世界第二。在稳定增长速度的基础上，着力于经济发展质量的提升，着力于民生的改善与消费力的提升以及增强人民的幸福感，是以习近平同志为核心的党中央的明智抉择。

法律是调节社会经济关系的普适性规则。马克思主义原理告诉我们，法律属于上层建筑范畴，由经济基础所决定。经济基础的变革必然会反映到法律的调整之中，法律也必然会对经济基础的变革予以回应。因此，上述西方资本主义国家“经济新常态”和中国的“经济新常态”也必然会为各国的法律所回应。其中，面对处于不确定性的经济变化，具有政策属性的经济法首当其冲。因此，经济法对于“经济新常态”的回应也是必然的。在基本法律稳定保留的情况下，各类经济政策、各项国家发展规划及计划、实施方案所蕴含的制度创新，成为中国经济法回应的主要方式，但其回应的合理性、科学性、有效性往往带有试验性质，有待实践检验，需要一个持续观察研究的过程。然而，无论如何，“经济新常态”下经济法的回应，已然形成了一些新的秩序，影响着国民经济生产的发展，影响着人民生活的改善。与此同时，经济法回应“经济新常态”还必须把握好自己的范畴，协调好法治和德治的关系，法治与政治、经济和社会的关系，协调好经济法和其他相关法律部门的关系，有所为，有所不为。

本书研究发现，中国有关“经济新常态”的学术研究，始于2012年，热点研究集中在2015~2016年，而国家围绕“经济新常态”的政策出台也主要集中在2015~2016年，到2017年中共十九大召开，有关“经济新常态”的阐述或提法，已经逐步为“新时代”所取代。按照中共十九大精神，新时代所要解决的主要矛盾和经济问题是经济发展的不平衡，它与“经济新常态”的提法及政策法律有关联性，但也有所不同。例如，为了解决地区不平衡问题，在总体上保持稳定增长的同时，并不排除落后地区为了赶上发达地区经济发展水平而继续采取以政府主导为主的高增长的举措。特别是本书分析所揭示的，基于发达国家产业“空心化”的困境问题，中国产业发展的布局和结构调整也应有所调整。而在对外贸易领域，基于2020年全球疫情对进出口贸易的冲击，以及以美国为首的西方贸易保护主义的抬头及近年来对中国的经济围堵，迫使中国不得不采取以国内经济循环为主、国外经济循环为辅的新的“双循环”经济战略，并在经济法领域予以了积极的回应。由此，本书关于“经济新常态”下中国经济法的回应性研究，按照学术规范，可算做一个历史的学术总结和梳理，有所思，有所想，所提出的一些政策完善建议，既有针对适应“经济新常态”的政策完善建议，也有一些对任何时期均具有重大实践意义的建议。例如，关于减少甚至消灭“失业率”的建议，符合中国社会主义制度的本质要求。而关于产业结构应保持低、中、高端的合理比例和布局的建议，对于中国特色社会主义经济制度的完善，具有长期的实践意义。但这些建议的提出，在本书研究中，还仅仅是一个不成熟的初步结论，更深入研究还有待于进一步的扩展性的或专项研究。

从对政策和法律文件的梳理情况来看，本书对涉及的与“经济新常态”战略实施的相关政策法律文件进行了搜集、归纳整理和分析。项目结项以2020年为截止期限。在本书修改时发现一些法律文件又进行了修改，为此，做了一些必要的补充。其中，涉及中央政策文件16件；国务院政策文件23件；国务院部委局政策文件97件，还有相关发展规划、实施方案等文件30件。从法律文件来看，涉及全国人大常委会出台的法律文件17件；国务院出台的行政法规文件27件；国务院部委局出台的规章文件45件；地方性法规规章30件。总共285件。工作量之大可想而知。但从中发现了一些中国经济法回应现实经济和社会问题的基本路径。

首先，从政策回应来看，党中央、国务院代表党和国家出台的中央文件在指导全国经济发展中具有最高的顶层地位和作用。在中央出台政策文件后，国务院政策文件和国务院各部委局的政策文件则予以积极的跟进，且国务院各部委局的落实性文件数量居多，可操作性较强。此外，有关地方的政策文件更多，但由于时间和精力所限，本书未及分析。这种在中央定盘基础上，各部门、各行业积极响应，予以经济政策的回应，能够迅速使中央决策得以贯彻执行，体现了中国社会主义发展的特色。

其次，从法律的调整或回应来看，全国人大及其常委会出台的法律文件采取了比较稳定的“法律保留”措施，且相关规定比较原则，更多的法律调整和回应则交由国务院的行政法规和国务院各部委的规章来规定。此外，地方立法则可以在中央授权下“先行先试”，为中央出台政策法律积累经验，从而体现了经济法律面对活跃经济关系予以调整和回应的基本模式。它符合中国现阶段不断进行经济体制改革的法律需求逻辑。而一旦形成正式的法律，相关法律就会成为制定政策的依据，同时，在经济立法中，中央的政策又是立法的一个基本依据，存在一个政策法律化的问题，进而体现了经济政策与法律之间相互作用的逻辑和辩证关系。然而，通过研习发现，法律比较完善的领域，实际效果不一定好。例如，在农业结构调整和产业化方面，中国的法律调整相对完善，但农业领域经济增长、经济结构调整以及创新驱动的效果并不理想。究其原因：一是既有的体制机制不适应农业现代化的要求；二是中央出台的政策法律的执行没有到位，导致好的政策法律不能有效实施。这就有一个问题，有关涉及“经济新常态”的政策法律出台仅仅是经济法回应的一个方面，要真正予以回应，还要根据实际执行的效果及时地予以废立改。为此，在经济法政策和法律文件出台后，还要通过一系列工作分解基础上的考核、检查、督查、视察、巡视、约谈及其必要的奖惩来保障既有政策法律的执行。这是对党和国家执政能力的考验，也是依法治国的应有之意。值得欣慰的是，党的十八大以来，以习近平同志为核心的党中央强化了国家治理能力的提升，使经济实践中存在的“上有政策，下有对策”“选择性执法”“规划规划，墙上挂挂”等不良现象得到了有效的遏制。其典型的表现就是在农村脱贫攻坚战中，由于实施了“中央统筹、省负总责、市县落实”以及“党政同责”新体制及责任分解基础上有效的监督措施，对脱贫工作采取了严格的问责机制，对发现的问题，采取零容忍监督措施并及时处理违法乱纪的单位和个人，才保证了“十三五”期间如期完成脱贫攻坚既定任务。由此说明，经济法回应中的“有法可依，有法必依，执法必严，违法必究”是一个系统工作，只有全面到位，才能做到全方位的回应。同理，对待政策也应做到“有政策可依，有政策必依，执行政策必严，违反政策必究”。对此，对“经济新常态”的经济法回应如此，对于“新时代”的经济法回应亦如此。这是一个中国经济法回应的基本规律，也是其他法律回应的基本原理。这是由法学上讲的法治的基本规律所决定的。

最后，2015～2020 年，对于中国而言，注定是不平凡的六年。它以“十二五”规划收官，启动“经济新常态”为首，以“十三五”规划收官迎来重大公共疫情的暴发及阶段性防疫攻坚战取得胜利并出台“十四五”规划为尾。该历史过程，反映了党中央的执政能力及全国人民的齐心合力。它证明了具有中国特色的社会主义道路是可行的，只要坚持下去，在中国共产党的领导下，中华民族复兴的伟大梦想必定会实现。

主要参考文献

著作类

1. 中共中央马克思、恩格斯、列宁、斯大林著作编译局. 马克思恩格斯选集：第1卷［G］. 北京：人民出版社，2012.

2. 中共中央文献编辑委员会. 邓小平文选：第3卷［G］. 北京：人民出版社，1993.

3. 本书编辑组. 习近平谈治国理政：第2卷［G］. 北京：外文出版社，2017.

4. 董玉明. 中国经济法学导论［M］. 2版. 北京：光明日报出版社，2012.

5. 曹立. 中国经济新常态［C］. 北京：新华出版社，2014.

6. 胡舒立. 新常态改变中国：首席经济学家谈大趋势［C］. 北京：民主与建设出版社，2014.

7. 国家行政学院经济学教研部. 中国经济新常态［M］. 北京：人民出版社，2015.

8. 李扬，张晓晶. 论新常态［M］. 北京：人民出版社，2015.

9. 胡舒立，王烁，黄山，等. 中国 2.0 全球走势与中国机遇［C］. 北京：中国文史出版社，2015.

10. 张卓元. 新常态下的中国走向［C］. 广州：广东经济出版社，2015.

11. 宋晓梧，武士国，许欣. 新常态下的区域经济大变局［M］. 杭州：浙江大学出版社，2015.

12. 刘守英，李慧莲. 新常态下的中国—百名学者的预测和 30 多名记者的调查［R］. 北京：中国发展出版社，2015.

13. 李伟. 新常态下中国如何保障经济安全［R］. 北京：中国发展出版社，2015.

14. 邱晓华，管清友. 新常态经济：中国经济新变局［M］. 北京：中信出版社，2015.

15. 中国税务学会. 新常态下税收改革研究：中国税务学会 2015 年适应经济新常态深化税收改革研讨会文集［C］. 北京：中国税务出版社，2016.

16. 彭道轮，汪永忠，谢小庆. 新常态下的法治国家建设研究［M］. 北京：红旗出版社，2016.

17. 樊红敏. 新常态下地方社会治理［C］. 北京：中国社会科学出版社，2016.

18. 刘涛. 新常态下服务业发展趋向与税改动力［M］. 北京：商务印书馆，2016.

19. 刘元春，等. 中国新常态宏观经济：机制变异与理论创新［M］. 北京：中国社会科学出版社，2016.

20. 杨英杰，等. 新常态下的心常态：让我们习惯增长的“极限”［M］. 北京：清华大学出版社，2016.

21. 蔡昉，张晓晶. 发展新常态下中国经济体制改革探究

[C]. 北京：中国社会文献出版社，2016.

22. 孙壮志. 新常态下的社会发展 [C]. 北京：社会科学文献出版社，2016.

23. 陈抗，刘臣. 新常态下的地方治理创新：中国协商民主和公众参与的实践探索 [R]. 北京：中国人民大学出版社，2016.

24. 赵振华，等. 新常态下中国面临的若干重大经济和社会问题 [M]. 北京：中共中央党校出版社，2016.

25. 蔡昉. 新常态 供给侧结构性改革：一个经济学家的思考和建议 [C]. 北京：中国社会科学出版社，2016.

26. 公丕祥，顾功耘. 经济新常态与中国法治发展 [C]. 北京：法律出版社，2016.

27. 许涤龙，钟雄，等. 新常态下的区域金融发展：珠江三角金融改革发展报告（2016）[R]. 北京：中国金融出版社，2016.

28. 任保平，茹少峰，等. 新常态下中国地方经济增长质量研究 [C]. 北京：中国经济出版社，2017.

29. 舒伟斌. 经济新常态下社会保障制度理论创新与实践探索 [M] 北京：中国财政经济出版社，2017.

30. 龚明华. 新常态下农村金融改革发展与风险监管（2017）[C]. 北京：中国财政经济出版社，2017.

31. 黄群慧. 经济新常态、供给侧改革与产业发展 [C]. 北京：中国社会科学出版社，2017.

32. 汤吉军，等. 新常态下加快推进经济结构战略性调整与制度创新研究 [M]. 北京：经济科学出版社，2017.

33. 陆卫明，郑冬芳，宋永平，等. 经济新常态下社会治理研究 [M]. 北京：社会科学出版社，2017.

34. 李文溥. 走向经济新常态：2006—2016 年中国宏观经济预

测与分析（上）［R］. 北京：人民出版社，2017.

35. 石健勋. 新常态、新金融、新未来［C］. 北京：清华大学出版社，2018.

36. 张鑫. 新常态下中国经济发展的热点问题研究［C］，北京：科学出版社，2018.

37.《经济法学》编写组. 经济法学［M］. 2版. 北京：高等教育出版社，2018.

38. 钱小军，周剑，吴金希. 2017经济新常态下中国绿色低碳转型研究［R］. 北京：清华大学出版社，2018.

39. 董玉明. 中国宏观调控法基本问题研究：以改革开放40年政策法律分析为视角［M］. 北京：法律出版社，2019.

40. 胡鞍钢，周绍杰，鄢一龙，等. “十四五”大战略与2035远景［R］. 北京：东方出版社，2020.

41. P. 诺内特，P. 塞尔兹尼克. 转变中的法律与社会：迈向回应型法［M］. 张志铭，译. 北京：中国政法大学出版社，1994.

期刊论文类

1. 刘普生. 论经济法的回应性［J］. 法商研究，1999（2）：23－28.

2. 穆虹. 经济法的法律类型选择：一种回应型法［J］. 山东社会科学，2007（5）：119－120.

3. 杨文杰，冯静. 回应的无力：读诺内特和塞尔尼克著《转变中的法律与社会：迈向回应型法》［J］. 河北经贸大学学报（综合版），2007（2）：86－90.

4. 蒙连图. 质疑“经济法是一种回应型法”：基于现实中国的语境［J］. 社会科学家，2010（6）：74－77.

5. 徐以升. 中国经济新常态［J］. 西部大开发，2012（3）：52－53.

6. 刘大洪，段宏磊. 谦抑性视野中经济法理论体系的重构［J］. 法商研究，2014（6）：45－54.

7. 陈婉玲. 经济结构调整对传统法律主体理论的超越：以经济法区域经济调节为视角［J］. 法学，2014（10）：77－84.

8. 李扬，张晓晶. “新常态”：经济发展的逻辑与前景［J］. 经济研究，2015（5）：4－19.

9. 李建民. 中国的人口新常态与经济新常态［J］. 人口研究，2015（1）：3－13.

10. 张丽. 经济新常态下中国体育产业发展导向转变与路径选择［J］. 改革与战略，2015（4）：140－144.

11. 蔺思涛. 经济新常态下中国就业形势的变化与政策创新［J］. 中州学刊，2015（2）：82－85.

12. 何勤，孟泉，李倩. 经济新常态下企业劳动关系风险预测研究：基于245家企业调查数据［R］. 中国人力资源开发，2015（11）：94－102.

13. 徐景一. 经济新常态背景下地方政府治理集体劳动争议模式研究［J］. 当代经济研究，2015（8）：91－96.

14. 卢丽刚，魏美玉. 经济新常态下的依法治国［J］. 南昌航空大学学报（社会科学版），2015（1）：76－80.

15. 郭宁. 经济新常态下国家审计促进依法治国的实现路径［J］. 理财，2015（5）：81－83.

16. 谷亚光，谷牧青. 全面推进依法治国引领“经济新常态”［J］. 文史博览（理论），2015（3）：31－34.

17. 江必新. 建设与经济新常态相适应的法治［J］. 理论视

野，2015（11）：34－37.

18. 李华斌. 以强有力的法律实施形成和推进经济新常态［J］. 中国审判，2015（14）：6－7.

19. 黄茂钦. 论经济新常态背景下经济法综合立法的发展［J］. 南华大学学报（社会科学版），2015（4）：25－30.

20. 李长安. 经济新常态下中国的就业形势与政策选择［J］. 北京工商大学学报（社科版），2016（6）：1－9.

21. 赖德胜，李长安. 经济新常态背景下的和谐劳动关系构建［J］. 中国特色社会主义研究，2016（1）：42－46.

22. 公丕祥. 经济新常态下供给侧改革的法治逻辑［J］. 法学，2016（7）：17－30.

23. 吴汉东. 经济新常态下知识产权的创新、驱动与发展［J］. 法学，2016（7）：31－35.

24. 姜涛. 经济新常态与经济刑法体系创新［J］. 法学，2016（7）：36－46.

25. 邵道萍. 经济新常态下流域生态补偿的法律调整［J］. 征信，2016（9）：75－81.

26. 何明. 经济新常态下《劳动合同法》的再认识［J］. 哈尔滨职业技术学院学报，2016（5）：121－123.

27. 吴欢. 经济新常态条件下法治中国建设的时代议题："经济新常态与中国法治发展"智库圆桌会议综述［J］. 法学，2016（6）：152－160.

28. 董玉明. 论经济新常态与经济法回应［J］. 张守文主编. 经济法研究（17卷）［C］. 北京：北京大学出版社，2016.

29. 席月民. 经济新常态下《宏观调控基本法》研究［J］. 公丕祥、顾功耘. 经济新常态与中国法治发展［C］. 北京：法律出版社，2016.

30. 黄星. 经济新常态对中国经济法及环境法的影响［J］. 山西警官高等专科学校学报，2016（3）：29－31.

31. 武振中，李世博. 经济新常态下如何加强农业知识产权保护的意见建议［R］. 南方农机，2017（23）：15－16.

32. 邓林. 经济新常态时期经济法综合立法的发展［J］. 经济研究导刊，2017（24）：189－190.

33. 陈婉玲. 现代经济法对传统法学理论的四大超越：以经济结构调整为视角［J］. 法治现代化研究，2017（2）：169－176.

34. 蔡宝刚. 为经济新常态构筑法治核心竞争力［J］. 求是学刊，2018（3）：1－9，173.

35. 赵青青. 经济新常态下劳动者权益法律保障面临的挑战与对策［J］. 法制博览，2018（19）：110－111.

36. 李丽. 经济新常态下稳就业的内涵探析、现实困境与路径选择［J］. 经济问题，2020（11）：18－25.

37. 靳文辉，苟学珍. 构建双循环新发展格局的经济法回应［J］. 重庆大学学报（社会科学版），2021（1）：27－38.

38. 杨军，张凯铎. 回应型法视野下的中国统计法的修订和完善［J］. 统计与信息论坛，2021（2）：12－22.

39. 卫军，黄繁华. 产业集聚与经济增长质量：基于全球82个国家和地区面板数据的实证分析［R］. 经济理论与经济管理，2021（1）：37－51.

40. 岳欣. 国家能力与经济发展：基于经济高质量发展目标的再思考［J］. 经济学家，2021（1）：54－62.

41. 李富有，王少辉. 经济内循环的内涵逻辑与内卷化挑战研究［J］. 社会科学，2021（1）：34－43.

后　记

2022 年 4 月，笔者因为疫情被封闭蜗居在家。一边遵守学校及社区安排积极抗疫，另一边刚好有空闲时间在家里整理书稿。现在呈现在大家面前的这本书稿，是笔者于 2016 年承担的国家社科基金项目的结项成果。在 2021 年结项成果的基础上，笔者参考专家鉴定意见进行了修订。书稿字数由原来的近 50 万字压缩至现在的30 多万字。书中引用资料除必须按照 2020 年以后新的情况修改外，基本上截止于 2020 年年底为止。

这本著作的撰写，从 2016 年至今历时近 7 年。在坚持中国经济法的基本理念、原则及品格基础上，以向实践学习的态度，较系统地总结了中国从 2015 年党中央提出“经济新常态”，到 2020 年“十三五”规划胜利收官及开启“十四五”规划历时六年中，改革的伟大实践及中国经济法的回应。从中发现了一些与经济学界和经济法学界以往对经济法现象认知上的不同。典型的如，在以往对经济法主体的认知上，学界往往把经济法视为政府管理经济的法，这是一种从全世界角度认知经济法的结论。但是，如果体现中国社会主义特色，我们就必须突出党中央的统一领导协调，必须把党政机关及其职能机构也统一地纳入经济法的研究范畴，否则就会脱离中国的社会主义实际。又如，本著作根据2020年疫情以来世界上许多国家所面临的“产业空心化”问题，提出的关于保留产业低端、中端和高端结构完整性的建议，可能对目前学界普遍倡导的产业发展理论是一种颠覆性的冲击，其他还有关于对失业率的思考，等等。而在政府和市场的关系、政府投资与民间社会投资等关系的处理上，本著作研究的结论是“各自有所为，有所不为”。但是，不管怎样的“所为”，法律及中国经济法对实践问题的回应均有一些基本不变的政治、经济和社会因素存在。这可能对于今后完善中国法律及经济法的研究和实践具有长期的理论和实践意义。

在项目研究及本著作的形成过程中，项目组成员李冰强、闫桂芳、刘恒科、傅丽、段浩、岳文婷、任刚军等学友参与了项目成果的研究，提出了一些很好的意见。在校研究生樊朝蕾、郭荣靖、王文斌等参与了资料收集整理和文稿校对工作，在此一并致谢。

感谢知识产权出版社对于此著作的出版给予大力支持，感谢本著作的责任编辑对本著作出版付出的辛劳。

董玉明

2022年5月3日于山西大学蕴华庄家中